die 51 wichtigsten Fälle zum Schuldrecht BT

Hemmer/Wüst/Steinbach

Januar 2012

Hemmer/Wüst Verlagsgesellschaft

Das Skript ist urheberrechtlich geschützt. Die dadurch begründeten Rechte, insbesondere des Nachdrucks, der Wiedergabe auf photomechanischem oder ähnlichem Wege und der Speicherung in Datenverarbeitungsanlagen bleiben, auch bei nur auszugsweiser Verwertung, der Hemmer/Wüst-Verlagsgesellschaft vorbehalten.

Hemmer/Wüst/Steinbach, die 51 wichtigsten Fälle zum Schuldrecht BT

ISBN 978-3-86193-103-4

7. Auflage, Januar 2012

gedruckt auf chlorfrei gebleichtem Papier
von Schleunungdruck GmbH, Marktheidenfeld

Vorwort

Die vorliegende Fallsammlung ist für **Studenten in den ersten Semestern** gedacht. Gerade in dieser Phase ist es wichtig, bei der Auswahl der Lernmaterialien den richtigen Weg einzuschlagen. **Auch in den späteren Semestern und im Referendariat** sollte man in den grundsätzlichen Problemfeldern sicher sein. Die essentials sollte jeder kennen.

Die Gefahr zu Beginn des Studiums liegt darin, den Stoff zu abstrakt zu erarbeiten. Nur ein **problemorientiertes Lernen**, d.h. ein Lernen am konkreten Fall, führt zum Erfolg. Das gilt für die kleinen Scheine / die Zwischenprüfung genauso wie für das Examen. In juristischen Klausuren wird nicht ein möglichst breites Wissen abgeprüft. In juristischen Klausuren steht der Umgang mit konkreten Problemen im Vordergrund. Nur wer gelernt hat, sich die Probleme des Falles aus dem Sachverhalt zu erschließen, schreibt die gute Klausur. Es geht darum, Probleme zu erkennen und zu lösen. Abstraktes anwendungsunspezifisches Wissen, sog. „Träges Wissen", täuscht Sicherheit vor, schadet aber letztlich.

Bei der Anwendung dieser Lernmethode sind wir Marktführer. Profitieren Sie von der 35-jährigen Erfahrung des **Juristischen Repetitoriums hemmer** im Umgang mit Examensklausuren. Diese Erfahrung fließt in sämtliche Skripten des Verlages ein. Das Repetitorium beschäftigt **ausschließlich Spitzenjuristen**, teilweise Landesbeste ihres Examenstermins. Die so erreichte Qualität in Unterricht und Skripten werden Sie anderswo vergeblich suchen. Lernen Sie mit den Profis!

Ihre Aufgabe als Jurist wird es einmal sein, konkrete Fälle zu lösen. Diese Fähigkeit zu erwerben ist das Ziel einer guten juristischen Ausbildung. Nutzen Sie die Chance, diese Fähigkeit bereits zu Beginn Ihres Studiums zu trainieren. Erarbeiten Sie sich das notwendige Handwerkszeug anhand unserer Fälle. Sie werden feststellen: Wer Jura richtig lernt, dem macht es auch Spaß. Je mehr Sie verstehen, desto mehr Freude werden Sie haben, sich neue Probleme durch eigenständiges Denken zu erarbeiten. Wir bieten Ihnen mit unserer **juristischen Kompetenz** die notwendige Hilfestellung.

Fallsammlungen gibt es viele. Die Auswahl des richtigen Lernmaterials ist jedoch der entscheidende Aspekt. Vertrauen Sie auf unsere Erfahrungen im Umgang mit Prüfungsklausuren. Unser Beruf ist es, **alle klausurrelevanten Inhalte** zusammenzutragen und verständlich aufzubereiten. Prüfungsinhalte wiederholen sich. Wir vermitteln Ihnen das, worauf es in der Prüfung ankommt – verständlich – knapp – präzise.

Achten Sie dabei insbesondere auf die richtige Formulierung. Jura ist eine Kunstsprache, die es zu beherrschen gilt. Abstrakte Floskeln, ausgedehnte Meinungsstreitigkeiten sollten vermieden werden. Wir haben die Fälle daher bewusst kurz gehalten. Der Blick für das Wesentlich darf bei der Bearbeitung von Fällen nie verloren gehen.

Wir hoffen, Ihnen den Einstieg in das juristische Denken mit der vorliegenden Fallsammlung zu erleichtern und würden uns freuen, Sie auf Ihrem Weg in der Ausbildung auch weiterhin begleiten zu dürfen.

Karl-Edmund Hemmer & Achim Wüst

Online-Recherche für nur 2,90 Euro monatlich*

juris by hemmer – zwei starke Marken!

Ihre Online-Recherche: So leicht ist es, bequem von überall – zu Hause, im Zug, in der Uni – zu recherchieren. Ob Sie einen Gesetzestext suchen, Entscheidungen aus allen Gerichtsbarkeiten, zitierte und zitierende Rechtsprechung, Normen, Kommentare oder Aufsätze – **juris by hemmer** bietet Ihnen weitreichend verlinkte Informationen auf dem aktuellen Stand des Rechts.

Erfahrung trifft Erfahrung

juris verfügt inzwischen über mehr als dreißig Jahre Erfahrung in der Bereitstellung und Aufbereitung von Rechtsinformationen und war der erste, der digitale Rechtsinformationen angeboten hat. hemmer bildet seit 1976 Juristen aus. Das umfassende Lernprogramm des Marktführers bereitet gezielt auf die Staatsexamina vor. Jetzt ergänzt durch die intuitive Online-Recherche von juris.

Nutzen Sie die durch das Kooperationsmodell von **juris by hemmer** geschaffene Recherche-Möglichkeit: Immer online, auch von daheim! Für Hausarbeiten, die Klausurvorbereitung, vor dem Examen die neuesten Entscheidungen abrufen, schnelle Vorbereitung auf die mündliche Prüfung, effektives Nachlesen der Originalentscheidung passend zur Life&Law und den hemmer-Skripten. So erleichtern Sie sich durch frühzeitigen Umgang mit Onlinedatenbanken die spätere Praxis. Schon für Referendare ist die Online-Recherche unentbehrlich. Erst recht für den Anwalt oder im Staatsdienst ist der schnelle Zugriff obligatorisch. hemmer hat ein umfassendes juris-Paket geschnürt: Über 800.000 Entscheidungen, der juris PraxisKommentar zum BGB und Fachzeitschriften zu unterschiedlichen Rechtsgebieten ermöglichen eine Voll-Recherche!

*Das „juris by hemmer"-Angebot für hemmer.club-Mitglieder

Ihr Vorteil: Nur 2,90 € monatlich, solange Sie Jurastudent oder Rechtsreferendar sind. Voraussetzung ist die Mitgliedschaft im hemmer.club. Die Mitgliedschaft im hemmer.club ist kostenlos. Eine Kündigung ist jederzeit zum Monatsende möglich!

So einfach ist es, **juris by hemmer** kennenzulernen:
Jetzt anmelden unter „juris by hemmer": www.hemmer.de

Die wichtigsten Fälle
nicht nur für Anfangssemester

hemmer/wüst
Verlagsgesellschaft mbH

Der hemmer Tipp!

Artikel-Nr.: 115.21

Die wichtigsten 76 Fälle BGB-AT

Die klassischen BGB AT Probleme anhand von Fällen für die Klausur und Hausarbeit systematisch aufbereitet. Die Fallsammlung ist einfach, verständlich und knapp gehalten. Die Einordnung erleichtert Ihnen den Zugang zu den jeweiligen Problemfeldern. Problem erkannt – Gefahr gebannt. Die Gliederung ermöglicht eine schnelle Übersicht. Die Musterlösungen dienen als Formulierungshilfen für Ihre Klausur. Bereichsübergreifende Hinweise dienen dem Verständnis. Nur so vernetzen Sie frühzeitig gelerntes Wissen. So können Sie in kürzester Zeit die wichtigsten BGB AT Probleme anwendungsspezifisch erlernen. Denken Sie frühzeitig an Ihren Korrektor. Diesen erfreut, wenn Sie seine Gedankengänge erfassen. Wir wissen als Profis, was von Ihnen in Klausur und Hausarbeit erwartet wird.

Inhalt:

✓ **Willenserklärung**

✓ **Zustandekommen von Verträgen**

✓ **Geschäftsfähigkeit**

✓ **Anfechtung**

✓ **Stellvertretung**

Die wichtigsten Fälle
nicht nur für Anfangssemester

hemmer/wüst
Verlagsgesellschaft mbH

Der hemmer Tipp!

Artikel-Nr.: 115.22

Die wichtigsten 55 Fälle Schuldrecht AT

Das neue Schuldrecht von den Profis mit der Jahrzehnte langen Unterrichtserfahrung als Repetitoren! Lange bevor sich Rechtsprechung und wissenschaftliche Literatur überhaupt mit dem neuen Schuldrecht befassen konnten haben wir schon ein Fallprogramm für unsere Kursteilnehmer erstellt! Das allgemeine Leistungsstörungsrecht war schon immer klausurrelevant. Dies hat sich durch die Schuldrechtsreform in erheblichem Maße verstärkt, zumal auch das Besondere Schuldrecht mit dem Allgemeinen Schuldrecht verknüpft wurde. Wir kennen das Anforderungsprofil in der Prüfung ganz genau. Denken Sie frühzeitig an den Ersteller und Korrektor und überzeugen Sie ihn durch Ihre systematische Fallbearbeitung. Durch die ständige Diskussion mit unseren Kursteilnehmern wissen wir, wo es „hakt" und gehen auf typische Problemstellungen ein. Die Fallsammlung ist verständlich und knapp gehalten. Die Einordnung bietet einen Überblick über den jeweiligen Schwerpunkt des Falles. Die Gliederung ermöglicht die exakte Einordnung der Probleme in der Lösung. Die Lösung ist Formulierungsvorschlag für Ihre Klausur. Vereinfachen Sie sich auf diese Art das neue Schuldrecht.

Aus dem Inhalt:

- ✓ Pflichtverletzung
- ✓ Schadensersatz neben/statt der Leistung
- ✓ Rücktritt
- ✓ Störung der Geschäftsgrundlage

Inhaltsverzeichnis: .... Die Zahlen beziehen sich auf die Seiten des Skripts.

Kapitel I: Grundlagen des besonderen Schuldrechts

Fall 1: Einführungsfall zu den Vertragstypen 1
Relevanz der Zuordnung - kein Typenzwang - Softwarevertrag

Fall 2: Typengemischte Verträge und deren Zuordnung 5
Abgrenzung zu zusammengesetzten Verträgen – Theorien zur Behandlung von typengemischten Verträgen

Kapitel II: Zustandekommen und Inhalt des Kaufvertrags

Fall 3: Doppelverkauf; Trennungs- und Abstraktionsprinzip 9
Trennungsprinzip – Abstraktionsprinzip

Fall 4: Der Unternehmenskauf 13
Rechtskauf – Unternehmenskauf – Geschäftsanteile – Mängelgewährleistung

Fall 5: Der Kauf unter Eigentumsvorbehalt, § 449 I BGB 16
Nachträglicher Eigentumsvorbehalt - Änderungsvertrag - Anspruch auf unbedingte Übereignung

Fall 6: Das Formerfordernis des § 311b I BGB beim Kaufvertrag
– Problem des „Schwarzkaufes" 19
Formbedürftigkeit – Scheingeschäft – Nichtigkeit – Voraussetzungen des Zustandekommens des verdeckten Geschäfts

Kapitel III: Allgemeine Leistungsstörungen beim Kaufvertrag

Fall 7: Gefahrtragung: Gefahrübergang bei Annahmeverzug,
§§ 326 II 1, 446 S.1, 3 BGB 22
Leistungsgefahr – Unmöglichkeit der Leistung – Gegenleistungsgefahr / Preisgefahr

Fall 8: Gefahrtragung beim Versendungskauf, § 447 I BGB 26
Übergabe an die Transportperson – Verschulden der Transportperson

Kapitel IV: Die Mängelhaftung beim Kaufvertrag

Fall 9: Der Gefahrübergang als Auslöser der Mängelrechte 30
Erfüllungstheorie – Verhältnis zum allgemeinen Leistungsstörungsrecht – Übergang der Preisgefahr – unbehebbare Mängel

Fall 10: Das Vorgehen in der Klausur bei mangelhaftem Kaufgegenstand – Prüfungsaufbau 34

Kaufvertrag – Mangel – kein Ausschluss der Gewährleistung – Verjährung – besondere Voraussetzungen der einzelnen Rechte

Fall 11: Der Sachmangel, § 434 BGB 37

Subjektiver Mangelbegriff – Beschaffenheitsvereinbarung – nach dem Vertrag vorausgesetzte Verwendung – bei Sachen der gleichen Art übliche Beschaffenheit – Werbeaussagen

Fall 12: Die Reichweite der Beschaffenheitsvereinbarung i.S.d. § 434 BGB 40

Unternehmenskauf – Unternehmensertrag als vereinbarte Beschaffenheit

Fall 13: Aliud und Peius, § 434 III BGB 42

Falschlieferung – mangelhaft Lieferung – Qualitätsaliud - Identitätsaliud

Fall 14: Die negative Mengenabweichung, § 434 III BGB 46

Zu-wenig-Lieferung – Erfüllungsanspruch - Nacherfüllungsanspruch

Fall 15: Die Haftung für Rechtsmängel, § 435 BGB 50

Objektiver Mangelbegriff – Vorliegen eines Rechtsmangels – Anwartschaftsrecht eines Dritten

Fall 16: Die Gewährleistung beim Rechtskauf 53

Forderungskauf – Mangelhaftigkeit der Forderung - Bonitätshaftung

Fall 17: Der Vorrang des Nacherfüllungsanspruchs 56

Anspruch auf Nacherfüllung - Gesetzessystematik

Fall 18: Rücktritt vom gesamten einheitlichen Kaufvertrag bei mehreren Kaufgegenständen 60

Rücktrittsrecht – Rücktritt vom gesamten Vertrag – Erheblichkeit des Mangels – Rücktrittserklärung – Rückgewährschuldverhältnis

Fall 19: Der Rücktritt bei verschuldetem Untergang des Kaufgegenstandes (Verschulden des Zurücktretenden) 63

Verschlechterung oder Untergang der herauszugebenden Sache – Anspruch auf Wertersatz

Fall 20: Minderung auch bei unerheblichen Mängeln 67

Rücktrittsvoraussetzungen - Minderungsvoraussetzungen – Erheblichkeit des Mangels

Fall 21: Der Schadensersatz bei mangelhafter Leistung: Mangel- und Mangelfolgeschaden 71

Schadensersatz statt der Leistung – Mangelschaden – Schadensersatz neben der Leistung - Mangelfolgeschaden

Fall 22: Der Anspruch auf Ersatz des Verzögerungsschadens bei mangelhafter Leistung 76

Ersatz des Verzögerungsschadens – Verzug – Mahnung – Entbehrlichkeit der Mahnung

Fall 23: Die Haftung für zugesicherte Eigenschaften 80

Vertretenmüssen – Verschulden – Verschuldensunabhängige Haftung wg. Übernahme einer Garantie – Einstand- und Garantiewille

Fall 24: Die Inzahlunggabe eines gebrauchten Kfz 84

Doppelkauf – gemischter Vertrag – einheitlicher Kaufvertrag mit Ersetzungsbefugnis des Käufers – Rechte des Verkäufers bei Mangel des in Zahlung gegebenen Kfz

Fall 25: Die Mängeleinrede, §§ 320, 438 IV 2 BGB 89

Einrede des nichterfüllten Vertrages – Mängeleinrede – analoge Anwendung

Fall 26: Die Verjährung der Gewährleistungsansprüche aus § 437 BGB gem. § 438 BGB 92

Verjährung der Mängelansprüche – Ausschluss des Rücktrittsrechts

Kapitel V: Der Ausschluss der Gewährleistung

Fall 27: Das Problem des Haftungsausschlusses bei einer Verkäuferkette, § 444 BGB 97

Vertraglicher Haftungsausschluss – Arglist – Übernahme einer Garantie

Fall 28: Das Abbedingen der Gewährleistungsansprüche durch AGB, §§ 305 ff. BGB 102

Allgemeine Geschäftsbedingungen – Kauf neu hergestellter Sachen- Kauf gebrauchter Sachen

Fall 29: Der Ausschluss gem. § 442 BGB 106

Positive Kenntnis des Mangels – grob fahrlässige Unkenntnis des Käufers und Arglist des Verkäufers

Fall 30: Die Rügeobliegenheit des § 377 HGB 109

Beiderseitiges Handelsgeschäft – Untersuchungs- und Rügeobliegenheit – Anwendbarkeit beim Streckengeschäft

Kapitel VI: Konkurrenzen im Kaufrecht

Fall 31: Abgrenzung § 437 BGB zu § 119 II BGB 113

Irrtum über verkehrswesentliche Eigenschaft – Irrtum über Nichtvorhandensein eines Mangels

Fall 32: Abgrenzung § 437 BGB zur c.i.c. und zu § 123 BGB 117
Verdrängung der c.i.c. durch Mängelgewährleistungsrechte –
Anwendbarkeit der c.i.c. bei Arglist des Verkäufers – Anfechtung
wegen arglistiger Täuschung

Fall 33: Abgrenzung § 437 BGB zu § 823 BGB 122
Eigentumsverletzung – weiterfressender Mangel – Stoffgleichheit
– Äquivalenzinteresse - Integritätsinteresse

Fall 34: Abgrenzung § 437 BGB zu § 313 BGB 126
Störung der Geschäftsgrundlage – Anpassung / Aufhebung des
Vertrages – Subsidiarität der SGG

Kapitel VII: Der Verbrauchsgüterkauf, §§ 474 ff. BGB

Fall 35: Die Beweislastumkehr des § 476 BGB 129
Verbrauchsgüterkauf – Modifizierung des allgemeinen
Kaufrechts – Beweislastumkehr

Fall 36: Die Erleichterung der Verjährung, § 475 II BGB 133
Vertragliche Verkürzung der Verjährungsfristen – Zeitpunkt vor /
nach Mitteilung des Mangels

Fall 37: Der Regress des Unternehmers, §§ 478 f. BGB 136
Regress des Unternehmers beim Lieferanten – Aufwendungen –
Mangel bei Gefahrübergang - Verjährung

Kapitel VIII: Zustandekommen und Inhalt des Werkvertrages

Fall 38: Abgrenzung zu anderen Vertragstypen 140
Pflichten von Werkunternehmer und Besteller – Dienstvertrag -
Werklieferungsvertrag

Fall 39: Der Schwarzarbeiterfall 144
Nichtigkeit nach § 134 BGB – Verbotsgesetz – beiderseitiger
Verstoß – Geschäftsführung ohne Auftrag –
Fremdgeschäftsführungswille – Erforderlichkeit von
Aufwendungen – Bereicherungsanspruch – Wertersatz

Kapitel IX: Allgemeine Leistungsstörungen beim Werkvertrag

Fall 40: Schuldnerverzug des Bestellers 149
Vergütungspflicht des Bestellers – Fälligkeit mit Abnahme -
Abnahmefiktionen

Fall 41: Die Gefahrtragung, §§ 644 f. BGB 153
Besondere Gefahrtragungsregeln des Werkvertrags –
Leistungsgefahr – Gegenleistungs- / Preisgefahr

Fall 42: Die Analogiefähigkeit des § 645 BGB 157

Anspruch auf Teilvergütung - Mangel des vom Besteller gelieferten Stoffes – fehlerhaft Anweisung des Bestellers - Sphärentheorie

Kapitel X: Die Mängelgewährleistung beim Werkvertrag

Fall 43: Der Nacherfüllungsanspruch des Bestellers, §§ 634 Nr.1, 635 BGB 161

Mangelhaftigkeit des Werkes – Erfüllungsanspruch – Nacherfüllungsanspruch

Fall 44: Die Selbstvornahme, §§ 634 Nr. 2, 637 BGB 165

Frist zur Nacherfüllung – Fehlschlag der Nacherfüllung - Selbstvornahme und Ersatz erforderlicher Aufwendungen; Exkurs zum Kaufrecht – unentgeltliche Arbeitsleistung von Familienangehörigen

Fall 45: Die sonstigen Rechte des Bestellers bei Mängeln gem. § 634 BGB 169

Nacherfüllung – erfolgloser Fristablauf – Selbstvornahme – Rücktritt – Minderung – Schadensersatz statt der Leistung

Kapitel XI: Die Anwendung des Kaufrechts, § 651 BGB

Fall 46: Die Ergänzung des Kaufrechts durch das Werkvertragsrecht i.R.d. § 651 BGB 173

Lieferung herzustellender oder zu erzeugender beweglicher Sachen - Werklieferungsvertrag

Kapitel XII: Die Sicherung der Ansprüche des Werkunternehmers

Fall 47: Das Werkunternehmerpfandrecht, § 647 BGB 177

Gesetzliches Pfandrecht – Vorleistungspflicht des Werkunternehmers – gutgläubiger Erwerb des Werkunternehmerpfandrechts

Kapitel XIII: Die Konkurrenzen beim Werkvertrag

Fall 48: Keine Umgehung der §§ 633 ff. BGB durch die allgemeinen Vorschriften 182

Verjährung des Erfüllungsanspruchs – Verjährung des Nacherfüllungsanspruchs – Anfechtung aufgrund Motivirrtums – Bereicherungsanspruch

Kapitel XIV: Die Grundlagen des Reisevertragsrechts

Fall 49: Abgrenzung zu anderen Vertragstypen und einzelne Vertragsbeziehungen 186

Begriff des Reisevertrags – Abgrenzung zum Werkvertrag – Beziehungen des Reisenden zu Reisebüro / Reiseveranstalter / Leistungsträger

Fall 50: Die Haftung für Reisemängel 192

Reisemangel – Fehler oder Abwesenheit einer zugesicherten Eigenschaft – Mängelrechte – Abhilfe – Selbstabhilfe – Minderung – Kündigung - Schadensersatz

Fall 51: Die Kündigung wegen höherer Gewalt, § 651j BGB 197

Begriff der höheren Gewalt – abschließende Sonderregelung – Durchsetzbarkeit

Kapitel I: Grundlagen des besonderen Schuldrechts
Fall 1: Einführungsfall zu den Vertragstypen

Sachverhalt:

A und B schließen einen Vertrag, nach dem B verpflichtet werden soll, dem A ein speziell nach seinen Wünschen erstelltes Computersoftwareprogramm zu liefern. Als Liefertermin wird der 01.03. vereinbart. Am 20.03. hat B immer noch nicht geleistet. Dadurch entsteht dem A ein Betriebsausfallschaden in Höhe von 500 €.

Kann A von B Schadensersatz verlangen? Spielt dabei der Vertragstyp eine Rolle?

I. Einordnung

Der achte Abschnitt des zweiten Buches des Bürgerlichen Gesetzbuches regelt eine Vielzahl unterschiedlicher Vertragstypen. Diese lassen sich in die folgenden Gruppen unterteilen:

1. **Veräußerungsverträge**
   (Kauf, Tausch, Schenkung),
2. **Gebrauchsüberlassungsverträge**
   (Miete, Pacht, Leihe, Sach- und Gelddarlehensvertrag),
3. **Tätigkeiten im Dienste oder Interesse eines anderen**
   (Dienstvertrag, Werkvertrag, Maklervertrag, Auslobung, Auftrag, Verwahrung),
4. **Sicherung und Bestärkung einer Schuld** (Bürgschaft, Anerkenntnis, Vergleich).

Dabei ist zu beachten, dass im Schuldrecht - im Gegensatz zum Sachenrecht - **kein Typenzwang** besteht. Die Parteien sind nicht gezwungen, einen bestimmten Vertragstyp zu wählen und sich strikt an diesem zu orientieren. Das BGB normiert vielmehr dispositiv typische im Rechtsverkehr auftretende Vertragskonstellationen. Die Zuordnung einer Parteivereinbarung zu einem gesetzlichen Vertragstyp ist daher nur dann relevant, wenn die Parteien keine Regelung über eine streitige Frage getroffen haben. Dann stellt sich das Problem, auf welche Normen welchen Vertragstyps ergänzend zurückgegriffen werden soll.

Ergibt sich der Parteiwille allerdings direkt aus dem Vertrag selbst, so ist die Zuordnung überflüssig und sollte in der Falllösung auch nicht zu stark problematisiert werden.

Anmerkung: Etwas anderes gilt allerdings, wenn ein gesetzlich geregelter Vertragstypus einzelne zwingende Vorschriften enthält (z.B. Formerfordernis bei der Bürgschaft, § 766 BGB) und diese nicht eingehalten wurden. Auch dann ist die Einordnung des Vertrages von Bedeutung.

II. Gliederung

Anspruch auf Schadensersatz gem. §§ 280 I, II, 286 BGB
1. **Schuldnerverzug des B**
a) Wirksamer Anspruch des A (+); Vertragstyp irrelevant.
b) Fälligkeit und Einredefreiheit (+)

c) Mahnung (-); aber: Entbehrlich gem. § 286 II Nr. 1 BGB.
d) Nichtleistung des B (+)
e) Vertretenmüssen des B (§ 286 IV BGB) (+); Verschulden (§ 276 BGB) vermutet.

2. Ersatz des Verzögerungsschadens gem. §§ 280 I, II BGB
A kann den Betriebsausfallschaden (500 €) gem. §§ 249 ff. BGB (§ 252 BGB) ersetzt verlangen.

III. Lösung

A könnte gegen B einen Anspruch auf Ersatz des Betriebsausfallschadens (500 €) gemäß §§ 280 I, II, 286 BGB haben. Dann müsste der Schaden durch Schuldnerverzug des B entstanden sein.

1. Schuldnerverzug des B

Verzug des B setzt voraus, dass er auf einen wirksamen Anspruch des A trotz Fälligkeit, Einredefreiheit und Mahnung bzw. Entbehrlichkeit der Mahnung nicht geleistet hat und dass er die Nichtleistung zu vertreten hat (§ 286 BGB).

a) Wirksamer Anspruch des A

Ein wirksamer Anspruch des A auf Lieferung der Computersoftware ergibt sich unzweifelhaft aus der Vereinbarung mit B. Es handelt sich nach dem Parteiwillen um die Hauptleistungspflicht (Primärpflicht) des B. Die Frage, ob die Regelung ein Kauf-, Werk- oder Werklieferungsvertrag ist, spielt hier folglich keine Rolle. Die Einordnung wäre nur dann von Bedeutung, wenn es noch um eine andere, nicht direkt im Vertag geregelte Pflicht ginge.

Im vorliegenden Fall hingegen kommt es nur auf das Bestehen des Anspruchs auf Lieferung der Software an.

Anmerkung: Die Einordnung von Software-Verträgen ist umstritten. Nach herrschender und richtiger Ansicht ist hier wie folgt zu differenzieren:

1. Standardsoftware

Bei Verträgen über die Lieferung von Standardsoftware handelt es sich um Kaufverträge. Fraglich ist jedoch, ob ein Rechtskauf oder ein Sachkauf vorliegt. Jedenfalls ist aber auch bei Annahme eines Rechtskaufes ausnahmsweise[1] § 434 BGB auf § 453 I BGB anzuwenden, so dass grundsätzlich im Ergebnis kein Unterschied besteht.

2. Individualsoftware

Ist die Herstellung von Individualsoftware speziell nach den Wünschen des Kunden Vertragsgegenstand, so liegt nach bisheriger h.M. ein reiner Werkvertrag vor. Soll es nach der Schuldrechtsreform im Ergebnis bei der Anwendung des Werkvertragsrechts bleiben, so liegt es nahe, Software nicht als Sache zu qualifizieren und somit die Lieferung von Individualsoftware dem Anwendungsbereich des § 651 BGB zu entziehen.

3. Anpassung von Standardsoftware an Kundenwünsche

Bei der Anpassung von Standardsoftware an spezielle Kundenwünsche hängt die Einordnung des Vertrages davon ab, welchen Anteil am Gesamtvolumen die Anpassung einnimmt.

---

[1] Grundsätzlich ist § 434 BGB beim Rechtskauf unanwendbar, da der Verkäufer eines Rechts nur für die Verität und nicht für die Bonität haftet.

Ist diese bloß eine unbedeutende Nebenleistung (dies wird bei einem Anteil von unter 10% angenommen), so findet Kaufrecht Anwendung. Ist die Anpassung allerdings Voraussetzung für die Funktionsfähigkeit der Software, so ist Werkvertragsrecht anzuwenden.

b) Fälligkeit und Einredefreiheit

Der Anspruch ist fällig, da A die Leistung nach der Vereinbarung bereits verlangen kann. Für das Bestehen einer Einrede ergeben sich keine Anhaltspunkte.

c) Mahnung

Eine Mahnung durch A erfolgte nicht. Allerdings könnte die Mahnung gemäß § 286 II Nr. 1 BGB entbehrlich sein. A und B bestimmten vertraglich, dass die Lieferung am 01.03. erfolgen sollte. Der Zeitpunkt der Leistung war also kalendermäßig festgelegt. Einer Mahnung bedurfte es daher nicht.

d) Nichtleistung des B

B kam seiner Leistungspflicht, die ab 01.03. bestand, nicht nach. Darin liegt seine Pflichtverletzung i.S.d. § 280 I 1 BGB.

e) Vertretenmüssen des B

Weiterhin müsste B die Nichtleistung zu vertreten haben. B kann hier keinen Entlastungsbeweis erbringen. Auf Grund der Beweislastumkehr liegt damit ein Vertretenmüssen des B (§ 276 BGB) gem. §§ 286 IV BGB vor.

Somit befindet sich B in Verzug (§ 286 BGB).

2. Ersatz des Verzugsschadens gem. §§ 280 I, II BGB

a) B hat die Nichtleistung zu vertreten (§ 280 I 2 BGB, vgl. o.).

Anmerkung: Hier kommt es auf den Zeitpunkt der Pflichtverletzung (Nichtleistung trotz Fälligkeit) an, während bei § 286 IV BGB der Entlastungsbeweis für den Zeitpunkt zu führen ist, an dem alle objektiven Verzugsvoraussetzungen gegeben sind (vgl. Palandt, § 286, Rn. 39).

b) Folglich hat B den Schaden zu ersetzen, der adäquat kausal durch die Verzögerung der Leistung verursacht wurde (§§ 249 ff. BGB). Dazu zählt auch der entgangene Gewinn (§ 252 BGB).

Somit kann A den Betriebsausfallschaden (500 €) von B ersetzt verlangen.

IV. Zusammenfassung

Sound: Die Einordnung des Vertragstyps ist nur dann von Bedeutung, wenn es darum geht, welche Normen auf eine im Vertrag nicht geregelte Frage ergänzend Anwendung finden sollen oder wenn zwingendes Recht verletzt sein könnte.

Geht es dagegen - wie im vorliegenden Fall - lediglich darum, ob ein Primäranspruch besteht (so grundsätzlich i.R.d. allgemeinen Leistungsstörungsrechts), spielt der Vertragstypus keine Rolle, soweit nicht gerade einer der in Frage kommenden Vertragstypen ein besonderes Formerfordernis vorsieht.

hemmer-Methode: Lernen Sie, Wichtiges von Unwichtigem zu trennen! Der Korrektor wird wenig Freude daran haben, wenn Sie in der Klausur für die Falllösung nicht relevantes Wissen abspulen. Zudem müssen Sie lernen, ihre Arbeitszeit in der Klausur sinnvoll zu nutzen. Zeigen Sie, dass Sie verstanden haben, worauf es in der Lösung ankommt. Dann steht einem guten Resultat nichts mehr im Wege.

V. Zur Vertiefung

- Hemmer/Wüst, SchuldR II, Rn. 600 ff. (Software-Verträge).
- Hemmer/Wüst, SchuldR BT I, Karteikarte 2.
- Zum mangelbedingten Betriebsausfallschaden, vgl. Fall 22.
- Vgl. zur näheren Einordnung von Verträgen im Zusammenhang mit dem Internet Life&Law 2010, Heft 7, 435 f.

Fall 2: Typengemischte Verträge und deren Zuordnung

Sachverhalt:

A bucht im Wellnesshotel des H für drei Nächte ein Zimmer mit Frühstück. Im Übernachtungspreis von insgesamt 350 € ist neben der Benutzung des umfangreichen Wellnessangebotes auch ein Wäscheservice enthalten. Die Gäste können ihre Garderobe in der hauseigenen Wäscherei reinigen lassen. Der unverheiratete A nimmt diesen Service gerne in Anspruch. Als er seine Kleidung am Abreisetag wieder in Empfang nimmt, muss er feststellen, dass diese nicht im geringsten sauber geworden ist. A verlangt erneute Reinigung. H lehnt dies ab, da A – was der Wahrheit entspricht – bereits ausgecheckt habe und somit nicht mehr länger Hotelgast sei.

Ansprüche des A?

I. Einordnung

Wie bereits in Fall 1 dargestellt, regelt das BGB dispositiv unterschiedliche Vertragstypen. Häufig treffen die Vertragsparteien aber Vereinbarungen, die nicht einem einzelnen Vertragstyp zugeordnet werden können. Werden in einem Vertrag mehrere Regelungen jeweils unterschiedlicher Vertragstypen derart miteinander verbunden, dass sie nur in ihrer Gesamtheit ein sinnvolles Ganzes ergeben, so handelt es sich um einen sog. **typengemischten Vertrag**. Dabei ist die Verbindung zwischen den einzelnen Bestandteilen des Vertrages so eng, dass sie **gedanklich untrennbar** sind. Durch diese enge Verbindung unterscheiden sich die gemischten Verträge von den **zusammengesetzten Verträgen**. Diese sind nur durch den Parteiwillen verbunden und könnten gedanklich auch unabhängig voneinander bestehen. Der Übergang von zusammengesetzten zu gemischten Verträgen ist fließend. Die rechtliche Behandlung typengemischter Verträge ist Gegenstand des vorliegenden Falles.

II. Gliederung

1. **Anspruch des A auf erneute Reinigung aus der Vereinbarung mit H (ursprünglicher Erfüllungsanspruch)**
   Unabhängig vom Vertragstyp (-), da A nicht mehr Hotelgast.
2. **Anspruch des A gem. §§ 631, 633, 634 Nr. 1, 635 BGB (Nacherfüllung)**
   a) **Werkvertrag (§ 631 BGB)?**
   Typengemischter Vertrag; nach Parteiwille hier §§ 633 ff. BGB anwendbar.
   b) **Mangelhaftigkeit des Werkes**
   (§ 633 II S. 1 BGB) (+)
   c) **Rechtsfolgen:** §§ 634 Nr. 1, 635 BGB Nacherfüllungsanspruch des A (+).
   Die Kosten trägt gem. § 635 II BGB der Unternehmer.

III. Lösung

1. Anspruch des A auf erneute Reinigung aus der Vereinbarung mit H (ursprünglicher Erfüllungsanspruch)

A und H schlossen einen Vertrag, demzufolge A berechtigt sein sollte, drei Nächte in dem Hotel zu übernachten und in diesem Zeitraum sämtliche Leistungen des Hotels in Anspruch zu nehmen. Zu diesen Leistungen gehört auch die Nutzung des Wäscheservices. Daher hätte A einen Anspruch auf Reinigung seiner Kleidung, wenn das Leistungsverhältnis zwischen A und H noch nicht beendet wäre. Auf eine rechtliche Qualifikation des Vertrages käme es insoweit nicht an.

Allerdings hat A bereits ausgecheckt. Dadurch endete die Leistungspflicht des H; A ist nicht mehr länger Hotelgast und hat somit keinen ursprünglichen Anspruch auf Erfüllung aus der Vereinbarung mit H.

2. Anspruch des A gem. §§ 631, 633, 634 Nr. 1, 635 BGB (Nacherfüllung)

A hätte einen Nacherfüllungsanspruch gegen H aus §§ 631, 633, 634 Nr. 1, 635 BGB, wenn die Parteien einen Werkvertrag geschlossen hätten und das Werk mangelhaft wäre.

a) Werkvertrag (§ 631 BGB)?

Fraglich ist, ob der zwischen A und H zu Stande gekommene Vertrag als Werkvertrag zu qualifizieren ist. Es könnte sich hier um einen typengemischten Vertrag handeln.

A und H trafen eine Vielzahl unterschiedlicher Regelungen, die nicht nur einem Vertragstyp zuzuordnen sind. Diese stehen in einem derart engen Zusammenhang, dass sie nur in ihrer Gesamtheit einen Sinn ergeben. Der Wäscheservice ist nur für Hausgäste gedacht und daher zwingend mit der Übernachtung im Hotel und den übrigen Leistungen verbunden. Somit ist ein gemischter Vertrag gegeben. Er enthält miet-, dienst- und werkvertragliche Elemente.

Problematisch ist nun, wie dieser Vertrag rechtlich zu würdigen ist. Grundsätzlich gilt hier, dass dann, wenn ausdrückliche Regelungen der Parteien fehlen (so auch im vorliegenden Fall), diejenigen Normen des besonderen Schuldrechts Anwendung finden, die am besten passen (vgl. dazu hemmer-Methode am Ende des Falles). Dabei ist der mutmaßliche Parteiwille zu berücksichtigen. In der Regel kann davon ausgegangen werden, dass für jede Leistung die Vorschriften des entsprechenden Vertragstyps zu sachgerechten Ergebnissen führen. Dies bedeutet für den vorliegenden Fall, dass zu untersuchen ist, welchem Vertragstyp die in Frage stehende Leistung zuzuordnen ist. Die Reinigung der Wäsche könnte entweder dienst- oder werkvertraglichen Charakter haben.

Beim Dienstvertrag (§ 611 BGB) ist die bloße Tätigkeit geschuldet, während es beim Werkvertrag (§ 631 BGB) auf einen bestimmten Erfolg ankommt. Bei der Reinigung von Wäsche hat der Schuldner nach dem Willen der Parteien dafür einzustehen, dass die Wäsche auch tatsächlich sauber wird. Geschuldet ist nicht nur das Waschen an sich, sondern letztendlich saubere Wäsche. Somit ist diese Leistung in den werkvertraglichen Bereich einzuordnen. Bei Mängeln ist es hier sachgerecht, die §§ 633 ff. BGB anzuwenden.

Diese Vorschriften sehen speziell für mangelhafte Werkleistungen besondere Rechtsfolgen vor und regeln daher genau den in Frage stehenden Fall. Werkvertragsrecht findet also Anwendung.

b) Mangelhaftigkeit des Werkes (§ 633 BGB)

Das ausgeführte Werk könnte mangelhaft sein. Ein Sachmangel ist gegeben, wenn das Werk nicht die vereinbarte Beschaffenheit aufweist (§ 633 II 1 BGB; subjektiver Mangelbegriff). Vereinbart war, dass die Wäsche gereinigt wird. Da die Wäsche nach der Behandlung durch die Hotelwäscherei nach wie vor schmutzig war, wich die Ist-Beschaffenheit negativ von der Soll-Beschaffenheit ab. Das Werk war mangelhaft.

c) Nacherfüllungsanspruch, §§ 634 Nr. 1, 635 BGB

Folglich kann A nach Maßgabe des § 635 BGB Nacherfüllung verlangen (§ 634 Nr. 1 BGB). Hierbei hat gem. § 635 I BGB der Unternehmer die Wahl, ob er nachbessert oder ein neues Werk herstellt.

Bezogen auf die Wäsche ist dieses Wahlrecht wohl bedeutungslos; sie ist erneut zu reinigen. Die nötigen Aufwendungen hat H zu tragen (§ 635 II BGB). Ein Grund, die Nacherfüllung zu verweigern (§ 635 III BGB), ist nicht ersichtlich.

Der Nacherfüllungsanspruch des A besteht.

IV. Zusammenfassung

Sound: Bei gemischten Verträgen kommt es für die Frage, welche Vorschriften heranzuziehen sind, in erster Linie auf die Parteivereinbarung an. Haben die Parteien keine Regelung getroffen, so sind diejenigen Normen anzuwenden, die am besten passen. Dabei ist vom mutmaßlichen Parteiwillen auszugehen. Grundsätzlich ist für jede Leistung das Recht anzuwenden, aus dem die Leistungspflicht stammt.

---

hemmer-Methode: Für die rechtliche Behandlung von typengemischten Verträgen wurden drei Theorien entwickelt.
- Nach der **Kombinationstheorie** sind die für den jeweiligen Vertragsbestandteil maßgebenden Rechtsnormen anzuwenden. Eventuell auftretende Gegensätzlichkeiten sind nach dem mutmaßlichen Parteiwillen zu lösen.
- Die **Theorie der analogen Rechtsanwendung** geht davon aus, dass das Gesetz vertragliche Mischformen nicht regelt. Es seien die jeweils passenden Normen des Schuldrechts entsprechend anzuwenden. Im Ergebnis entspricht diese Theorie aber der Kombinationstheorie.

- Die **Absorptionstheorie** dagegen hält das Recht für anwendbar, in dem der Schwerpunkt des Vertrages liegt. Letztendlich vermag aber keine dieser Theorien das komplexe Problem der typengemischten Verträge befriedigend zu lösen. Daher wurde auch auf deren Einarbeitung in die Lösung verzichtet. Suchen Sie auf der Basis des mutmaßlichen Parteiwillens dasjenige Recht, welches das Problem sinnvoll zu lösen vermag. Dann befinden Sie sich auf der sicheren Seite.

V. Zur Vertiefung

- Hemmer/Wüst, SchuldR BT I, Karteikarte 4.

Kapitel II: Zustandekommen und Inhalt des Kaufvertrags

Fall 3: Doppelverkauf; Trennungs- und Abstraktionsprinzip

Sachverhalt:

K1 entdeckt bei Antiquitätenhändler V im Schaufenster eine schöne alte Truhe. Da der Laden bereits geschlossen hat, ruft K1 den V am nächsten Morgen an und einigt sich mit ihm über den Verkauf der Truhe zu einem Preis von 500 €. K1 soll die Truhe am nächsten Tag abholen. Als K1 wie abgesprochen die Truhe in Empfang nehmen will, stellt sich heraus, dass V die Antiquität kurz nach dem Telefonat mit K1 an K2 veräußert hatte. Dieser war bereit, 550 € zu bezahlen und nahm die Truhe gleich mit. Vom Verkauf an K1 wusste K2 jedoch nichts.

Kann K1 <u>Herausgabe</u> der Truhe verlangen?

I. Einordnung

Trennungs- und Abstraktionsprinzip gehören zu den grundlegendsten Prinzipien des Bürgerlichen Gesetzbuches. Bezogen auf den Kaufvertrag besagt das Trennungsprinzip, dass das **schuldrechtliche Grundgeschäft (Kaufvertrag) von der dinglichen Übereignung der Kaufsache zu unterscheiden** ist.

Wird ein Kaufvertrag abgeschlossen, so wird der Käufer dadurch noch lange nicht dinglich Berechtigter (Eigentümer) am Kaufgegenstand. Der Käufer erlangt lediglich einen schuldrechtlichen Anspruch auf Übertragung des Gegenstandes.

Eine bewegliche Sache ist nach §§ 929 ff. BGB zu übereignen. Die Übereignung von Grundstücken vollzieht sich hingegen nach den §§ 873 I, 925 BGB. Im Falle eines Rechtskaufs (§ 453 BGB) ist das Recht gem. §§ 398 ff. BGB bzw. §§ 413, 398 ff. BGB an den Käufer abzutreten.

Darüber hinaus sind Grundgeschäft und dingliches Rechtsgeschäft in ihrer Wirksamkeit voneinander unabhängig. Ihre **Gültigkeit ist jeweils abstrakt zu beurteilen** (Abstraktionsprinzip). Dadurch ist auch die Notwendigkeit des Bereicherungsrechts begründet (§§ 812 ff. BGB).

Dieses dient in erster Linie dazu, rechtsgrundlose Verfügungen rückabzuwickeln.

Die Auswirkungen des Trennungs- u. Abstraktionsprinzips zeigen sich im Fall des Doppelverkaufes.

II. Gliederung

1. **Herausgabeansprüche des K1 gegen K2**
   a) Anspruch gem. § 985 BGB
      (-), da K1 nicht Eigentümer.
   b) Anspruch gem. §§ 823 I, 249 I BGB
      (-), da Forderung kein absolutes Recht.

c) **Anspruch gem. §§ 826, 249 I BGB**
(-), da keine Kenntnis des K2.

2. Herausgabeansprüche des K1 gegen V

a) **Erfüllungsanspruch aus § 433 I 1 BGB**
Grds. (-), da § 275 I oder Einrede gem. § 275 II BGB.

b) **Sonstige Herausgabeansprüche (-)**
Schadensersatzansprüche (§§ 280 ff. bzw. evtl. § 826 BGB) gehen nur auf Entschädigung in Geld (§ 251 I BGB).

III. Lösung

1. Herausgabeansprüche des K1 gegen K2

a) **Anspruch gem. § 985 BGB**

K1 könnte gegen K2 einen Anspruch aus § 985 BGB auf Herausgabe der Truhe haben. Dann müsste K1 Eigentümer und K2 Besitzer der Truhe sein. Ursprünglich war V Eigentümer. Er könnte das Eigentum jedoch durch Übereignung an K1 verloren haben (§§ 929 ff. BGB). Eine Übereignung an K1 fand jedoch nicht statt. Bislang wurde keine Einigung über den Eigentumsübergang i.S.d. §§ 929 ff. BGB erzielt. Das Eigentum sollte erst bei Abholung übertragen werden. V und K1 schlossen lediglich einen Kaufvertrag (§ 433 BGB) über die Truhe. Dieser kann jedoch niemals zu einem Eigentumsübergang führen (Trennungsprinzip). K1 war somit nie Eigentümer. Vielmehr übereignete V die Truhe gem. § 929 S. 1 BGB an K2, als er sie ihm übergab und sich mit ihm über den Eigentumsübergang einigte.
Der Anspruch besteht daher nicht.

b) **Anspruch gem. §§ 823 I, 249 I BGB**

Auch ein auf Naturalrestitution (§ 249 I BGB) gerichteter Schadensersatzanspruch könnte eine Herausgabepflicht des K2 zur Folge haben. § 823 I BGB setzt die Verletzung eines absoluten Rechts voraus. Als verletztes Recht kommt hier nur die Forderung des K1 gegen V aus dem Kaufvertrag (§ 433 I 1 BGB) in Betracht. Dieses Recht wirkt aber nur relativ zwischen K1 und V (Relativität der Schuldverhältnisse!). Es entfaltet keine Wirkung gegenüber Dritten und ist daher kein absolutes Recht i.S.d. § 823 I BGB.
Mangels Rechtsgutsverletzung hat K1 folglich keinen Herausgabeanspruch aus §§ 823, 249 BGB.

c) **Anspruch gem. §§ 826, 249 I BGB**

Dieser Anspruch scheitert schon daran, dass K2 keine Kenntnis vom Verkauf an K1 hatte.
Eine vorsätzliche sittenwidrige Schädigung kommt nicht in Betracht.
K1 hat keinen Anspruch auf Herausgabe der Truhe gegen K2.

2. Herausgabeansprüche des K1 gegen V

a) **Erfüllungsanspruch aus § 433 I 1 BGB**

K1 und V haben einen Kaufvertrag über die Truhe geschlossen. Daher schuldet V dem K1 gem. § 433 I 1 BGB Übergabe und Übereignung. Dem Anspruch des K1 könnte aber § 275 BGB entgegenstehen.

aa) So könnte der Anspruch gem. § 275 I BGB ausgeschlossen sein (Einwendung). Dies wäre dann der Fall, wenn die Leistung anfänglich oder nachträglich objektiv oder subjektiv unmöglich wäre. Anfängliche Unmöglichkeit scheidet aus, da V zum Zeitpunkt des Vertragsschlusses Eigentümer und Besitzer der Truhe war und somit erfüllen konnte. Allerdings könnte ein Fall nachträglicher Unmöglichkeit vorliegen. Bei dem geschuldeten Gegenstand handelt es sich um eine Stückschuld, da die Truhe eine einmalige Antiquität ist. Objektive Unmöglichkeit kommt nicht in Betracht, weil die Truhe bei K2 noch existiert. Es könnte aber subjektive Unmöglichkeit gegeben sein. V hat die Truhe an K2 übereignet. Er kann daher dem K1 das Eigentum nur verschaffen, wenn K2 die Übereignung genehmigt (§ 185 II 1. Var. BGB) oder V die Antiquität von K2 zurückerwerben kann (§ 185 II 2. Var. BGB). Weigert sich K2 aber endgültig, so ist dem V die Leistung subjektiv unmöglich. Der Anspruch des K1 besteht dann nicht.

bb) Ist dagegen dem V der Rückerwerb oder das Einholen der Genehmigung von K2 nicht zumutbar, steht dem V ein Leistungsverweigerungsrecht gem. § 275 II BGB zu.

Anmerkung: § 275 II BGB ist nur eine Einrede, während es sich bei § 275 I BGB um eine Einwendung handelt. Erhebt V im Falle der unzumutbaren Leistung (§ 275 II BGB) im Prozess die Einrede nicht, so bleibt er zur Leistung verpflichtet.

Dies wäre insbesondere dann anzunehmen, wenn K2 unzumutbare Bedingungen stellen würde.

Im Ergebnis ist davon auszugehen, dass sich K2 von der Truhe – zumindest zu für V zumutbaren Bedingungen – wohl nicht mehr trennen will. Der Anspruch des K1 besteht daher entweder nicht (§ 275 I BGB) oder ist nicht durchsetzbar (§ 275 II BGB).

b) Sonstige Herausgabeansprüche

K1 stehen gegen V zwar Schadensersatzansprüche gem. §§ 280 I, III, 283 BGB sowie wohl auch gem. § 826 BGB zu. Diese Ansprüche sind jedoch nicht auf Naturalrestitution (Übergabe und Übereignung, § 249 I BGB) gerichtet, da die Wiederherstellung nicht möglich oder unzumutbar ist (vgl. o.). Gem. § 251 BGB muss sich K1 mit Schadensersatz in Geld zufrieden geben, soweit ihm ein materieller Schaden entstanden ist.

3. Ergebnis

K1 hat keine Herausgabeansprüche.

Anmerkung: Ware nach der Rechtslage gefragt, müssten Sie natürlich noch Schadensersatzansprüche gegen V prüfen (s.o.) Im vertraglichen Bereich wäre noch an § 285 BGB zu denken, unter den nach h.M. auch das rechtsgeschäftliche Surrogat subsumierbar ist. Daher könnte von K1 von V Herausgabe des Erlöses von K2 verlangen. Wenn dieser Erlös höher ist als der Wert, zeigt sich die eigentliche Relevanz neben den Ansprüchen auf Schadensersatz, da über diese nur objektiver Wertersatz verlangt werden kann.

IV. Zusammenfassung

Sound: Schuldrechtliches Grundgeschäft (Kaufvertrag) und dingliche Übereignung sind zu unterscheiden (Trennungsprinzip). Die beiden Rechtsgeschäfte sind darüber hinaus in ihrer Wirksamkeit voneinander unabhängig (Abstraktionsprinzip).

Der Käufer einer Sache erlangt nicht allein durch Abschluss eines Kaufvertrages das Eigentum an der Kaufsache. Diese ist gem. §§ 929 ff. BGB zu übereignen.

hemmer-Methode: Das Abstraktionsprinzip besagt nur, dass die Verfügung nicht allein deshalb unwirksam ist, weil das Grundgeschäft (Verpflichtungsgeschäft) unwirksam ist. Es kann aber durchaus vorkommen, dass der Mangel, der zur Unwirksamkeit des Grundgeschäfts führt, auch der Wirksamkeit des Verfügungsgeschäfts entgegensteht (sog. Fehleridentität). Dies ist beispielsweise bei der Anfechtung nach § 123 I BGB denkbar, wenn der Irrtum oder die widerrechtliche Drohung bei der Verfügung noch fortwirken. Fehleridentität ist jedoch keine „Durchbrechung" des Abstraktionsprinzips, sondern vielmehr dessen Bestätigung. Es ist immer genau zu untersuchen, ob der Mangel wirklich auch beim Verfügungsgeschäft vorliegt. Echte Durchbrechungen des Abstraktionsprinzips können u.U. durch einen Bedingungszusammenhang (§§ 158 ff. BGB) oder eine Geschäftseinheit (§ 139 BGB) erreicht werden.

V. Zur Vertiefung

- Hemmer/Wüst, SchuldR II, Rn. 3 ff.
- Hemmer/Wüst, SachenR I, Rn. 27 ff. (insb. zur Fehleridentität Rn. 34 ff.).

Fall 4: Der Unternehmenskauf

Sachverhalt:

Der Gesellschafter G der X-GmbH beschließt, seine Geschäftsanteile in Höhe von 93% des Stammkapitals unter Beachtung des Formerfordernisses des § 15 III, IV GmbHG an K zu verkaufen und zu übertragen.
Wie ist dieser Kauf rechtlich zu würdigen?
Nach welchen Vorschriften richtet sich die Mängelhaftung?

I. Einordnung

Gegenstand eines Kaufvertrages können nicht nur Sachen (§ 90 BGB), sondern auch Rechte und sonstige Gegenstände sein (§ 453 I BGB). Fraglich ist, wie der Kauf von Geschäftsanteilen einzuordnen ist, soweit diese in einem Umfang übertragen werden sollen, der faktisch das gesamte Unternehmen ausmacht. Zudem ist problematisch, nach welchen Vorschriften sich die Mängelhaftung richtet.

II. Gliederung

1. Rechtskauf
Kauf von Geschäftsanteilen = Rechtskauf

2. Unternehmenskauf
Wenn faktisch gesamtes Unternehmen; Unternehmen ist sonstiger Gegenstand i.S.d. § 453 I Alt. 2 BGB.

3. Mängelhaftung
Gewährleistung bei Mängeln des Unternehmens im Ganzen: §§ 453 I, 434 ff. BGB.

III. Lösung

1. Rechtskauf (§ 453 I Alt. 1 BGB)?

Gegenstand des Kaufvertrages zwischen G und K könnten die Geschäftsanteile sein. Diese sind keine körperliche Gegenstände und folglich keine Sachen i.S.d. § 90 BGB.

Vielmehr handelt es sich hier um Rechte, so dass dann ein Rechtskauf i.S.d. § 453 I Alt. 1 BGB vorläge.

2. Unternehmenskauf (§ 453 I Alt. 2 BGB)?

Etwas anderes könnte hier aber deswegen gelten, weil Geschäftsanteile i.H.v. 93% des Stammkapitals veräußert wurden. Durch den Verkauf ist also quasi das gesamte Unternehmen erfasst. Bei einem Unternehmen handelt es sich um eine Gesamtheit von Sachen, Rechten und anderen Gütern (z.B. Ruf, Know-how), die eine wirtschaftliche Einheit bilden. Die Frage, ob ein Anteilskauf oder ein Unternehmenskauf vorliegt, ist vor allem dann relevant, wenn ein Mangel am gesamten Unternehmen und nicht nur an einzelnen Anteilsrechten bestehen könnte.

Grundsätzlich ist dann von einem Unternehmenskauf auszugehen, wenn der Käufer eine überwiegende Mehrheit der Anteile erwirbt, die ihm die Beherrschung des Unternehmens ermöglicht. Umstritten ist, ob hier bereits eine Quote von 75% ausreicht.

Jedenfalls ist aber anzunehmen, dass dann ein Unternehmenskauf gegeben ist, wenn die Sperrminorität von 10% überwunden ist (vgl. § 50 I GmbHG). Erwirbt der Käufer also mehr als 90% der Geschäftsanteile, so ist der Kauf als Unternehmenskauf zu behandeln. Das Unternehmen ist in seiner Gesamtheit als Gegenstand i.S.d. § 453 I Alt. 2 BGB zu qualifizieren.

Da K 93% der Geschäftsanteile erstand, ist Gegenstand des Kaufvertrages das Unternehmen als solches. Damit liegt ein Unternehmenskauf i.S.d. § 453 I Alt. 2 BGB vor.

Anmerkung: Es gibt grundsätzlich zwei Möglichkeiten, ein Unternehmen zu erwerben. Einerseits ist die Übertragung sämtlicher oder der beherrschenden Mehrheit der Geschäftsanteile (vgl. o.) denkbar (="share deal"). Andererseits können auch die einzelnen Gegenstände, aus denen das Unternehmen besteht, veräußert werden (="asset deal"). Die Übertragung richtet sich dabei jeweils nach der Art der einzelnen Gegenstände. Dies gilt auch für die Mängelhaftung. Bei Mängeln des Unternehmens im Ganzen greift auch hier § 453 I Alt. 2 BGB, so dass die §§ 434 ff. BGB Anwendung finden (vgl. u.).

3. Mängelgewährleistung

Bei Mängeln des Unternehmens insgesamt greifen über § 453 I Alt. 2 BGB die §§ 434 ff. BGB.
Folglich wird auch für „Sachmängel" des Unternehmens (Gegenstand) gehaftet (§ 434 BGB entsprechend).
Werden dagegen nur einzelne Geschäftsanteile (Rechte) verkauft, so kommt über § 453 I Alt. 1 BGB nur eine Haftung für Rechtsmängel (§ 435 BGB) in Betracht, da § 434 BGB beim Rechtskauf grds. nicht anwendbar ist. Der anerkannte Grundsatz, dass bei Rechten nur für die Verität, nicht aber für die Bonität gehaftet wird, sollte durch den im Wege der Schuldrechtsreform eingeführten § 453 I BGB und dessen Verweisung auf die §§ 433 ff. BGB nicht aufgehoben werden (siehe dazu näher Fall 16).

IV. Zusammenfassung:

Sound: Beim Verkauf von Geschäftsanteilen ist dann von einem Unternehmenskauf auszugehen, wenn der Käufer die beherrschende Mehrheit erwirbt. Dies ist jedenfalls dann der Fall, wenn mehr als 90% der Anteile übertragen werden.

Das Unternehmen ist sonstiger Gegenstand i.S.d. § 453 I Alt. 2 BGB. Die §§ 433 ff. BGB finden daher entsprechende Anwendung.

hemmer-Methode: Achten Sie also bei der Anwendung der §§ 433 ff. BGB über § 453 BGB immer darauf, ob die jeweiligen Vorschriften auf die „sonstigen Gegenstände" auch passen. Bei einem Rechtskauf kann § 434 BGB nur gem. Abs. I Satz 1 relevant werden, wenn die Parteien eine Beschaffenheitsvereinbarung hinsichtlich des Rechts getroffen haben.

V. Zur Vertiefung:

- Hemmer/Wüst, SchuldR II, Rn. 343 ff.
- Hemmer/Wüst, SchuldR BT I, Karteikarte 8.

Fall 5: Der Kauf unter Eigentumsvorbehalt, § 449 I BGB

Sachverhalt:

K kauft bei V einen Konzertflügel zum Preis von 55.000 €. Es wird vereinbart, dass K 10.000 € anzahlt und den restlichen Kaufpreis in zwölf monatlichen Raten entrichtet. Der Flügel soll in der nächsten Woche geliefert werden. Als V den Flügel anliefert, erklärt er dem K, er wolle nur unter Eigentumsvorbehalt übereignen. K protestiert zwar, lässt sich dann aber schließlich auf die Übereignung unter Eigentumsvorbehalt ein.
Hat K einen Anspruch auf unbedingte Übereignung?

I. Einordnung

Der Kauf unter Eigentumsvorbehalt (§ 449 I BGB) spielt in der Praxis eine wichtige Rolle, da der Kaufpreis häufig nicht sofort entrichtet wird und der Verkäufer sich durch die Vereinbarung eines Eigentumsvorbehalts auf recht einfachem Wege dadurch absichert, dass er sein Recht (Eigentum an der Kaufsache) nicht gleich vollständig aufgibt. Gem. § 449 I BGB gilt die gesetzliche Vermutung, dass beim Eigentumsvorbehalt die Übereignung unter der aufschiebenden Bedingung (§ 158 I BGB) der vollständigen Bezahlung des Kaufpreises steht. Wird der Kaufpreis nicht vereinbarungsgemäß beglichen und tritt der Verkäufer deswegen vom Kaufvertrag zurück (§ 323 BGB), so kann er die Kaufsache nicht nur gem. §§ 346 ff. BGB, sondern auch gem. §§ 985 ff. BGB herausverlangen. Der Käufer dagegen ist dadurch geschützt, dass er durch die aufschiebend bedingte Übereignung ein Anwartschaftsrecht an der Kaufsache erlangt.

Anmerkung: Von einem Anwartschaftsrecht spricht man dann, wenn von einem mehraktigen Erwerbstatbestand so viele Elemente verwirklicht sind, dass die Erlangung des Rechts vom Veräußerer nicht mehr einseitig verhindert werden kann.

Zwischenverfügungen des Verkäufers sind nach Maßgabe des § 161 I 1, III BGB relativ unwirksam. Außerdem fällt das Anwartschaftsrecht als absolutes Recht unter den Schutz des § 823 I BGB. Ferner kann der Käufer das Recht gem. §§ 929 ff. BGB übertragen.

Anmerkung: Die Alternative zu einer aufschiebend bedingten Übereignung (§ 449 I BGB) wäre, dass der Verkäufer uneingeschränkt Eigentümer bleibt und das Eigentum erst bei vollständiger Zahlung übertragen wird.
Dies hätte aber zur Folge, dass der Käufer kein Anwartschaftsrecht erhält. Er wäre nicht im oben dargestellten Sinne geschützt. Aus diesem Grund sieht auch die Vermutungsregelung des § 449 I BGB eine bedingte Übereignung vor.

Gegenstand des folgenden Falles ist das Problem des nachträglichen Eigentumsvorbehalts.

II. Gliederung

Anspruch des K auf unbedingte Übereignung

1. Ursprünglich: § 433 I 1 BGB
   Kein EV vereinbart; Anspruch auf unbedingte Übereignung (+).

> **2. Änderungsvertrag?**
> Modifizierung in Anspruch auf bedingte Übereignung (vgl. § 449 I BGB) (-).
> K billigt zwar bedingte Übereignung. Aber: Nur, um zumindest Anwartschaftsrecht zu erhalten bzw. Besitz an der Sache zu erlangen.
>
> **3. Anspruch erloschen?**
> § 362 I BGB (-), da nur bedingte Übereignung nicht geschuldete Leistung.

III. Lösung

Anspruch des K auf unbedingte Übereignung

K könnte gegen V einen Anspruch auf unbedingte Übereignung des Konzertflügels aus § 433 I 1 BGB haben.

1. Ursprünglicher Kaufvertrag

Die Parteien schlossen einen Kaufvertrag über den Flügel. Aus diesem Kaufvertrag hat K grds. einen Anspruch gem. § 433 I 1 BGB auf Übergabe und (unbedingte) Übereignung der Kaufsache. Etwas anderes würde aber dann gelten, wenn ein Eigentumsvorbehaltskauf vereinbart worden wäre. Dann wäre der Kaufvertrag so ausgestaltet, dass dem Käufer nur ein Anspruch auf bis zur vollständigen Kaufpreiszahlung aufschiebend bedingte Übereignung (vgl. § 449 I BGB) zustünde.

> **Anmerkung:** Beachten Sie das Abstraktionsprinzip: Beim Eigentumsvorbehalt ist nur die dingliche Übereignung, nicht aber der Kaufvertrag aufschiebend bedingt! Der Kaufvertrag als der Übereignung zu Grunde liegendes Kausalgeschäft ist hier so ausgestaltet, dass nur ein Anspruch des Käufers auf durch vollständige Kaufpreiszahlung aufschiebend bedingte Übereignung besteht.

Ein solcher Parteiwille ist aber beim Abschluss des Kaufvertrages nicht zu erkennen. V und K vereinbarten zwar einen Ratenkauf. In einer solchen Konstellation ist ein Eigentumsvorbehalt durchaus üblich. Dies genügt aber nicht, um einen Eigentumsvorbehaltskauf zu bejahen. Nach dem objektiven Empfängerhorizont (§§ 133, 157 BGB) sollte dem K ein Anspruch auf unbedingte Übereignung zukommen.

2. Änderungsvertrag

Durch die Billigung der nur bedingten Übereignung (§§ 929 S. 1, 158 I BGB) durch K könnte aber stillschweigend der Kaufvertrag dahingehend modifiziert worden sein, dass der Anspruch des K nur auf bedingte Übereignung gerichtet ist. Die Parteien hätten also einen Änderungsvertrag geschlossen. Ob dies der Fall ist, ist wiederum durch Auslegung zu ermitteln (§§ 133, 157 BGB). V wollte eindeutig eine Vertragsänderung. K müsste dieses Angebot des V aber auch angenommen haben. K hat sich bei der Anlieferung des Konzertflügels keine Rechte vorbehalten, so dass er insofern das Angebot des V angenommen haben könnte.

Fraglich ist aber, ob K auch wirklich den Willen nach außen manifestierte, seinen ursprünglichen Anspruch aus § 433 I 1 BGB aufzugeben. Er erklärte nämlich nur die Annahme der Übereignungsofferte (§§ 929 S. 1, 158 BGB), nicht aber seine Zustimmung zur Änderung des Kaufvertrages. Denn K billigte die bedingte Übereignung nur, um wenigstens Inhaber des Anwartschaftsrechts zu werden.

Dies machte er durch seinen Protest deutlich. Sonst würden die Verkäufer darin bestärkt, Eigentumsvorbehalte einseitig durchzusetzen.

Der Anspruch des K auf unbedingte Übereignung (§ 433 I 1 BGB) besteht daher fort.

Anmerkung: Soll nachträglich ein Eigentumsvorbehalt vereinbart werden, nachdem die Kaufsache bereits unbedingt übereignet wurde, so ist auf dinglicher Ebene entweder eine Rückübereignung an V (und anschließend eine aufschiebend bedingte Übereignung an K (so die Rspr.) oder eine auflösend bedingte Rückübereignung (§ 158 II BGB) von K an V erforderlich (so Teile der Literatur).

3. Anspruch erloschen?

Der Anspruch des K aus § 433 I 1 BGB ist auch nicht durch Erfüllung (§ 362 I BGB) erloschen.

Die bedingte Übereignung von V an K ist nicht die geschuldete Leistung; vielmehr schuldet V unbedingte Übereignung (s.o.).

4. Ergebnis

K hat gem. § 433 I 1 BGB einen Anspruch auf unbedingte Übereignung.

Anmerkung: Sollte keine Ratenzahlung vereinbart worden sein, könnte sich V gegen den Anspruch auf unbedingte Übereignung aber natürlich mit § 320 I BGB verteidigen. Im vorliegenden Fall hat sich V faktisch zur Vorleistung verpflichtet, d.h. dazu, das Eigentum schon zu übertragen, bevor er den gesamten Kaufpreis erhalten hat.

IV. Zusammenfassung

Sound: Grundsätzlich ist die Annahme einer bedingten Übereignung (§ 449 I BGB) trotz fehlender kaufvertraglicher Vereinbarung eines Eigentumsvorbehaltskaufes nicht als konkludente Modifizierung des Kaufvertrages anzusehen.

Der Anspruch auf unbedingte Übereignung besteht fort. Etwas anderes gilt dann, wenn der Käufer auf andere Weise zu erkennen gibt, dass er mit der Vertragsänderung einverstanden ist.

---

hemmer-Methode: Der einfache Eigentumsvorbehalt ist in der Praxis oft nicht interessengerecht. So ist der Käufer z.B. häufig nur Zwischenhändler und darauf angewiesen, die Kaufsache gleich weiterveräußern zu können. Daher sind etliche Erweiterungsformen des Eigentumsvorbehalts entstanden. Besonders klausurrelevant ist der verlängerte Eigentumsvorbehalt. Dieser besteht aus drei Abreden. Zunächst wird der Käufer zur Weiterveräußerung der Kaufsache ermächtigt (§ 185 I BGB). Im Gegenzug tritt der Käufer seine Forderung aus dem Kaufvertrag gegen den Dritten an den Verkäufer zur Sicherheit ab (Sicherungszession). Der Käufer wird aber zur Einziehung der Forderung ermächtigt (§ 185 I BGB entsprechend). Zu den weiteren Formen des Eigentumsvorbehalts siehe Hemmer/Wüst, SchuldR II, Rn. 418 ff.

V. Zur Vertiefung

- Hemmer/Wüst, SchuldR II, Rn. 408 ff.
- Hemmer/Wüst, SchuldR BT I, Karteikarte 9.

Fall 6: Das Formerfordernis des § 311b I BGB beim Kaufvertrag – Problem des „Schwarzkaufes"

Sachverhalt:

Verkäufer (V) schließt mit Käufer (K) einen Kaufvertrag über sein Grundstück. Die notarielle Urkunde sieht einen Kaufpreis von 200.000 € vor. In Wirklichkeit hatten die Parteien jedoch einen Preis von 300.000 € vereinbart. Durch die Beurkundung des niedrigeren Preises sollten Notarsgebühren und Grunderwerbssteuer gespart werden. Als K die Auflassung des Grundstücks verlangt, weigert sich V.
Hat K einen Anspruch auf Auflassung?

Abwandlung:

Nach ordnungsgemäßer Auflassung wird K als Eigentümer ins Grundbuch eingetragen. Kann V das Eigentum kondizieren?

I. Einordnung

In der Regel sind Kaufverträge nicht formbedürftig. Es gibt jedoch Ausnahmen. Neben den §§ 311b III, 2371 BGB, § 15 IV 1 GmbHG, die keine besondere Klausurrelevanz besitzen, sieht der wichtige § 311b I 1 BGB ein Formerfordernis vor. Die Verpflichtung zur Übertragung des Eigentums an einem Grundstück bedarf zu ihrer Wirksamkeit der notariellen Beurkundung (§§ 311b I 1, 125 BGB). In diesem Zusammenhang spielt das Scheingeschäft (="Unterverbriefung") eine große Rolle.

II. Gliederung

Anspruch des K auf Auflassung des Grundstücks gem. § 433 I 1 BGB

1. **Kaufvertrag** (§ 433 BGB)
   Über 200.000 € (-), da Scheingeschäft und somit unwirksam (§ 117 I BGB).

2. **Wirksamkeit des verdeckten Geschäfts (§ 117 II BGB)?**
   a) Kaufvertrag über 300.000 € formunwirksam (§§ 311b I 1, 125 BGB)
   b) Heilung gem. § 311b I 2 BGB (-), da Auflassung und Eintragung nicht erfolgt.

Abwandlung

Anspruch des V auf Rückauflassung des Grundstücks gem. § 812 I 1 Alt. 1 BGB?

1. **Etwas erlangt**
   (+), Eigentum am Grundstück.

2. **Durch Leistung des V** (+)

3. **Ohne Rechtsgrund?**
   Kaufvertrag über 300.000 € formunwirksam (§ 311b I 1 BGB); aber: Heilung (§ 311b I 2 BGB), da K Eigentümer wurde. Der Rechtsgrund besteht.

4. **Ergebnis**
   Der Anspruch ist nicht gegeben.

III. Lösung

K könnte gegen V einen Anspruch aus § 433 I 1 BGB auf Auflassung des Grundstückes haben. Dann müsste zwischen den Parteien ein wirksamer Kaufvertrag bestehen.

1. Kaufvertrag

Laut der notariellen Beurkundung haben V und K einen Kaufvertrag zu einem Preis von 200.000 € geschlossen.

Bei dieser Vereinbarung handelt es sich aber um ein Scheingeschäft (§ 117 I BGB), da sich Käufer und Verkäufer darüber einig waren, dass der Kaufpreis tatsächlich 300.000 € betragen sollte. Die Erklärungen, das Grundstück für 200.000 € veräußern bzw. erwerben zu wollen, sollten nur zum Schein abgegeben werden, um die Behörden zu täuschen. Die Rechtsfolgen waren nicht gewollt. Der Vertrag ist daher gem. § 117 I BGB unwirksam.

2. Wirksamkeit des verdeckten Geschäftes?

Allerdings könnte ein Kaufvertrag über 300.000 € bestehen. Dieser Vertrag entspricht dem wahren Parteiwillen. V und K wollten durch den notariell beurkundeten Vertrag lediglich diesen Vertrag verdecken. § 117 II BGB sieht vor, dass ein Rechtsgeschäft, welches durch ein Scheingeschäft verdeckt werden soll, nicht per se unwirksam ist. Vielmehr finden die Vorschriften Anwendung, die auch sonst auf das verdeckte Geschäft anwendbar wären.

a) Somit müsste die Formvorschrift des § 311b I 1 BGB eingehalten worden sein, da sich V zu einer Übertragung des Eigentums an seinem Grundstück verpflichten wollte.

Der Kaufvertrag über 300.000 € wurde aber nicht notariell beurkundet. Er ist deshalb gem. § 125 S. 1 BGB formunwirksam.

b) Eine Heilung (§ 311b I 2 BGB) kommt nicht in Betracht, da Auflassung und Eintragung nicht erfolgten.

3. Ergebnis

Der Anspruch des K besteht nicht.

IV. Lösung Abwandlung

V kann von K die Rückauflassung des Grundstücks gem. § 812 I 1 Alt. 1 BGB verlangen, wenn K das Eigentum durch Leistung des V rechtsgrundlos erlangt hat.

1. Etwas erlangt

K erlangte das Eigentum am Grundstück, da eine wirksame Auflassung vorgenommen und K als Eigentümer im Grundbuch eingetragen wurde, §§ 873, 925 BGB.

2. Durch Leistung des V

K erlangte das Eigentum auch durch Leistung des V, der dessen Vermögen bewusst und unter der Zweckrichtung der Erfüllung des Kaufvertrages mehrte.

3. Ohne Rechtsgrund

Dies müsste rechtsgrundlos geschehen sein. Als Rechtsgrund kommt der Kaufvertrag über das Grundstück in Frage. Der Vertrag über 200.000 € ist ein Scheingeschäft und daher nach § 117 I BGB unwirksam (s.o.).

Der Vertrag über 300.000 € wurde nicht notariell beurkundet. Er wäre infolgedessen gem. §§ 311b I 1, 125 S. 1 BGB formunwirksam, wenn nicht inzwischen Heilung (§ 311b I 2 BGB) eingetreten wäre. Da V dem K mittlerweile das Eigentum am Grundstück verschafft hat (§§ 873 I, 925 I BGB), wurde der Formmangel geheilt. Der Kaufvertrag ist wirksam geworden (ex nunc). Ein Rechtsgrund für die Leistung des V besteht.

4. Ergebnis

V hat keinen Anspruch gem. § 812 I 1 Alt. 1 BGB.

V. Zusammenfassung

Sound: Beim „Schwarzkauf" eines Grundstückes ist der Scheinvertrag gem. § 117 I BGB und das verdeckte Geschäft gem. §§ 117 II, 311b I 1, 125 S. 1 BGB unwirksam. Der Formmangel kann aber gem. § 311b I 2 BGB durch Auflassung und Eintragung geheilt werden.

hemmer-Methode: Das Schwarzgeschäft wird auch gerne mit der Vormerkungsproblematik kombiniert. Die akzessorische Vormerkung setzt einen zu sichernden Anspruch voraus (§ 883 I BGB). Die Unwirksamkeit der Vormerkung lässt sich hier bereits dadurch begründen, dass sich die Vormerkung nur auf die Forderung aus dem Scheingeschäft bezieht, welches nach § 117 I BGB nichtig ist. Zu einem anderen Ergebnis gelangt man auch dann nicht, wenn man die Vormerkungsbestellung so auslegt, dass sie auch das verdeckte Geschäft erfasst. Dieses ist bis zur Heilung formunwirksam (s.o.). Selbst wenn aber Heilung eintritt, wirkt diese nur ex nunc. Es kann auch bis zum Zeitpunkt der Heilung kein künftiger Anspruch i.S.d. § 883 I 2 BGB angenommen werden, da ein solcher voraussetzt, dass bereits ein fester Rechtsboden geschaffen ist. Ob tatsächlich Heilung eintritt oder nicht, ist allerdings sowohl vom Käufer als auch vom Verkäufer abhängig und daher höchst zweifelhaft. Eine Vormerkung kann demnach nicht wirksam bestellt werden.

VI. Zur Vertiefung

- Hemmer/Wüst, BGB AT I, Rn. 180 ff.
- Hemmer/Wüst, SchuldR II, Rn. 15 ff.

Kapitel III: Allgemeine Leistungsstörungen beim Kaufvertrag

Fall 7: Gefahrtragung: Gefahrübergang bei Annahmeverzug, §§ 326 II 1, 446 S. 1, 3 BGB

Sachverhalt:

K bestellt beim Heizöllieferant V 2000 Liter Heizöl. Es wird vereinbart, dass das Öl am 03.05. um 8.30 Uhr geliefert wird. Als der Fahrer F des V zur verabredeten Zeit das Heizöl anliefern will, ist K nicht zu Hause. F muss unverrichteter Dinge den Heimweg antreten. Durch einen von F nicht verschuldeten Unfall wird der LKW in Brand gesetzt und das gesamte Öl verbrennt.

Hat V einen Anspruch auf Bezahlung der 2000 Liter Öl?

I. Einordnung

Bei der Gefahrtragung geht es um die Frage, wer die durch den zufälligen Untergang oder die zufällige Verschlechterung der Sache verursachten Nachteile zu tragen hat, solange noch keine Erfüllung (§ 362 BGB) eingetreten ist. Beim Kaufvertrag ist zwischen der Leistungsgefahr und der Gegenleistungsgefahr (Preisgefahr) zu unterscheiden.

Die **Leistungsgefahr** ist das Risiko des Schuldners, trotz des Untergangs oder der Verschlechterung der Sache erneut leisten zu müssen. Sie ist bei Gattungs- u. Geldschulden von Bedeutung. Der Schuldner wird grds. erst dann gem. § 275 I BGB (Unmöglichkeit) von seiner Leistungspflicht frei, wenn Konkretisierung gem. § 243 II BGB oder § 300 II BGB erfolgte. Davor trägt er also die Leistungsgefahr.

Die **Preisgefahr** dagegen ist die Gefahr des Gläubigers der Sachleistung, trotz Nichterhalt der Leistung dennoch den Kaufpreis bezahlen zu müssen.

Nach § 326 I 1 BGB wird der Gläubiger im Falle der Unmöglichkeit der Leistung grds. von seiner Gegenleistungspflicht frei. Der Verkäufer trägt also die Preisgefahr. Von diesem Grundsatz gibt es aber Abweichungen.

Neben dem allgemeinen § 326 II BGB statuieren die §§ 446 f. BGB spezifische kaufrechtliche Ausnahmen.

Die Preisgefahr geht in diesen Fällen auf den Käufer über. Er muss die Gegenleistung erbringen, obwohl er seinen Leistungsanspruch verliert.

II. Gliederung

Anspruch des V aus § 433 II BGB?
1. Anspruch entstanden (+)
2. Anspruch erloschen?
   a) Erfüllung (§ 362 BGB) (-)
   b) Erlöschen nach § 326 I 1 BGB?
   aa) Unmöglichkeit der Sachleistung?
   Heizöl Gattungsschuld; Konkretisierung nach § 243 II BGB?

(1) Art der Schuld: Bringschuld; Leistungs- und Erfolgsort beim Gläubiger (§ 269 I BGB).

(2) Daher: Angebot in Annahmeverzug begründender Weise nötig (§§ 293 ff. BGB); (+), da § 294 BGB (+) und § 299 BGB (-).
Unmöglichkeit (+), da Konkretisierung und Untergang der Sache.

bb) **Ausnahme zu § 326 I 1 BGB?**

(1) **§ 447 BGB (-)**, da keine Schickschuld, sondern Bringschuld vereinbart.

(2) **§ 446 S. 1 BGB (-)**
Übergabe nach S. 1 (-).

(3) **§ 326 II 1, Alt. 2 BGB (+)**

3. **Ergebnis**
Anspruch des V auf Bezahlung des Kaufpreises besteht fort.

III. Lösung

V könnte gegen K einen Anspruch auf Bezahlung der 2000 Liter Öl aus § 433 II BGB haben.

1. **Anspruch entstanden**

V und K haben vorliegend einen Kaufvertrag über die 2000 Liter Heizöl abgeschlossen. Der Anspruch auf Kaufpreiszahlung (§ 433 II BGB) ist also entstanden.

2. **Anspruch nicht erloschen?**

Der Anspruch könnte aber erloschen sein.
a) Zunächst könnte Erfüllung (§ 362 BGB) eingetreten sein. Dann müsste K die geschuldete Leistung an V bewirkt haben (§ 362 I BGB). K hat aber noch nicht bezahlt.

b) Allerdings kommt ein Erlöschen des Anspruchs auf die Gegenleistung gem. § 326 I 1 BGB in Betracht.

aa) Das setzt voraus, dass der Schuldner die Sachleistung gem. § 275 I bis III BGB nicht zu erbringen braucht. Hier könnte Unmöglichkeit gem. § 275 I BGB vorliegen. Bei dem geschuldeten Heizöl handelt es sich um eine Gattungsschuld, da der Leistungsgegenstand nicht individuell festgelegt, sondern gattungsmäßig bestimmt ist. Es ist nach dem Parteiwillen Heizöl mittlerer Art und Güte zu leisten (§ 243 I BGB). Gattungsschulden sind Beschaffungsschulden. Der Schuldner trägt das Beschaffungsrisiko.

Unmöglichkeit ist daher bei Untergang der Einzelsache grds. nur dann gegeben, wenn sich die Schuld nach §§ 243 II oder 300 II BGB auf diese Sache konkretisiert hat.

Im vorliegenden Fall könnte § 243 II BGB greifen. Dann müsste V das seinerseits Erforderliche getan haben. Was im Einzelfall erforderlich ist, ist wiederum davon abhängig, ob eine Holschuld, Schickschuld oder Bringschuld vereinbart wurde.

(1) Bei der Vereinbarung, der V solle das Heizöl an K liefern, könnte es sich um eine Bringschuld handeln. Bei der Bringschuld liegen Leistungsort (Ort der Leistungshandlung) und Erfolgsort (Ort, an dem der Leistungserfolg, also die Erfüllung eintritt) beim Gläubiger. § 269 BGB trifft Regelungen über den Leistungsort. Danach kommt es auf die Parteivereinbarung oder, falls eine solche nicht gegeben ist, auf die Umstände, insbesondere auf die Natur des Schuldverhältnisses an. Die Umstände des Vertrages zwischen V und K lassen erkennen, dass die Lieferung des Öls auf Gefahr des V erfolgen sollte.

Der Leistungsort sollte nicht etwa bei V in dessen Lager, sondern vielmehr bei K liegen. Eine Schickschuld, bei der Leistungs- u. Erfolgsort auseinanderfallen und der Transport auf Gefahr des Käufers erfolgt, würde hier nicht der Verkehrssitte entsprechen. Folglich ist eine Bringschuld anzunehmen.

(2) Konkretisierung (§ 243 II BGB) bei einer Bringschuld erfordert, dass der Schuldner dem Gläubiger die Sache in Annahmeverzug begründender Weise anbietet. Als V dem K das Heizöl vereinbarungsgemäß durch F liefern wollte und dieser den K nicht antraf, machte er ihm ein tatsächliches Angebot i.S.d. § 294 BGB. Es liegt auch keine vorübergehende Annahmeverhinderung (§ 299 BGB) vor, da die Leistungszeit bestimmt war. Somit befand sich K in Annahmeverzug (§ 293 BGB). Die Schuld des V konkretisierte sich auf das mitgeführte Heizöl (§ 243 II BGB; vgl. auch § 300 II BGB).

Da das mitgeführte Öl verbrannte, wurde dem V die Leistung (nachträglich) unmöglich (§ 275 I BGB). Damit wäre der Anspruch des V auf die Gegenleistung grds. gem. § 326 I S. 1 BGB erloschen.

bb) Dies wäre jedoch dann nicht der Fall, wenn eine Ausnahme greifen würde.

(1) So könnte die Preisgefahr bereits mit Übergabe des Öls an den Transporteur (F) auf K übergegangen sein (§ 447 I BGB).

Ungeachtet des § 474 II S. 2 BGB setzt § 447 BGB aber ein Auseinanderfallen von Leistungs- und Erfolgsort und damit eine Schickschuld voraus. Vorliegend handelt es sich aber um eine Bringschuld.

(2) Allerdings kommt ein Übergang der Gegenleistungsgefahr nach § 446 BGB in Frage.

Das Heizöl ging durch die Vertragsparteien unverschuldet (§§ 276, 278 BGB) und damit zufällig i.S.d. § 446 S. 1 BGB unter. K wurde jedoch nicht Besitzer des Öls. Zu einer Übergabe (§ 446 S. 1 BGB) kam es damit nicht.

Anmerkung: Soweit im Kaufvertrag nichts anderes bestimmt ist, ist Übergabe i.S.d. §§ 446 S. 1, 433 I 1 BGB die Einräumung des unmittelbaren Besitzes.

(3) Ist der Käufer aber zum Zeitpunkt des Eintritts der Unmöglichkeit im Annahmeverzug, so greift indes § 326 II Alt. 2 BGB ein, wenn der Schuldner die Unmöglichkeit nicht zu vertreten hat.

K befand sich mit der Annahme des Heizöls in Verzug (s.o.). F hat nicht schuldhaft gehandelt. Eine Zurechnung an den V über § 278 BGB scheidet daher aus. V hat die Unmöglichkeit nicht zu vertreten. Folglich war die Preisgefahr gem. § 326 II S. 1 Alt. 2 BGB auf K übergegangen. Der Anspruch des V auf die Gegenleistung ist daher nicht nach § 326 I 1 BGB erloschen.

Anmerkung: Das Ergebnis wäre auch über § 446 S. 3 BGB begründbar. Auch hier geht es um die Gefahr des zufälligen Untergangs. Da für den Annahmeverzug hier aber bereits § 326 II S. 1 Alt. 2 BGB greift, bedarf es der Anwendung des § 446 S. 3 BGB insoweit nicht.
Die Vorschrift des § 446 S. 3 BGB ist geschaffen worden für die Fälle, in denen während des Annahmeverzuges „nur" eine zufällige Verschlechterung eintritt. Hier soll der Verkäufer das Risiko ebenfalls nicht über den Eintritt des Annahmeverzuges hinaus tragen müssen.

3. Ergebnis

V kann von K Bezahlung der 2000 Liter Heizöl aus § 433 II BGB verlangen.

IV. Zusammenfassung

Sound: Braucht der Schuldner der Kaufsache nach § 275 I bis III BGB nicht zu leisten, so entfällt grundsätzlich sein Anspruch auf Kaufpreiszahlung (§ 326 I 1 BGB). Er trägt die Preisgefahr. Ausnahmen zu diesem Grundsatz regeln u.a. die §§ 326 II, 446 f. BGB.

hemmer-Methode: Achten Sie immer auf den Unterschied zwischen Leistungs- und Gegenleistungsgefahr. § 446 BGB kann nur die Gegenleistungsgefahr meinen, auch wenn dies nicht ausdrücklich genannt ist. Denn die Leistungsgefahr trägt der Käufer sowieso schon (er verliert wegen § 275 BGB seinen Anspruch), also kann diese auch nicht mehr auf ihn übergehen.

V. Zur Vertiefung

- Hemmer/Wüst, Schuldrecht I, Rn. 79 ff.
- Hemmer/Wüst, SchuldR BT I, Karteikarte 12.

Fall 8: Gefahrtragung beim Versendungskauf, § 447 I BGB

Sachverhalt:

Teppichhändler H kauft beim Würzburger Großimporteur I einen wertvollen handgeknüpften Perserteppich. Da H das etwas sperrige Unikat mit seinem PKW nicht transportieren kann, erklärt sich I bereit, den Teppich zu H nach Bayreuth zu schicken. Der durch I mit dem Transport beauftragte Spediteur S gerät jedoch auf dem Weg nach Bayreuth verschuldet in einen Verkehrsunfall, bei dem der Teppich zerstört wird.

Kann I Bezahlung des Teppichs verlangen?

I. Einordnung

Während i.R.d. § 446 BGB für den Übergang der Preisgefahr erforderlich ist, dass der Verkäufer dem Käufer die Kaufsache übergibt oder der Käufer mit der Annahme der Sache in Verzug kommt, wird durch § 447 I BGB der **Gefahrübergang beim Versendungskauf** bereits auf den Zeitpunkt der **Übergabe an die Transportperson** vorverlegt. Der Käufer soll nach der Wertung des Gesetzes das Transportrisiko tragen, da die Versendung in seinem Interesse erfolgt. § 446 BGB gilt hier nicht (Ausnahme: § 474 II S. 2 BGB). § 447 I BGB birgt etliche Probleme. Gegenstand des folgenden Falles ist der Transport durch unternehmensfremde, gewerbsmäßig handelnde Personen bei Verschulden der Transportperson.

II. Gliederung

Anspruch des I auf Kaufpreiszahlung (§ 433 II BGB)
1. Anspruch entstanden? (+)
2. Anspruch erloschen?
   Erlöschen gem. § 326 I 1 BGB?
   a) Unmöglichkeit der Sachleistung gem. § 275 I BGB (+); noch keine Erfüllung (§ 362 I BGB).
   b) § 447 BGB als Ausnahme zu § 326 I 1 BGB?
      aa) Anwendbarkeit (§ 474 II S. 2 BGB) (+)
      bb) Nur bei Schickschuld (+)
      cc) Auf Verlangen des H (+)
      dd) Übergabe an Transporteur (+)
      ee) Zufälliger Transportschaden (+), da S nicht Erfüllungsgehilfe (§ 278 BGB) des I Gefahrübergang (+).
3. **Ergebnis**
   Anspruch aus § 433 II BGB nicht gem. § 326 I 1 BGB erloschen.

III. Lösung

Anspruch des I auf Kaufpreiszahlung aus § 433 II BGB.

1. Anspruch entstanden?

Der Anspruch ist entstanden, da I und H einen Kaufvertrag gem. § 433 BGB über den Teppich geschlossen haben.

2. Anspruch erloschen?

Der Anspruch könnte aber gem. § 326 I 1 BGB erloschen sein.

a) Dann müsste zunächst I als Schuldner der Kaufsache gem. § 275 I bis III BGB nicht zu leisten brauchen. Hier könnte nachträgliche objektive Unmöglichkeit (§ 275 I BGB) vorliegen. Eine Erfüllung (§ 362 I BGB), die die Unmöglichkeit ausschließen würde, ist nicht eingetreten, weil die geschuldete Leistung (Übergabe und Übereignung des Teppichs, § 433 I 1 BGB) nicht bewirkt wurde.

Kaufgegenstand war der handgefertigte Teppich, bei dem es sich um ein Einzelstück handelte.

Es lag folglich eine Stückschuld vor. Da der Teppich bei dem Unfall zerstört wurde, wurde die Leistung nachträglich objektiv unmöglich. I ist damit gem. § 275 I BGB von seiner Leistungspflicht frei geworden. Gem. § 326 I 1 BGB ist der Anspruch auf Kaufpreiszahlung grds. erloschen.

b) Allerdings wäre dies dann nicht der Fall, wenn § 447 I BGB als systematische Ausnahme zu § 326 I 1 BGB ein schlägig wäre.

aa) Zunächst müsste § 447 BGB überhaupt anwendbar sein. § 474 II S. 2 BGB regelt, dass § 447 BGB beim Verbrauchsgüterkauf nicht gilt. Ein Verbrauchsgüterkauf liegt vor, wenn ein Verbraucher (§ 13 BGB) von einem Unternehmer (§ 14 BGB) eine bewegliche Sache kauft (§ 474 I BGB). H ist als Teppichhändler aber kein Verbraucher i.S.d. § 13 BGB, da er den Kauf aus gewerblichen Gründen tätigte. § 447 BGB findet daher Anwendung.

bb) Tatbestandlich erfordert § 447 I BGB ein Auseinanderfallen von Leistungsort ("Erfüllungsort") und Erfolgsort.

Anmerkung: Lassen Sie sich durch die Begrifflichkeiten nicht verwirren. Der Erfüllungsort ist der Leistungsort, also der Ort, an dem die Leistungshandlung vorzunehmen ist. Der Erfolgsort dagegen ist der Ort des Leistungserfolges (Erfüllung). Eine Versendung an einen anderen Ort als an den, an dem die Erfüllung eintreten soll, wäre wohl kaum sinnvoll.

Es müsste somit eine Schickschuld vereinbart sein. Nur hier liegen Leistungs- u. Erfolgsort nicht beisammen. Es stellt sich folglich erneut[2] die Frage nach dem Leistungsort (§ 269 BGB). Nach dem Parteiwillen sollte I nur zur Versendung, nicht auch zum Transport selbst verpflichtet sein. Das Transportrisiko sollte H tragen; der Leistungsort sollte bei I liegen.

§ 269 III BGB bestimmt, dass allein aus dem Umstand, dass I die Transportkosten übernahm, nicht gefolgert werden kann, dass sich der Leistungsort bei H befindet. Es ist von einer Schickschuld auszugehen.

cc) Die Versendung erfolgte auch auf Verlangen des H.

dd) Die Übergabe an den Transporteur (S) fand statt.

ee) § 447 I BGB regelt jedoch wie § 446 BGB nur die Gefahr des zufälligen Unterganges. Der Untergang dürfte daher nicht von den Vertragsparteien zu vertreten sein (§§ 276, 278 BGB). I hätte das Verschulden des Transporteurs S zu vertreten, wenn S Erfüllungsgehilfe des I wäre (§ 278 BGB).

---

[2] Vgl. Fall 7.

Dann müsste S mit Wissen und Wollen im Pflichtenkreis des I tätig geworden sein. I war aber nicht zum Transport verpflichtet. Er schuldete nur die Übergabe an die Transportperson (Schickschuld, s.o.).

Folglich greift § 278 BGB nicht. Der Untergang war damit zufällig.

Die Preisgefahr ist also gem. § 447 I BGB mit Übergabe des Teppichs an S auf H übergegangen. Er bleibt zur Gegenleistung verpflichtet.

3. Ergebnis

Der Anspruch des I aus § 433 II BGB besteht fort.

Anmerkung: H muss somit den Kaufpreis bezahlen, obwohl er den Teppich nicht erhält. Er hat jedoch die Möglichkeit, sich an S zu halten, der den Untergang ja schließlich zu vertreten hat. Da S hier gewerblich handelte, liegt zwischen I und S ein Frachtvertrag gem. §§ 407 ff. HGB vor (vgl. § 407 III 1 HGB). Nach § 421 I 2 HGB kann H als Empfänger der Ware die Ansprüche aus dem Frachtvertrag in eigenem Namen geltend machen, obwohl er nicht Vertragspartner ist. Ihm steht folglich der Schadensersatzanspruch aus §§ 425 f. HGB zu. Zusätzlich hat er noch einen Anspruch gegen I auf Abtretung seiner Ansprüche gegen S aus § 285 BGB, da I und H sonst Gesamtgläubiger wären und S befreiend an I leisten könnte (§§ 428, 362 I BGB).

Dieser Abtretungsanspruch gegen I führt zu einem Zurückbehaltungsrecht des H aus § 273 I BGB, welches er gegenüber dem Anspruch des I aus § 433 II BGB geltend machen kann.

Wäre S nicht gewerblich tätig geworden (HGB nicht einschlägig), so läge eine Drittschadensliquidation vor (Standardfall). I hätte vertragliche Schadensersatzansprüche gegen S, aber keinen Schaden. H dagegen hätte einen Schaden (Pflicht zur Kaufpreiszahlung), aber keinen Anspruch. Die Schadensverlagerung wäre zufällig. I könnte den Schaden des H gegenüber S geltend machen. H hätte entspr. § 285 I BGB einen Anspruch gegen I auf Abtretung der Ersatzansprüche. Somit hätte H auch hier gegenüber der Kaufpreisforderung des I ein Zurückbehaltungsrecht (§ 273 I BGB).

IV. Zusammenfassung

Sound: Das Verschulden der unternehmensfremden Transportperson ist dem Schuldner der Sachleistung beim Versendungskauf nicht nach § 278 BGB zuzurechnen.

Der Schuldner ist nicht zum Transport der Ware, sondern nur zur Übergabe an die Transportperson verpflichtet (Schickschuld). Der Transporteur wird daher nicht im Pflichtenkreis des Schuldners tätig.

hemmer-Methode: Ein Problem i.R.d. § 447 I BGB ist insbesondere auch die Versendung durch unternehmenseigene Transportpersonen. Nach h.M. gilt § 447 I BGB auch hier. Hat der Transporteur den Untergang zu vertreten, so spricht hier aber vieles dafür, § 278 BGB aus Wertungsgründen anzunehmen. Aufgrund des sog. „innerbetrieblichen Schadensausgleichs" hat der Schuldner häufig keine Ansprüche gegen seine Arbeitnehmer, die er dem Gläubiger abtreten könnte. Dies darf nicht einseitig zu Lasten des Gläubigers der Sachleistung gehen.

V. Zur Vertiefung

- Hemmer/Wüst, BGB AT III, Rn. 592 ff.
- Hemmer/Wüst, SchuldR BT I, Karteikarten 13 ff.

Kapitel IV: Die Mängelrechte beim Kaufvertrag

Fall 9: Der Gefahrübergang als Auslöser der Mängelrechte

Sachverhalt:

K sieht bei Autohändler V einen gebrauchten Golf IV TDI. Der Wagen ist in optisch gutem Zustand. Auf Nachfrage des K beschreibt V den Golf als unfallfrei. K kauft das Auto. Bevor das Fahrzeug an K übergeben wird, stellt sich bei der TÜV-Abnahme heraus, dass es sich doch um ein Unfallfahrzeug handelt. Dies wusste V nicht. Er hatte die Unfallspuren trotz einer beim Ankauf routinemäßig durchgeführten Überprüfung nicht entdeckt. K fragt sich, ob ihm bereits jetzt Mängelrechte zustehen und ob er auch nach den allgemeinen Leistungsstörungsvorschriften vorgehen kann. Außerdem meint er, er sei arglistig getäuscht worden.

I. Einordnung

Die sehr klausurrelevante Mängelhaftung beim Kaufvertrag ist durch die §§ 434 ff. BGB umfassend geregelt. Seit der Neufassung des Mängelrechts durch die Schuldrechtsreform ist die **Erfüllungstheorie** gesetzlich verankert. § 433 I 2 BGB normiert, dass der Verkäufer dem Käufer die Sache frei von Sach- und Rechtsmängeln zu verschaffen hat. Die **mangelfreie Verschaffung** gehört zu den **Leistungspflichten des Verkäufers.** Kommt er dieser Pflicht nicht nach, so kann der Käufer die Rechte aus §§ 437 ff. BGB geltend machen.

In diesem Zusammenhang stellt sich oft die Frage nach dem **Verhältnis zum allgemeinen Leistungsstörungsrecht**. Vorfrage dieses Konkurrenzproblems ist, ab welchem Zeitpunkt das Mängelrecht überhaupt Anwendung findet. § 434 I 1 BGB stellt auf das Vorliegen eines Mangels bei Gefahrübergang ab.

Grundsätzlich sind also die §§ 434 ff. BGB **ab Übergang der Preisgefahr** (§§ 446 f. BGB) anwendbar.

II. Gliederung

1. Mängelrechte des K gem. §§ 437 ff. BGB?

a) Kaufvertrag § 433 BGB (+)

b) Mangel bei Gefahrübergang? (§ 434 BGB)

Hier: Kein Gefahrübergang gem. §§ 446 f. BGB.

Ausn.?: Bei **unbehebbaren Mängeln** ist es nicht sinnvoll, Gefahrübergang abzuwarten; unbehebbarer Mangel (+).

Aber: keine Schutzbedürftigkeit, da ausreichender Schutz über Allg. Leistungsstörungsrecht

c) **Rechte des K aus §§ 437 ff. BGB** (-)

2. Allgemeines Leistungsstörungsrecht anwendbar

§§ 275, 326 I S. 1, V, 285, 311a II BGB; Mängelrecht erst ab Gefahrübergang vorrangig

3. Anfechtung gem. § 123 I BGB (-)

Unabhängig von der Konkurrenzfrage keine Arglist des Verkäufers, dolus eventualis (-)

III. Lösung

1. Mängelrechte des K gem. §§ 437 ff. BGB

K könnte die Rechte aus §§ 437 ff. BGB geltend machen, wenn zwischen V und K ein Kaufvertrag zu Stande gekommen wäre und ein Mangel i.S.d. §§ 434 ff. BGB vorläge.

a) V und K schlossen einen Kaufvertrag über den gebrauchten Golf (§ 433 BGB).

b) Der Golf könnte mit einem Sachmangel i.S.d. § 434 BGB behaftet sein. Relevanter Zeitpunkt für die Beurteilung der Mangelhaftigkeit ist gem. § 434 I 1 BGB der Gefahrübergang, also der Übergang der Preisgefahr nach §§ 446 f. BGB. Grundsätzlich ist somit das Mängelrecht erst ab Gefahrübergang anwendbar.

aa) Ein Versendungskauf wurde nicht vereinbart, so dass § 447 BGB von vornherein ausscheidet. Der Golf wurde K auch nicht übergeben (§ 446 S. 1 BGB), da ihm der unmittelbare Besitz bislang nicht eingeräumt wurde. Auch § 446 S. 3 BGB greift nicht.

bb) Allerdings könnten die §§ 434 ff. BGB hier ausnahmsweise auch schon vor Gefahrübergang gelten. Eine solche Ausnahme wird diskutiert, wenn ein unbehebbarer Mangel gegeben ist. Das Erfordernis des Gefahrübergangs soll nur gewährleisten, dass der Verkäufer bis dahin die Möglichkeit hat, den Mangel zu beseitigen. Ist die Beseitigung des Mangels aber nicht möglich, so macht es wenig Sinn, den Gefahrübergang abzuwarten. Insbesondere hat der Käufer u.U. auch kein Interesse an der Abnahme.

(1) Nach § 434 I 1 BGB ist eine Sache mangelhaft, wenn sie nicht die vereinbarte Beschaffenheit hat (subjektiver Fehlerbegriff). Die Vertragspartner hatten vereinbart, dass der Golf die Beschaffenheit „unfallfrei" aufweist. Tatsächlich handelt es sich aber um einen Unfallwagen. Ein Sachmangel liegt also vor.

(2) Dieser ist auch unbehebbar. Nachbesserung ist nicht möglich, da ein Unfallwagen diese Eigenschaft durch Reparatur o.ä. nicht wieder verliert. Nachlieferung kommt ebenfalls nicht in Betracht, da der geschuldete gebrauchte Golf als nicht (mehr) vertretbare Stückschuld zu qualifizieren ist.

Anmerkung: die Diskussion, ob bei der Stückschuld eine Nachlieferung überhaupt in Betracht kommt, ist von hoher Klausurrelevanz. Der BGH hat diesbezüglich entschieden, dass eine Nachlieferung immer dann in Betracht kommt, wenn es sich um eine „ersetzbare" Sache handelt.
Ob dies der Fall ist, wird in der Regel durch Auslegung ermittelbar sein. In der Literatur wird überwiegend mit dem Begriff der vertretbaren Sache gearbeitet. Die Ergebnisse dürften im Ergebnis nicht voneinander abweichen.

(3) Allerdings stellt sich die Frage, ob diese Ausnahme im Ergebnis überzeugend ist.

Das wäre sie nur, wenn der Käufer andernfalls schutzlos wäre, also die Mangelhaftigkeit nicht sanktionieren könnte.

Das ist aber nicht der Fall, denn vor Gefahrübergang hat der Käufer unmittelbar die Rechte aus §§ 323 ff.; 280 ff. BGB.

Anmerkung: Schauen Sie sich die Verweisungsregelung in § 437 BGB an. Hier wird hauptsächlich genau auf die zitierten Vorschriften verwiesen, so dass der Käufer letztlich dieselben Rechte hat. Der einzige Unterschied – und das könnte noch als Argument für die a.A. herangezogen werden – liegt darin, dass es im Schuldrecht AT keine Minderung gibt. Aber auch das ist letztlich kein Argument. Will der Käufer die Sache, dann kann er Übergabe verlangen und danach mit der Minderung vorgehen!

c) K kann also die Rechte aus §§ 437 ff. BGB nicht geltend machen.

2. Anwendbarkeit des allgemeinen Leistungsstörungsrechts (§§ 275, 326 I S. 1, V, 285, 311a II BGB)

Entsprechend dem erzielten Ergebnis zur Anwendbarkeit des Mängelrechts, stehen dem K aber die Rechte aus allgemeinem Leistungsstörungsrecht zu.

Der Anspruch auf mangelfreie Leistung besteht wegen § 275 I BGB nicht. Der Anspruch auf die Gegenleistung entfällt gem. § 326 I S. 1 BGB. § 326 I S. 2 BGB gilt erst ab Gefahrübergang.

Da die Unmöglichkeit bereits bei Vertragsschluss vorhanden war, besteht ein Anspruch auf Schadensersatz statt der Leistung gem. § 311a II BGB, soweit sich der Verkäufer hier nicht exkulpieren, also darlegen kann, dass der Unfall für ihn bei Beachtung der erforderlichen Sorgfalt nicht erkennbar war.

Jedenfalls wäre ein Rücktritt über die §§ 326 V, 323 I BGB ohne Fristsetzung möglich.

3. Anfechtung nach § 123 I BGB

Unabhängig von der Frage der Konkurrenzen (vgl. dazu Fälle 31 und 32) scheidet eine Anfechtung nach § 123 I BGB aus, da V den K nicht arglistig täuschte. Zwar genügt für Arglist dolus eventualis. Dieser ist u. a. dann gegeben, wenn der Verkäufer ins Blaue hinein Aussagen über den Kaufgegenstand macht. V hatte das Fahrzeug aber untersucht und keine Schäden, die auf einen Unfall hindeuten, entdeckt. K kann nicht gem. § 123 I BGB anfechten.

IV. Zusammenfassung

Sound: Grds. finden die Mängelvorschriften im Kaufrecht ab Gefahrübergang (§§ 446 f. BGB) Anwendung (§ 434 I 1 BGB). Für die Geltung schon vorher gibt es kein Bedürfnis, da insoweit ausreichender Schutz über das Allgemeine Leistungsstörungsrecht gewährt wird.

hemmer-Methode: Relevant ist die Frage, ob Mängelrecht oder Allgemeines Leistungsstörungsrecht greift, bzgl. der Rechtsfolgen hinsichtlich der Verjährung. So beträgt die Verjährung im Mängelrecht gem. § 438 I Nr. 3, II BGB zwei Jahre ab Ablieferung, während die allgemeinen Leistungsstörungsansprüche grds. nach drei Jahren ab Schluss des Jahres der Kenntniserlangung (§§ 195, 199 I BGB) verjähren.

V. Zur Vertiefung

- Hemmer/Wüst, Schuldrecht II, Rn. 86 ff.
- Hemmer/Wüst, SchuldR BT I, Karteikarte 18.

Fall 10: Das Vorgehen in der Klausur bei mangelhaftem Kaufgegenstand – Prüfungsaufbau

Sachverhalt:

K kauft im Gartencenter des V einen Benzinrasenmäher. Als K den Rasenmäher ausprobieren will, stellt sich heraus, dass der Automatikstarter nicht funktioniert. Der Mäher lässt sich nur mühsam von Hand in Betrieb nehmen.

Welche Rechte kann K geltend machen?

I. Einordnung

Will der Käufer wegen eines Mangels der Kaufsache gegen den Verkäufer vorgehen, so empfiehlt es sich – zumindest gedanklich – eine feste Prüfungsreihenfolge einzuhalten. Es ist jedoch in der Klausur nicht immer jeder Prüfungsschritt darzulegen. Soweit sich im Einzelfall keine Probleme ergeben, ist ein Punkt entweder nur kurz anzusprechen oder gegebenenfalls auch ganz wegzulassen. Das im folgenden aufgezeigte Prüfungsschema sollte also keinesfalls blind in der Klausur übernommen werden.

II. Gliederung

Mängelrechte des K

1. **Wirksamer Kaufvertrag** (§ 433 BGB) (+)
2. **Vorliegen eines Mangels** (§§ 434 f. BGB) (+)
3. **Kein Ausschluss der Gewährleistungsrechte** (+)
4. **Keine Verjährung**, § 438 BGB, bzw. **keine Verfristung**, § 218 BGB
5. **Besondere Voraussetzungen der einzelnen Rechte** (§§ 437 ff. BGB)
   a) §§ 437 **Nr. 1**, **439** BGB (Nacherfüllung) (+)
   b) §§ 437 **Nr. 2**, **440**, 323 BGB (Rücktritt) noch (-), da keine Fristsetzung.
   c) §§ 437 **Nr. 2**, **441** BGB (Minderung) noch (-), da keine Fristsetzung.
   d) §§ 437 **Nr. 3**, **440**, 280 I, III, **281** BGB (Mangelschaden) noch (-), da keine Fristsetzung.

III. Lösung

1. Wirksamer Kaufvertrag (§ 433 BGB)

Grundvoraussetzung für das Bestehen kaufrechtlicher Mängelrechte ist ein wirksamer Kaufvertrag (§ 433 BGB). Ansonsten würde die Pflicht aus § 433 I S. 2 BGB, dem Käufer einen Kaufgegenstand frei von Sach- und Rechtsmängeln zu verschaffen, gar nicht entstehen. Zwischen V und K kam ein Kaufvertrag wirksam zustande.

Anmerkung: Aufgrund der Knappheit des Sachverhaltes wäre dieser Prüfungspunkt in einer Klausur nur kurz abzuhandeln.

2. Vorliegen eines Mangels (§§ 434 f. BGB)

Weiterhin müsste der Kaufgegenstand mangelhaft sein. Es müsste ein Sachmangel bei Gefahrübergang (§ 434 BGB) vorliegen oder die Sache müsste mit einem Rechtsmangel (§ 435 BGB), d.h. mit dem Recht eines Dritten, belastet sein.

Der Rasenmäher könnte mit einem Sachmangel i.S.d. § 434 BGB behaftet sein.[3]

a) Eine besondere Beschaffenheitsvereinbarung (§ 434 I 1 BGB) wurde nicht getroffen.

b) Es wurde nach dem Vertrag auch keine spezielle Verwendung vorausgesetzt (§ 434 I 2 Nr. 1 BGB).

c) Somit kommt es darauf an, ob sich die Sache für die gewöhnliche Verwendung eignet und eine Beschaffenheit aufweist, die bei Sachen der gleichen Art üblich ist und die der Käufer nach der Art der Sache erwarten kann (§ 434 I 2 Nr. 2 BGB). Da der Elektrostarter bei dem Rasenmäher nicht funktioniert, weicht die Beschaffenheit negativ von der voll funktionsfähiger Geräte des gleichen Typs ab. K durfte auch erwarten, dass der Mäher qualitativ dem Standard anderer Geräte gleicher Art entspricht. Der Rasenmäher ist mangelhaft. Dieser Mangel lag außerdem bereits bei Übergabe und damit Gefahrübergang, § 446 S. 1 BGB, vor. Der Rasenmäher ist folglich gem. § 434 I 2 Nr. 2 BGB sachmangelhaft.

Anmerkung: In der Klausur sollte diese Reihenfolge bei der Prüfung des Mangels -
1. § 434 I 1 BGB ⇨
2. § 434 I 2 Nr. 1 BGB ⇨
3. § 434 I 2 Nr. 2 BGB
- zumindest gedanklich unbedingt eingehalten werden!

3. Kein Ausschluss der Mängelrechte

Die Gewährleistungsrechte können entweder kraft Rechtsgeschäft (z.B. durch AGB) oder kraft Gesetzes ausgeschlossen sein (z.B. §§ 442, 445 BGB, 377 HGB). Für das Bestehen eines Ausschlussgrundes sind hier aber keine Anhaltspunkte ersichtlich.

Anmerkung: Dieser Prüfungsschritt ist grds. nur dann in der Klausur anzusprechen, wenn ein Haftungsausschluss auch tatsächlich in Betracht kommt.

4. Keine Verjährung, § 438 BGB

Die Verjährung der Mängelrechte richtet sich nach § 438 BGB. Die Verjährung der Ansprüche gem. §§ 437 Nr. 1 und 3 BGB ist in § 438 I bis III BGB geregelt. Rücktritts- und Minderungsrecht (§ 437 Nr. 2 BGB) sind Gestaltungsrechte und keine Ansprüche. Damit unterliegen sie nicht der Verjährung (§ 194 BGB). Allerdings sind Rücktritt und Minderung nach §§ 438 IV bzw. V, 218 BGB ausgeschlossen, wenn der Nacherfüllungsanspruch verjährt ist. Im vorliegenden Sachverhalt sind keine Zeitangaben enthalten. Von Verjährung ist somit nicht auszugehen.

---

[3] Siehe zum Begriff des Sachmangels (§ 434 BGB) näher Fall 11 sowie die Fälle 12 – 14.

Anmerkung: Auch dieser Punkt wäre in der Klausur auf Grund fehlender Sachverhaltsangaben kurz zu halten oder nicht aufzuführen.

5. Besondere Voraussetzungen der einzelnen Rechte (§§ 437 ff. BGB)

Schließlich sind je nach geltend gemachtem Recht die besonderen Voraussetzungen zu prüfen.

a) K kann hier zunächst Nacherfüllung (§§ 437 Nr. 1, 439 BGB) verlangen. Er hat gem. § 439 I BGB die Wahl zwischen Nachbesserung (Reparatur) und Nachlieferung. Weder die eine noch die andere Art der Nacherfüllung ist unmöglich (§ 275 BGB) oder dem Verkäufer unzumutbar (§ 439 III BGB).

b) Zudem kann er nach Maßgabe der §§ 437 Nr. 2, 440, 323 BGB zurücktreten. Dies erfordert eine Fristsetzung (§ 323 I BGB); Entbehrlichkeit nach §§ 440, 323 II BGB ist nicht gegeben. Durch das Fristsetzungserfordernis ist auch der Vorrang der Nacherfüllung begründet. K muss also zunächst eine angemessene Frist setzen. Außerdem ist Rücktrittsvoraussetzung, dass die Pflichtverletzung nicht unerheblich ist (§ 323 V 2 BGB). Davon ist hier auszugehen, da eine wesentliche Funktion des Rasenmähers nicht intakt ist. Der Rücktritt ist auch nicht gem. § 323 VI BGB ausgeschlossen.

Sollte die zu setzende Frist des K fruchtlos ablaufen, kann er also zurücktreten.

Der Rücktritt ist dann dem V gegenüber zu erklären (§ 349 BGB).

c) Statt des Rücktritts kann K auch den Kaufpreis nach §§ 437 Nr. 2, 441 BGB durch Erklärung gegenüber V mindern. Außer § 323 V 2 BGB (§ 441 I 2 BGB) müssen aber alle Rücktrittsvoraussetzungen gegeben sein (s.o.).

d) Zudem kann K gem. §§ 437 Nr. 3, 440, 280 I, III, 281 BGB Ersatz des Mangelschadens verlangen. Das Vertretenmüssen des V (§ 276 BGB) ist nach § 280 I 2 BGB vermutet. Auch hier muss aber eine Frist gesetzt werden (§ 281 I 1 BGB, vgl. o.). Da die Pflichtverletzung nicht unerheblich ist, kann K dann auch Schadensersatz statt der ganzen Leistung verlangen (§ 281 I 3, V BGB).

IV. Zusammenfassung

Sound: Nutzen Sie das Prüfungsschema als gedankliche Stütze, um in der Klausur kein Problem zu übersehen. Keinesfalls sollten Sie aber unnötige Ausführungen zu für die Lösung irrelevanten Fragen machen.

---

hemmer-Methode: Lassen Sie sich durch die Stofffülle der Falllösung nicht abschrecken. Auf die einzelnen hier nur kurz abgehandelten Probleme wird in den folgenden Fällen noch ausführlich eingegangen.

V. Zur Vertiefung

- Lesen Sie im Überblick: Hemmer/Wüst, Schuldrecht I, Rn. 86 ff.

Fall 11: Der Sachmangel, § 434 BGB

Sachverhalt:

Großimporteur I schaltet im Fernsehsender ARD einen Werbespot, in dem er seinen neusten Import aus Asien anpreist. Dabei handelt es sich um ein ferngesteuertes Spielzeugauto, das nach Aussage des Spots eine Höchstgeschwindigkeit von über 50 km/h erreicht. K, der die Werbung nicht kennt, kauft ein solches Auto im Spielwarenladen des V. Als K die Reklame später im Fernsehen sieht, ist er erbost, da sich sein Auto als lahme Krücke entpuppt hat und höchstens 20 km/h erreicht.

Stehen K Mängelrechte gegen V zu?

Es ist davon auszugehen, dass K nicht zugibt, die Werbung bei Kaufvertragsabschluss nicht gekannt zu haben.

I. Einordnung

Für die Frage, ob die Kaufsache mit einem Sachmangel behaftet ist, kommt es vorrangig auf eine subjektive Betrachtung an, es gilt der **subjektive Mangelbegriff.**

§ 434 I 1 BGB stellt klar, dass es maßgeblich auf die Negativabweichung der Ist- von der **vereinbarten** Soll-Beschaffenheit ankommt.

Nur soweit die Beschaffenheit nicht vereinbart ist, gilt **§ 434 I 2 BGB.** Danach ist zunächst die Eignung für die nach dem Vertrag vorausgesetzte Verwendung von Bedeutung (**§ 434 I 2 Nr. 1 BGB**).

Ist keine bestimmte Verwendung vertraglich vorausgesetzt, so ist die gewöhnliche Verwendung als Maßstab heranzuziehen (**§ 434 I 2 Nr. 2 BGB**). § 434 I 3 BGB erweitert § 434 I 2 Nr. 2 BGB (Achtung: nur diesen!), indem er festlegt, welche Beschaffenheit der Käufer von der Sache erwarten darf. § 434 I BGB nimmt also eine Abstufung vom subjektiven zum **objektiven Mangelbegriff** vor. In erster Linie ist die Parteivereinbarung heranzuziehen. Objektive Kriterien sind nur hilfsweise zu bemühen.

II. Gliederung

Mängelrechte des K gegenüber V (§ 437 BGB)?

1. **Wirksamer Kaufvertrag (§ 433 BGB) zwischen V und K (+).**

2. **Sachmangel (§ 434 BGB)?**

a) § 434 I 1 BGB Beschaffenheitsvereinbarung (-)

b) § 434 I 2 Nr. 1 BGB (-); keine bestimmte Verwendung vorausgesetzt.

c) § 434 I 2 Nr. 2 BGB ?
Durfte K erwarten, dass Fahrzeug 50 km/h erreicht (§§ 434 I 2 Nr. 2, S. 3 BGB)?

aa) Öffentliche Aussage (Werbung) über konkrete Eigenschaft (Höchstgeschwindigkeit) (+).

bb) Aussage des Herstellers (+); § 4 II ProdHaftG.

cc) Keine Ausnahme (§ 434 I 3 BGB a.E.)?

(1) Unkenntnis des Verkäufers? Jedenfalls: Kennenmüssen i.S.d. § 122 II BGB.

(2) Keine Beeinflussung der Kaufentscheidung?

Unkenntnis des K; keine Kausalität.
Aber: Beweislast des V („es sei denn");
Beweis wird ihm nicht gelingen.
Sachmangel (+)
3. **Rechte des K gem. § 437 BGB (+)**

III. Lösung

Mängelrechte des K gegenüber V (§ 437 BGB)

1. Wirksamer Kaufvertrag (§ 433 BGB)

Zwischen K und V kam ein wirksamer Kaufvertrag (§ 433 BGB) über das Spielzeugauto zu Stande.

2. Sachmangel (§ 434 BGB)

Weiterhin könnte das Auto einen Sachmangel aufweisen, weil es nur eine Geschwindigkeit von 20 km/h erreicht.
a) Eine spezielle Beschaffenheit des Spielzeugs wurde von V und K nicht vereinbart (§ 434 I 1 BGB).

Anmerkung: Wird ein „echtes" Auto als Jahreswagen erworben, entspricht das gekaufte Auto regelmäßig nicht der vereinbarten Beschaffenheit, wenn zwischen der Herstellung und der Erstzulassung mehr als 12 Monate liegen, BGH Life&Law 2006, 805 ff. Nach Ansicht des BGH lässt demgegenüber der Begriff „Vorführwagen" nicht zwingend auf ein bestimmtes Alter des Fahrzeugs schließen, vgl. Life&Law 2011, 84 ff.

b) Es war auch keine bestimmte Verwendung nach dem Vertrag vorausgesetzt (§ 434 I 2 Nr. 1 BGB).

c) Allerdings könnte ein Mangel i.S.d. § 434 I 2 Nr. 2 BGB gegeben sein.
aa) Unklar ist, ob das Fahrzeug eine Beschaffenheit besitzt, die bei Fahrzeugen desselben Typs üblich ist (Alt. 2), da nicht geklärt wurde, ob sämtliche Autos dieser Art nur 20 km/h schnell fahren können. Eine Negativabweichung von der üblichen Beschaffenheit kann folglich nicht bejaht werden.
bb) Jedoch könnte es sein, dass K auf Grund der Werbung erwarten durfte, dass das Spielzeug 50 km/h schnell ist (Alt. 3). In dieser Hinsicht wird § 434 I 2 Nr. 2 BGB durch § 434 I 3 BGB erweitert. Demnach müsste es sich bei der Werbeaussage, das Auto fahre 50 km/h, um eine öffentliche Äußerung des Herstellers handeln. Zudem dürfte keine Ausnahme (§ 434 I 3 a.E. BGB) einschlägig sein.
(1) Der Fernsehwerbespot auf ARD ist eine öffentliche Äußerung, da er an einen unbestimmten Adressatenkreis gerichtet und durch diesen wahrnehmbar ist. Werbung ist als spezieller Fall der öffentlichen Äußerung sogar direkt in § 434 I 3 BGB genannt. Es wurde auch die konkrete Eigenschaft beworben, dass das Spielzeugauto eine Geschwindigkeit von 50 km/h erreicht.
(2) Weiterhin müsste es sich um eine Äußerung des Herstellers handeln. Der Herstellerbegriff ist der des § 4 I, II ProdHaftG. Gem. § 4 II ProdHaftG gilt auch derjenige als Hersteller, der das Produkt zum Zwecke des Verkaufs im Rahmen seiner geschäftlichen Tätigkeit in den Europäischen Wirtschaftsraum einführt. Die Werbung wurde durch I geschaltet, der als Importeur unter § 4 II ProdHaftG fällt.
(3) Außerdem dürfte keine Ausnahme greifen (§ 434 I 3 BGB a.E.).
(a) So könnte V u.U. keine Kenntnis von der Werbung des I gehabt haben.

Der Sachverhalt macht hierzu aber keine Angaben.

Anmerkung: Bei Werbeaussagen ist zudem kaum jemals ein Kennenmüssen (§ 122 II BGB, fahrlässige Unkenntnis) des Verkäufers abzulehnen, da die Aussagen grds. an einen möglichst weiten Adressatenkreis gerichtet sind und damit normalerweise auch dem Verkäufer bekannt sein müssten.

(b) Jedoch könnte die Äußerung die Kaufentscheidung nicht beeinflusst haben. Entgegen dem Wortlaut ist hier nicht erforderlich, dass die Werbung objektiv nicht geeignet war, die Entscheidung zu beeinflussen. Es genügt, wenn sie nicht kausal wurde. K kannte zum Zeitpunkt des Kaufvertragsabschlusses den Werbespot nicht. Er konnte somit keinen Einfluss auf die Kaufentscheidung gehabt haben. Allerdings trifft die Beweislast über diesen Punkt den V („es sei denn"). V muss also darlegen und beweisen, dass K bei Vertragsabschluss keine Kenntnis von der Werbung hatte. Da K nicht zugibt, die Werbung nicht gekannt zu haben, kommt es auf diesen Beweis an. Er dürfte dem V aber wohl nicht gelingen. Eine Ausnahme (§ 434 I 3 BGB a.E.) besteht folglich nicht.

Somit durfte K erwarten, dass das Auto – wie in der Werbung behauptet – 50 km/h schnell ist. Da es tatsächlich nur maximal 20 km/h fährt, ist ein Sachmangel i.S.d. § 434 I 2 Nr. 2, S. 3 BGB gegeben.

3. Ergebnis

Folglich kann K gegenüber V die Mängelrechte nach Maßgabe der §§ 437 ff. BGB geltend machen.

IV. Zusammenfassung

Sound: § 434 I BGB regelt ein dreistufiges Prüfungsraster. In erster Linie kommt es auf die vereinbarte Beschaffenheit an (§ 434 I 1 BGB). Soweit die Beschaffenheit nicht vereinbart wurde, wird die vertraglich vorausgesetzte Verwendung relevant (§ 434 I 2 Nr. 1 BGB). Nur wenn eine solche fehlt, ist § 434 I 2 Nr. 2 BGB und ergänzend § 434 I 3 BGB von Bedeutung. Es erfolgt eine Abstufung vom subjektiven zum objektiven Mangelbegriff.

hemmer-Methode: Halten Sie sich immer strikt an dieses Prüfungsraster. Sie sollten in der Klausur unbedingt zeigen, dass Sie das Regelungssystem des § 434 I BGB verstanden haben. Hier wird oft einer der Schwerpunkte der Klausur liegen.

V. Zur Vertiefung

- Hemmer/Wüst, SchuldR II, Rn. 87 ff.
- Hemmer/Wüst, SchuldR BT I, Karteikarte 20.
- Exemplarisch zur Beschaffenheit i.S.d. § 434 I S. 2 Nr. 2 BGB bei PKW siehe BGH, Life&Law 2009, 656 ff.

Fall 12: Die Reichweite der Beschaffenheitsvereinbarung i.S.d. § 434 I S. 1 BGB

Sachverhalt:

V veräußert seinen Schlossereibetrieb in seiner Gesamtheit an K. Auf die Frage, wie hoch die Umsätze des Unternehmens seien, gibt V durchschnittliche Erträge von 200.000 € pro Jahr in den letzten zehn Jahren an. Dabei war V von der Richtigkeit der Zahl überzeugt. Tatsächlich lagen die Umsätze aber nur bei durchschnittlich 130.000 € jährlich. Als K dies später bei einer gründlichen Prüfung der Bücher bemerkt, fragt er sich, ob ihm Mängelrechte gegen V zustehen.

I. Einordnung

Dass die Parteien bestimmen können, welche Beschaffenheit die verkaufte Sache aufzuweisen hat, wurde im letzten Fall verdeutlicht. Fraglich ist aber die Reichweite der Beschaffenheitsvereinbarung. Ist die Möglichkeit, eine Beschaffenheit zu vereinbaren, beschränkt auf Eigenschaften, die der Sache unmittelbar anhaften oder können auch mittelbare, d.h. außerhalb der Sache liegende Umstände zum Inhalt einer Beschaffenheitsvereinbarung gemacht werden?

II. Gliederung

Gewährleistungsrechte des K?

1. **Kaufvertrag** (§§ 433, 453 I Alt. 2 BGB) (+) Unternehmenskauf; Unternehmen = sonstiger Gegenstand i.S.d. § 453 I Alt. 2 BGB.
2. **Sachmangel** (§ 434 I 1 BGB)?
   a) Unternehmensertrag Beschaffenheit i.S.d. § 434 I 1 BGB (+), weiter Beschaffenheitsbegriff.
   b) Vereinbarung (+)
   c) Sachmangel (+), da Negativabweichung von vereinbarter Beschaffenheit.

3. **Rechte des K** gem. § 437 BGB
   ⇨ §§ 437 **Nr. 2** Alt. 1, **326 V**, **323** BGB (Rücktritt) *oder*
   ⇨ §§ 437 **Nr. 2** Alt. 2, **441** BGB (Minderung);
   ⇨ §§ 437 **Nr. 3**, **311a II**, **281 I 3**, **V**, **276 I 1** a.E. (großer bzw. kleiner Schadensersatz) (+).

III. Lösung

Mängelrechte des K

1. Wirksamer Kaufvertrag

V und K einigten sich über die Veräußerung des Unternehmens an K. Das Unternehmen ist als wirtschaftliche Einheit von Sachen, Rechten und anderen Gegenständen ein sonstiger Gegenstand i.S.d. § 453 I Alt. 2 BGB. Somit findet Kaufrecht (§§ 433 ff. BGB) entsprechende Anwendung. Die Parteien haben einen wirksamen Kaufvertrag über das Unternehmen geschlossen (§§ 433, 453 I Alt. 2 BGB).

2. Sachmangel (§ 434 I 1 BGB)

Der durchschnittliche Umsatz i.H.v. 200.000 € könnte eine vereinbarte Beschaffenheit des Unternehmens sein (§ 434 I 1 BGB).

a) Dann müsste der Ertrag des Unternehmens zunächst unter den Beschaffenheitsbegriff fallen. Würde nach neuem Recht die Beschaffenheit wie in § 459 I BGB a.F. (Fehler) ausgelegt, so müsste das Merkmal dem Gegenstand unmittelbar anhaften. Die Erträge des Unternehmens wohnen diesem aber nicht unmittelbar inne, da sie nicht nur vom Unternehmen selbst, sondern maßgeblich auch von der Entwicklung der konjunkturellen Lage und dem Käuferverhalten abhängen. Der Umsatz des Unternehmens ergibt sich also aus dessen Beziehung zur Umwelt.
Er wäre folglich nur dann Beschaffenheit i.S.d. § 434 I 1 BGB, wenn ein weiter Begriff der Beschaffenheit gelten würde. Dafür spricht, dass das Gesetz es den Parteien überlässt, eine Beschaffenheit zu vereinbaren. Es gilt ein subjektiver Mangelbegriff. Der Unternehmensertrag ist daher Beschaffenheit i.S.d. § 434 I 1 BGB.
Diesem Ansatz hat sich der BGH angeschlossen, Life & Law 2011, 152 ff.

b) Außerdem müsste die Beschaffenheit des durchschnittlichen Umsatzes i.H.v. 200.000 € von V und K vereinbart worden sein. Eine Beschaffenheitsvereinbarung ist u.a. dann anzunehmen, wenn der Verkäufer verbindliche Aussagen über den Zustand des Kaufgegenstandes macht. Die durch V vorgenommene Beschreibung des Unternehmensertrages ist für ihn verbindlich, da sie auf Nachfrage des K erfolgte und somit davon auszugehen war, dass sie die Kaufentscheidung des K maßgeblich beeinflusste.
Folglich ist der Umsatz des Betriebes vereinbarte Beschaffenheit.

c) Da der tatsächliche Unternehmensumsatz nur im Durchschnitt 130.000 € statt der vereinbarten 200.000 € jährlich beträgt, weicht die Ist-Beschaffenheit negativ von der Soll-Beschaffenheit ab. Ein Mangel i.S.d. § 434 I 1 BGB liegt damit vor.

3. Rechte des K gem. § 437 BGB

Auf die Rechtsfolgen soll an dieser Stelle noch nicht näher eingegangen werden. K kann gem. §§ 437 Nr. 2 Alt. 1, 326 V, 323 BGB zurücktreten oder nach §§ 437 Nr. 2 Alt. 2, 441 BGB den Kaufpreis mindern. Außerdem kann er gem. §§ 437 Nr. 3, 311a II, 281 I 3, V, 276 I 1 a.E. BGB den großen oder wahlweise auch den kleinen Schadensersatz geltend machen.

IV. Zusammenfassung

Sound: Der Begriff der Beschaffenheit (§ 434 I 1 BGB) ist weit auszulegen. Zur Beschaffenheit gehören nicht nur Merkmale, die dem Kaufgegenstand unmittelbar anhaften, sondern auch solche, die sich aus der Beziehung des Gegenstandes zu seiner Umwelt ergeben.

Daher zählen auch beispielsweise der Ertrag eines Unternehmens oder die Mieteinnahmen eines Wohnhauses zur Beschaffenheit des jeweiligen Kaufgegenstandes, über die eine Vereinbarung (§ 434 I 1 BGB) getroffen werden kann.

V. Zur Vertiefung

- Hemmer/Wüst, SchuldR II, Rn. 90 ff.
- Hemmer/Wüst, SchuldR BT I, Karteikarte 21.

Fall 13: Aliud und Peius, § 434 III BGB

Sachverhalt (angelehnt an BGH NJW 68, 640: Sommer-/Winterweizenfall):
Landwirt L bestellt bei der Mühle M Weizen, der als französischer Sommerweizen – in hervorragender Qualität zur Saat – angeboten wurde. L säte das Saatgut im März ein. Im Sommer stellte sich heraus, dass der Weizen schlecht oder gar nicht entwickelt war. Letztendlich zeigte sich, dass M dem L Winterweizen statt Sommerweizen geliefert hatte.
L fragt sich, ob die kaufrechtlichen Mängelvorschriften greifen.

I. Einordnung

Vor der Schuldrechtsreform war die Abgrenzung zwischen der Falschlieferung (Aliud) und der mangelhaften Leistung (Peius) ein zentrales Problem im Bereich des Mangelbegriffs. Bei der Falschlieferung lag nämlich keine Schlechtleistung, sondern Nichterfüllung vor. Es fand Allgemeines Leistungsstörungsrecht Anwendung. Dies wirkte sich vor allem bei der Verjährung der Ansprüche des Käufers aus. Im Mängelrecht galt eine sechsmonatige, im Allgemeinen Leistungsstörungsrecht eine 30-jährige Verjährungsfrist. Die Abgrenzung war also mitunter fallentscheidend, allerdings auf Tatbestandsebene höchst problematisch.

Der Gesetzgeber hat diese Problematik beheben wollen, indem er beide Konstellationen über das Mängelrecht abwickelt, § 434 III BGB. D.h. selbst dann, wenn eine Überprüfung zeigen sollte, dass eigentlich ein aliud vorliegt, würde der Käufer „nur" die Mängelrechte haben. Dies ist auch vor dem Hintergrund akzeptabel, dass die verjährungsrechtlichen Unterschiede nicht mehr so groß sind, wie nach altem Recht (jetzt: 2 Jahre ab Übergabe im Verhältnis zu 3 Jahren mit dem Beginn des § 199 I BGB).

Beim *Stückkauf* ist die Abgrenzung relativ unproblematisch, da hier eine bestimmte Sache Gegenstand des Kaufvertrages ist und nur mit dieser erfüllt werden kann. Ein Aliud kann nur gegeben sein, wenn der Verkäufer eine andere als die konkret bestimmte Sache liefert (Identitätsaliud). Ein Qualitätsaliud hingegen, bei dem die tatsächliche von der vereinbarten Beschaffenheit so stark abweicht, dass die Sache nicht mehr als die geschuldete, wenngleich auch mangelhafte Sache angesehen werden kann, kommt nicht in Betracht.

I.R.d. *Gattungsschuld* ergeben sich aber gravierende Abgrenzungsschwierigkeiten. Da hier der Kaufgegenstand nur gattungsmäßig (abstrakt) und nicht konkret definiert ist, ist ein Identitätsaliud nicht denkbar. Allerdings hängt die Unterscheidung zwischen Qualitätsaliud und Peius davon ab, wie eng oder weit der Gattungsbegriff verstanden wird. Es stellt sich regelmäßig die Frage, ob die gelieferte Sache einer anderen Gattung als der geschuldeten angehört (Aliud) oder ob sie zwar der richtigen Gattung zugehörig, dafür aber mangelhaft ist (Peius).

Durch die Einführung des § 434 III BGB, der Aliud und Peius gleichstellt und in beiden Fällen die Anwendbarkeit der §§ 434 ff. BGB bewirkt, sollte dieses Problem behoben werden.

II. Gliederung

> **Anwendbarkeit der §§ 437 ff. BGB**
> 1. **Kaufvertrag** (§ 433 BGB) (+)
> 2. **Sachmangel** (§ 434 BGB)?
>   Gleichstellung von Aliud und Peius nach § 434 III BGB?
> a) M erbringt nach objektivem Empfängerhorizont Leistung als Erfüllung ihrer Pflicht aus § 433 I 1 BGB.
> b) Gleichstellung (§ 434 III BGB) (+); Abgrenzung zu Stückschuld nicht erforderlich.
> 3. **Ergebnis**
>   §§ 437 ff. BGB anwendbar.

III. Lösung

Anwendbarkeit der §§ 437 ff. BGB

Die §§ 437 ff. BGB wären anwendbar, wenn M und L einen Kaufvertrag geschlossen hätten und der Kaufgegenstand mangelhaft wäre.

1. Kaufvertrag, § 433 BGB

Zwischen L und M kam ein Kaufvertrag zustande, nach dessen Inhalt M dem L Sommerweizen liefern sollte (§ 433 BGB).

2. Sachmangel, § 434 BGB

Weiterhin müsste der gelieferte Weizen mangelhaft gewesen sein (§ 434 BGB). L erhielt von der M Winterweizen statt des eigentlich geschuldeten Sommerweizens. Fraglich ist, ob Winterweizen mangelhafter Sommerweizen ist (Peius) oder einer anderen Gattung angehört (Aliud).

Es ist also zu entscheiden, ob auf die Gattung Weizen abzustellen war oder ob Sommerweizen und Winterweizen jeweils eine eigene Gattung bilden. Gem. § 434 III BGB könnte diese Frage dahinstehen, wenn dessen Voraussetzungen vorliegen.

Anmerkung: Bitte beachten Sie: ein aliud ist kein Mangel, es wird ihm nur gleichgestellt. Daher sollten Sie sich in der Klausur durchaus um eine kurze Diskussion bemühen. Kommen Sie zum eindeutigen Ergebnis, es liegt ein Mangel vor, benötigen Sie § 434 III BGB gar nicht. Wenn die Frage schwer zu klären ist, können Sie nach entsprechender Diskussion überleiten: „Ob ein Mangel oder ein aliud vorliegt, kann aber gem. § 434 III BGB dahinstehen...."

a) Die Gleichstellung nach § 434 III BGB erfordert zunächst, dass die M nach dem objektiven Empfängerhorizont überhaupt mit der Leistung ihre Pflicht aus dem Kaufvertrag (§ 433 I 1 BGB) erfüllen wollte.
Ansonsten wäre es nicht angebracht, dass sich die Leistung auf den Erfüllungsanspruch des Käufers auswirkt (dieser hätte dann nur noch den Nacherfüllungsanspruch nach §§ 437 Nr. 1, 439 BGB). Die M wollte mit der Lieferung des Winterweizens offensichtlich die aus dem Kaufvertrag über den Sommerweizen resultierende Pflicht gem. § 433 I 1 BGB erfüllen. Ein anderer Grund war für die Leistung nicht erkennbar.

b) Außerdem ist umstritten, ob § 434 III BGB beim Identitätsaliud beim Stückkauf überhaupt gilt. Denn hier ist leicht zu erkennen, ob eine andere Sache (Aliud) geliefert wurde oder nicht (z.B. Hamster statt Maus). Abgrenzungsschwierigkeiten können daher kaum auftreten.

Vorliegend schuldete die M aber gattungsmäßig bestimmte Ware (vgl. § 243 I BGB). Ein Stückkauf war nicht gegeben, so dass der Streit gar nicht geklärt werden muss.

Anmerkung: Diese Beschränkung des Anwendungsbereichs des § 434 III BGB auf die Gattungsschuld lässt sich dem Wortlaut nicht entnehmen. Es ist daher sehr gut vertretbar, den Fall des Identitätsaliuds beim Stückkauf auch unter die §§ 434 ff. BGB fallen zu lassen und Aliud und Peius einheitlich zu behandeln. Die Gefahr, von § 434 III BGB belastet zu werden, ist relativ gering. Denn der Käufer kann die Entgegennahme der anderen Sache gem. § 320 BGB verweigern. Nimmt der Käufer den – auch für ihn - offensichtlich falschen Gegenstand an, anstatt ihn zurückzuweisen und die Kaufpreiszahlung gem. § 320 BGB zu verweigern, so erscheint die Beschränkung auf den Nacherfüllungsanspruch (§§ 437 ff. BGB) durchaus nicht unbillig. Außerdem ist dann leicht erkennbar, ob die richtige Sache geliefert wurde, so dass eine kurze Verjährung von 2 Jahren (Mängelrecht) im Verhältnis zu 3 Jahren (§§ 195, 199 BGB) keine große Benachteiligung für den Käufer darstellt. Es ist die weitere Entwicklung abzuwarten.

Folglich ist § 434 III BGB einschlägig. Es bedarf also keiner Entscheidung, ob fehlerhafter Sommerweizen oder eine falsche Sache geliefert wurde. In jedem Fall ist ein Sachmangel gegeben (§ 434 III BGB).

3. Ergebnis

Daher sind die §§ 437 ff. BGB anzuwenden. Der ursprüngliche Erfüllungsanspruch des L (§ 433 I 1 BGB) wird durch die §§ 437 ff. BGB abgelöst. Die Verjährung richtet sich nach § 438 BGB.

IV. Zusammenfassung

Sound: Die Gleichstellung von Aliud und Peius nach § 434 III BGB setzt voraus, dass der Schuldner nach dem objektiven Empfängerhorizont die Pflicht aus § 433 I 1 BGB erfüllen wollte.

Greift § 434 III BGB, so bedarf es keiner Entscheidung, ob Aliud oder Peius vorliegt.

hemmer-Methode: Ein anderer Klassiker in diesem Zusammenhang ist die sog. Haakjöringsköd-Entscheidung des Reichsgerichts (RGZ 99, 147). V verkaufte dem K 214 Fässer „Haakjöringsköd", die auf einem bestimmten Schiff geladen waren. Dabei gingen die Parteien übereinstimmend davon aus, das norwegische Wort „Haakjöringsköd" bedeute Walfleisch. Tatsächlich versteht man unter diesem Begriff aber Haifischfleisch. Als K dies feststellt, will er sich vom Vertrag lösen. Nach neuer Rechtslage stellt sich der Fall folgendermaßen dar: V und K schlossen einen Vertrag über die 214 Fässer, die sich auf dem konkreten Schiff befanden (Stückschuld). Dabei gingen sie davon aus, es handle sich um Walfleisch. Es gilt insoweit der Grundsatz, dass Falschbezeichnungen unerheblich sind (falsa demonstratio non nocet). Somit kam ein Kaufvertrag über Walfleisch zu Stande. Geliefert wurde aber Haifischfleisch.

Hier kommt eine Aliudlieferung (§ 434 III BGB) nicht in Betracht, da eine Stückschuld vereinbart war und auch die im Vertrag bestimmte Sache (die konkreten 214 Fässer) geleistet wurde. Ein Identitätsaliud ist folglich nicht gegeben; ein Qualitätsaliud hingegen ist bei der Stückschuld nicht denkbar (s.o.). Vielmehr wiesen die 214 Fässer nicht die vereinbarte Beschaffenheit auf (§ 434 I 1 BGB). Vereinbarter Inhalt war Walfleisch, nicht Haifischfleisch. Auf Grund des in erster Linie geltenden subjektiven Mangelbegriffes (§ 434 I 1 BGB) ist ein Sachmangel gegeben. K kann nach Maßgabe der §§ 437 ff. BGB gegen V vorgehen. Stürzen Sie sich also nicht vorschnell auf § 434 III BGB. Ist eine Stückschuld vereinbart, so kann niemals eine Aliudlieferung vorliegen, wenn der im Vertrag bestimmte Gegenstand auch tatsächlich geliefert wurde. Es gibt kein Qualitätsaliud bei der Stückschuld!

Ein weiteres prüfungsrelevantes Problem hinsichtlich der Stückschuld ergibt sich im Zusammenhang mit dem Nacherfüllungsanspruch: der Käufer hat grundsätzlich die Wahl, ob er Nachlieferung oder Nachbesserung verlangt. Bei der Stückschuld ist problematisch, ob die Nachlieferung von vorneherein ausscheiden muss, weil Gegenstand des Vertrages ja nur die eine, gekaufte Sache ist, nicht eine andere. Der Inhalt des Nacherfüllungsanspruchs ginge daher über den des ursprünglichen Leistungsanspruchs hinaus. Nach h.M. schließt dies aber die Möglichkeit, Nachlieferung verlangen zu können, nicht generell aus. Denn auch bei der Stückschuld kann es im Einzelfall so sein, dass die gekaufte Sache durch eine andere ersetzbar ist, so dass die Interessen des Käufers durch eine Nachlieferung befriedigt werden können. Im Übrigen ist es generell bei der Nachbesserung auch so, dass der Käufer etwas anderes – nämlich Reparatur – verlangen kann, als i.R.d. ursprünglichen Erfüllungsanspruchs aus § 433 I S. 1 BGB, vgl. BGH Life&Law 2006, 725 ff.

V. Zur Vertiefung

- Hemmer/Wüst, SchuldR II, Rn. 128 ff.
- Hemmer/Wüst, SchuldR BT I, Karteikarten 24 f und 27 („Haakjöringsköd").

Fall 14: Die negative Mengenabweichung, § 434 III BGB

Sachverhalt (Beispiel in BTDrs. 14 / 6040, S. 216):

K bestellt im Malereigeschäft des V 1000 Fliesen in einem speziellen Farbton. Statt der 1000 Fliesen werden aus Versehen nur 800 geliefert. Als K dies später entdeckt, verlangt er Neulieferung der 1000 Fliesen. Bei einer Nachlieferung der fehlenden 200 Stück wäre zu befürchten, dass diese mit den restlichen 800 Stück farblich nicht genau übereinstimmen.

Besteht der Anspruch des K?

I. Einordnung

§ 434 III BGB stellt nicht nur Aliud und Peius gleich, sondern lässt auch die Lieferung einer zu **geringen Menge** dem § 434 BGB unterfallen. Dies hat zur Folge, dass auch hier der **ursprüngliche Erfüllungsanspruch** des Käufers (§ 433 I 1 BGB) durch den **Nacherfüllungsanspruch** (§§ 437 Nr. 1, 439 BGB) ersetzt wird. Die Verjährung richtet sich nicht nach §§ 195, 199 BGB, sondern nach § 438 BGB. Der vorliegende Fall soll das gesetzgeberische Motiv für die Regelung verdeutlichen.

II. Gliederung

Anspruch des K auf Lieferung der 1000 Fliesen?

1. Anspruch aus § 433 I 1 BGB

a) Anspruch entstanden
   Kaufvertrag (§ 433 BGB) (+)

b) Anspruch erloschen?

aa) **Teilweise Erfüllung** (§ 362 I BGB)
   durch Lieferung der 800 Fliesen?
   (-), wenn mangelhafte Leistung
   (§ 433 I 2 BGB, Erfüllungstheorie);

Zuweniglieferung hier gem. § 434 III BGB **Sachmangel gleichgestellt**?

(1) V wollte nach objektivem Empfängerhorizont auf Schuld aus § 433 I 1 BGB leisten.

(2) Verdeckte Teilleistung (+)

(3) Daher: Sachmangel (+) (§ 434 III BGB); Erfüllung (§ 362 I BGB) (-)

bb) **Aber:** Ursprünglicher Erfüllungsanspruch bei mangelhafter Leistung durch §§ 437 Nr. 1, 439 BGB ersetzt.

2. Nacherfüllungsanspruch (§§ 437 Nr. 1, 439 BGB)
Wahlrecht des K gem. § 439 I BGB, ob Nachbesserung (200 Fliesen) oder Nachlieferung (1000 Fliesen) (+);
kein Leistungsverweigerungsrecht des V (§ 439 III BGB), da keine unverhältnismäßigen Kosten.

3. Ergebnis
K kann Nachlieferung der 1000 Fliesen verlangen.

III. Lösung

Anspruch des K auf Lieferung der 1000 Fliesen.

1. Anspruch aus § 433 I 1 BGB

A könnte zunächst einen Anspruch aus § 433 I 1 BGB auf Lieferung der 1000 Fliesen haben (ursprünglicher Erfüllungsanspruch). Das setzt voraus, dass der Anspruch entstanden und nicht erloschen ist.

a) Der Anspruch ist entstanden, da zwischen V und K ein Kaufvertrag über die 1000 Fliesen geschlossen wurde (§ 433 BGB).

b) Der Anspruch könnte aber erloschen sein.

aa) Da bereits 800 Fliesen von V an K geleistet wurden, könnte teilweise Erfüllung (§ 362 I BGB) eingetreten sein.

Erfüllung kommt aber dann nicht in Betracht, wenn die Lieferung der 800 statt der 1000 Fliesen eine mangelhafte Leistung darstellt, weil der Verkäufer dem Käufer die Sache frei von Sach- und Rechtsmängeln verschaffen muss, um die geschuldete Leistung zu bewirken (§ 433 I 2 BGB; Erfüllungstheorie). Somit stellt sich die Frage, ob die Zuweniglieferung hier gem. § 434 III BGB dem Sachmangel gleichgestellt ist.

(1) § 434 III BGB erfordert auch in dieser Alternative, dass der Verkäufer nach dem objektiven Empfängerhorizont den Anspruch des Käufers aus § 433 I 1 BGB erfüllen wollte (vgl. Fall 13). Es ist nicht ersichtlich, dass V dem K die Fliesen aus einem anderen Grunde zukommen ließ. Dieses Kriterium ist also erfüllt.

(2) Zudem ist § 434 III BGB nur bei der verdeckten Teilleistung anwendbar. Es darf für den Käufer nicht erkennbar sein, dass eine Mindermenge geliefert wurde. Ansonsten bleibt es bei den allgemeinen Vorschriften; eine Gleichstellung von Teilleistung und Mangel zu Gunsten des Käufers (dazu näher unten) ist nicht angebracht.

V erbrachte die Teilleistung aus Versehen und wies den K somit nicht darauf hin, dass keine vollständige Leistung erfolgte. Für K war dies auf Grund der relativ geringen Mengenabweichung auch nicht ohne weiteres zu erkennen. Die Teilleistung war daher verdeckt.

(3) Folglich sind die Voraussetzungen des § 434 III BGB erfüllt. Die Zuweniglieferung steht einem Sachmangel gleich. Der Anspruch ist nicht durch Erfüllung (§ 362 I BGB) teilweise erloschen.

bb) Allerdings tritt im Falle der mangelhaften Leistung der Nacherfüllungsanspruch gem. §§ 437 Nr. 1, 439 BGB an die Stelle des ursprünglichen Erfüllungsanspruches. Der Anspruch aus § 433 I 1 BGB besteht also nicht mehr.

2. Nacherfüllungsanspruch (§§ 437 Nr. 1, 439 BGB)

K kann aber den Nacherfüllungsanspruch gem. §§ 437 Nr. 1, 439 BGB geltend machen. Er kann nach seiner Wahl Nachbesserung (200 Fliesen) oder Nachlieferung (1000 Fliesen) verlangen (§ 439 I BGB).

Auf Grund der zu befürchtenden Farbabweichung wird sich K für die zweite Variante entscheiden. V kann diese Art der Nacherfüllung nicht gem. § 439 III BGB verweigern, da ein Rückgriff auf die Nachbesserung erhebliche Nachteile für den Käufer bedeuten würde und auch so die Kosten des V nicht unverhältnismäßig hoch erscheinen.

Anmerkung: Zur Unverhältnismäßigkeit der Nacherfüllung lesen Sie OLG Celle, Life&Law 2007, 9 ff.

V kann dann die gelieferten 800 Fliesen gem. §§ 439 IV, 346 ff. BGB zurückverlangen.

Anmerkung: Die Kosten der Nacherfüllung trägt der Verkäufer, § 439 II BGB. In diesem Zusammenhang ist umstritten, wo die Nacherfüllung stattzufinden hat. Kauft jemand mangelhafte Möbel in einem Abholmarkt, stellt sich die Frage, ob dieser Käufer die Nachlieferung nach Hause verlangen kann, oder ob er – wie hinsichtlich des originären Erfüllungsanspruchs – zum Verkäufer in den Abholmarkt gehen muss. Der Aufwand wäre zu Lasten des Käufers viel größer. Nach einer Ansicht ist der Erfüllungsort für die Nacherfüllung der Wohnsitz des Käufers. Denn die Nacherfüllung ist eine zweite Chance für den Verkäufer. Der Käufer soll stehen, wie bei ordnungsgemäßer Erfüllung. Bei ordnungsgemäßer Erfüllung muss der Käufer aber nur einmal zum Abholmarkt, nicht ein zweites Mal, vgl. OLG München, NJW 2006, 449 f. Der BGH beantwortet die Frage nicht pauschal, sondern unter Anwendung des § 269 I BGB im Einzelfall. Maßgeblich ist danach zunächst die Parteivereinbarung, bei Fehlen einer Vereinbarung sind die Umstände, insbesondere die Natur des Schuldverhältnisses maßgeblich, vgl. BGH, Life & Law 2011, 462 ff.

3. Ergebnis

Der Anspruch des K auf Lieferung der 1000 Fliesen besteht.

IV. Zusammenfassung

Sound: § 434 III BGB bewirkt eine Gleichstellung von Minderlieferung und Sachmangel, wenn der Verkäufer nach dem objektiven Empfängerhorizont die gem. § 433 I 1 BGB geschuldete Leistung erbringen wollte und eine verdeckte Teilleistung gegeben ist.

Der Käufer kann dann grds. nach §§ 437 Nr. 1, 439 BGB komplette Neulieferung verlangen.

hemmer-Methode: Die dargestellte Konstellation zeigt den Vorteil der Regelung des § 434 III BGB. Würde die Norm nicht existieren, so hätte der Käufer keinen Anspruch auf vollständige Neulieferung der Fliesen. Er könnte nur hinsichtlich der noch ausstehenden Teilleistung Erfüllung verlangen (§ 433 I 1 BGB), unter den Voraussetzungen der §§ 280 I, III, 281 I BGB Schadensersatz statt der Leistung fordern oder gem. § 323 I BGB (teilweise) zurücktreten. Alternativ könnte er auch in Bezug auf den gesamten Vertrag Schadensersatz statt der Leistung geltend machen (§§ 280 I, III, 281 I 2 BGB; „Schadensersatz statt der ganzen Leistung") oder vom vollständigen Vertrag zurücktreten (§ 323 I, V 1 BGB), da er wegen der zu erwartenden Farbabweichung an der Teilleistung kein Interesse hat. Der gesamte Vertrag könnte aber nicht „gerettet" werden.

In diesem Zusammenhang ist Folgendes problematisch: wenn der Käufer bei einer Schlechtleistung Schadensersatz statt der ganzen Leistung verlangen will, muss die Pflichtverletzung (nur) erheblich sein, bei einer Teilleistung kommt Schadensersatz statt der ganzen Leistung nur in Betracht, wenn der Gläubiger kein Interesse an der erbrachten Teilleistung. Diese Voraussetzung wurde zwar in unserem Fliesenfall bejaht. In den meisten Fällen, wird dies jedoch kompliziert sein. Man denke nur daran, dass der Verkäufer anstatt der bestellten 50 Flaschen lediglich 40 Flaschen Wein bestellt. Als erheblich wird man die Pflichtverletzung bezeichnen können. Aber ein Interessenwegfall wird in der Regel nicht gegeben sein. Die Gleichstellung in § 434 III BGB führt also dazu, dass die Anforderungen an den Schadensersatz statt der Leistung geringer sind, wenn man die Zuweniglieferung als Schlechtleistung einordnet. Hier wird z.T. vertreten, dass i.R.d. Schuldrecht AT, d.h. bei § 281 BGB, die Gleichstellung wieder aufgehoben werden soll, so dass einheitlich ein Interessenwegfall erforderlich ist, um Schadensersatz statt der ganzen Leistung verlangen zu können (vgl. dazu Griegoleit/Riehm, ZGS 2002, 115 ff.). Eine Klärung dieser Frage durch die Rechtsprechung steht noch aus. Daher kommt es in der Klausur wie immer nur darauf an, dass Problem zu erkennen und das gefundene Ergebnis mit guten Argumenten zu untermauern.

V. Zur Vertiefung

- Hemmer/Wüst, SchuldR II, Rn. 134 ff.
- Hemmer/Wüst, SchuldR BT I, Karteikarte 26.

Fall 15: Die Haftung für Rechtsmängel, § 435 BGB

Sachverhalt:

K1 kaufte beim Autohändler V einen Gebrauchtwagen. Da K1 nicht so recht bei Kasse war, wurde Ratenzahlung vereinbart. V behielt sich das Eigentum bis zur vollständigen Kaufpreiszahlung vor. Bevor die letzte Rate bezahlt war, machte K1 wegen bestehender Sachmängel den Anspruch auf Nachbesserung gem. §§ 437 Nr. 1, 439 BGB geltend und gab das Auto bei V in Reparatur. Dieser behob die Mängel und verkaufte das Fahrzeug an K2. Als K2 die Situation bekannt wird, möchte er wissen, ob er den Kaufpreis mindern kann.

I. Einordnung

Seit der Schuldrechtsreform wird auf der **Rechtsfolgenebene nicht** mehr zwischen der **Haftung für Rechtsmängel und der Haftung für Sachmängel differenziert**. § 433 I 2 BGB statuiert die Pflicht des Verkäufers, dem Käufer die Sache frei von Sach- und Rechtsmängeln zu verschaffen. Kommt er dieser Pflicht nicht nach, so haftet er in beiden Fällen nach Maßgabe des § 437 BGB. **§ 435** BGB legt fest, wann ein Rechtsmangel gegeben ist. Hier gilt im Gegensatz zu § 434 BGB (Sachmangel) der **objektive Mangelbegriff**. Es kommt darauf an, ob Dritte keine oder nur die vertraglich übernommenen Rechte gegen den Käufer geltend machen können. Ob das Drittrecht die vertraglich vereinbarte Verwendung beeinträchtigt oder nicht, ist dagegen irrelevant. Maßgeblicher Zeitpunkt für das Vorliegen eines Rechtsmangels ist nicht der Gefahrübergang (§ 434 BGB), sondern der Eigentumserwerb durch den Käufer.

II. Gliederung

Minderungsrecht des K2, §§ 437 Nr. 2 Alt. 2, 441 BGB

1. Kaufvertrag (§ 433 BGB) (+)

2. Mangelhafte Kaufsache?
a) Sachmangel (§ 434 BGB) (-)
b) Rechtsmangel?
 Kein lastenfreies Eigentum i.S.v. §§ 433 I 2, 435 BGB verschafft?
 aa) Überhaupt Eigentum verschafft?
 § 929 S. 1 BGB (+); V noch Eigentümer (Berechtigter), da mit K1 Eigentumsvorbehalt vereinbart (§ 449 I BGB) und kein Bedingungseintritt.
 bb) **Lastenfrei?** (§ 435 BGB)
 § 435 BGB (+), wenn Sache mit Anwartschaftsrecht des K1 belastet.
 (1) K1 durch § 161 I BGB geschützt; grds. erlangt K2 nur mit Anwartschaftsrecht des K1 belastetes Eigentum; Eigentum des K2 durch Kaufpreiszahlung auflösend bedingt.
 (2) Aber: Nicht, wenn § 161 III BGB (gutgläubiger Erwerb); §§ 161 III, 936 I 1, II BGB (+); § 936 III BGB hier (-).

3. Ergebnis
Anwartschaftsrecht des K1 erloschen, § 435 BGB (-); Minderung (-).

III. Lösung

**Minderungsrecht des K2,
§§ 437 Nr. 2 Alt. 2, 441 BGB**

Das Minderungsrecht des K2 besteht dann, wenn zwischen V und K2 ein Kaufvertrag geschlossen wurde, der Kaufgegenstand mangelhaft ist und die besonderen Minderungsvoraussetzungen (§§ 437 Nr. 2 Alt. 2, 441 BGB) vorliegen.

1. Kaufvertrag (§ 433 BGB)

V und K2 schlossen einen Kaufvertrag über das gebrauchte Fahrzeug (§ 433 BGB).
Der Wirksamkeit des Vertrages steht auch nicht etwa entgegen, dass V das Auto bereits an K1 verkauft hatte (Relativität der Schuldverhältnisse!).

2. Mangelhafte Kaufsache

Weiterhin müsste die Sache mit einem Sach- oder Rechtsmangel behaftet sein.

a) Für das Bestehen eines Sachmangels (§ 434 BGB) ergeben sich hier keine Anhaltspunkte, zumal V das Auto vor der Übergabe (Gefahrübergang, § 446 S. 1 BGB) an K2 reparierte.

b) Allerdings könnte dem Fahrzeug ein Rechtsmangel anhaften. Das wäre dann der Fall, wenn V dem K2 kein lastenfreies Eigentum i.S.d. §§ 433 I 2, 435 BGB verschafft hätte.

aa) Zunächst müsste V dem K2 überhaupt Eigentum verschafft haben. Eine Übereignung könnte hier nach § 929 S. 1 BGB erfolgt sein. Einigung und Übergabe sind gegeben. Weiterhin müsste V Berechtigter gewesen sein. Ursprünglich war V Eigentümer.

Er hat sein Eigentum auch nicht an K1 verloren, da ein Eigentumsvorbehalt vereinbart war und somit nach der Auslegungsregel des § 449 I BGB die Übereignung an K1 unter der aufschiebenden Bedingung (§ 158 I BGB) der vollständigen Kaufpreiszahlung erfolgt war. Diese Bedingung war noch nicht eingetreten. Folglich verfügte V als Berechtigter. K2 wurde somit Eigentümer des Autos.

Anmerkung: Nach vorzugswürdiger Ansicht stellt Dritteigentum keinen Rechtsmangel i.S.d. § 435 BGB dar. Verkauft der Verkäufer die Sache als Nichtberechtigter und erwirbt der Käufer nicht gutgläubig (z.B. weil die Sache gem. § 935 I BGB abhandengekommen war), so liegt regelmäßig ein Fall anfänglicher subjektiver Unmöglichkeit vor; es greift das allgemeine Leistungsstörungsrecht mit der Konsequenz der Verjährung gem. §§ 195, 199 BGB. Für diese Lösung spricht insbesondere, dass das Gesetz ausdrücklich zwischen der Pflicht zur Eigentumsverschaffung (§ 433 I 1 BGB) und der Pflicht zur sach- und rechtsmängelfreien Leistung differenziert (§ 433 I 2 BGB).
Nur bei einer Verletzung der Pflicht aus § 433 I 2 BGB kommen die §§ 437 ff. BGB in Betracht.

bb) Fraglich ist aber, ob K2 lastenfreies Eigentum erworben hat. Das Eigentum könnte nämlich mit einem Anwartschaftsrecht des K1 belastet sein (§ 435 BGB).

(1) K1 erlangte von V aufschiebend bedingtes Eigentum am Auto (§§ 929 S. 1, 158 I BGB; vgl. zur Erläuterung des Anwartschaftsrechtes die Einordnung zu Fall 5).

Somit greift zum Schutz des K1 vor Zwischenverfügungen grds. § 161 I BGB. K1 wurde folglich Inhaber eines Anwartschaftsrechts. Mit Eintritt der Bedingung (vollständige Kaufpreiszahlung) würde K1 gem. § 161 I BGB Eigentümer des Fahrzeuges, obwohl die Zwischenverfügung an K2 zunächst wirksam war. K2 wäre nur auflösend bedingt Eigentümer geworden.

(2) Etwas anderes würde aber gelten, wenn K2 gem. § 161 III BGB das Eigentum gutgläubig lastenfrei erworben hätte. § 161 III BGB verweist u.a. auf § 936 BGB. Da V unmittelbarer Besitzer der Sache war und sich die Übereignung nach § 929 S. 1 BGB vollzog, gilt § 936 I 1 BGB. K2 war hinsichtlich des Rechts des K1 in gutem Glauben, da er weder Kenntnis noch grob fahrlässige Unkenntnis vom Anwartschaftsrecht hatte (§ 936 II BGB). Da auch kein Abhandenkommen beim Rechtsinhaber vorliegt (§ 935 BGB gilt auch i.R.d. § 936 BGB), hat K2 gutgläubig lastenfrei erworben. Das Anwartschaftsrecht des K1 ist erloschen. Ein Rechtsmangel besteht daher nicht.

Anmerkung: Normalerweise scheitert bei Zwischenverfügungen beim Eigentumsvorbehalt der gutgläubige lastenfreie Erwerb an §§ 161 III, 936 III BGB, da der Eigentumsvorbehaltsverkäufer grds. nicht unmittelbarer Besitzer der Sache ist. Solange K1 die Sache nicht aus der Hand gibt, ist ein Erwerb über § 936 BGB daher nicht möglich.

3. Ergebnis:

K2 kann den Kaufpreis nicht gem. §§ 437 Nr. 2 Alt. 2, 441 BGB mindern, weil das Fahrzeug nicht mangelhaft ist.

IV. Zusammenfassung

Sound: Ein Rechtsmangel (§ 435 BGB) ist gegeben, wenn Dritte in Bezug auf die Kaufsache Rechte geltend machen können, die nicht im Vertrag übernommen wurden.
Dabei spielt es keine Rolle, ob die Rechte die vertraglich vereinbarte Verwendung berühren oder nicht (objektiver Mangelbegriff). Maßgeblicher Zeitpunkt ist die Eigentumsverschaffung.

Dritteigentum ist dagegen kein Rechtsmangel. Hier greift das allgemeine Leistungsstörungsrecht.

hemmer-Methode: § 435 BGB dient oft als Aufhänger für sachenrechtliche Probleme. Es ist regelmäßig zu klären, ob das (meist dingliche) Drittrecht besteht oder nicht. Oft liegt dann auch der Schwerpunkt der Klausur nicht im Schuldrecht. Dementsprechend ist die Klausurlösung zu gewichten.

V. Zur Vertiefung

- Hemmer/Wüst, SchuldR II, Rn. 140 ff.
- Hemmer/Wüst, SchuldR BT I, Karteikarte 28.

Fall 16: Die Gewährleistung beim Rechtskauf

Sachverhalt:

V verpflichtet sich gegenüber K, diesem eine „Hypothek" zu übertragen, welche am Grundstück des E zu Gunsten des V besteht. Als Gegenleistung soll K 100.000 € bezahlen. Die Übertragung der „Hypothek" erfolgt wie vereinbart. Allerdings zeigt sich später, dass das Grundstück mit Altlasten verseucht und der Verkehrswert daher erheblich geringer ist, als V und K ursprünglich vermuteten.

Kann K mindern?

I. Einordnung

Wie bereits in Fall 4 dargestellt, können auch Rechte und sonstige Gegenstände Kaufgegenstand sein (§ 453 I BGB). Der **Rechtskauf** tritt am häufigsten **in der Ausgestaltung des Forderungskaufes** auf. Als Rechte i.S.d. § 453 I BGB kommen aber auch sämtliche andere übertragbare Rechte in Betracht. Das Eigentum fällt jedoch nicht unter § 453 I BGB. Da Eigentum nur an Sachen besteht, ist der Kauf des Eigentums immer ein Sachkauf. Beim Sachkauf trifft den Verkäufer ja gerade die Pflicht zur Eigentumsverschaffung (§ 433 I 1 BGB).

§ 453 I BGB erklärt die §§ 433 ff. BGB für entsprechend anwendbar. Das bedeutet, dass der Verkäufer **entsprechend § 433 I 1 BGB** verpflichtet ist, dem Käufer das Recht nach den jeweiligen Vorschriften zu übertragen (z.B. Forderungen gem. §§ 398 ff. BGB). Darüber hinaus ist der Verweis in § 453 I BGB in Bezug auf die Verkäuferpflichten jedoch nicht eindeutig. Insbesondere ist fraglich, ob § 434 BGB Anwendung findet.

II. Gliederung

Minderung durch K gem. §§ 453 I, 437 Nr. 2, 441 BGB?

1. **Kaufvertrag** (§§ 453 I, 433 BGB) (+) Kaufgegenstand ist aber nicht Hypothek, sondern hypothekarisch gesicherte Forderung, § 1153 I BGB (vgl. §§ 1153 f. BGB); Hypothek ist isoliert nicht übertragbar.

2. **Mangelhaftigkeit der Forderung?**
a) §§ 453 I, 435 BGB?
(-), Grundstücksverseuchung kein Rechtsmangel der gesicherten Forderung; Recht besteht.
b) §§ 453 III, 434 BGB?
aa) Sachmangel des Grundstücks gem. § 434 I 2 Nr. 2 BGB (+).
bb) Aber: Weder Hypothek noch gesicherte Forderung berechtigen zum Besitz
daher: (-).
c) §§ 453 I, 434 BGB?
Anwendbarkeit (-), da allgemeine Bonitätshaftung nicht gewollt. Mangel der gesicherten Forderung (-).

3. **Ergebnis**
Minderungsrecht (-).

III. Lösung

**Minderungsrecht des K gem.
§§ 453 I, 437 Nr. 2, 441 BGB**

Das Minderungsrecht bestünde dann, wenn zwischen V und K ein Kaufvertrag zu Stande gekommen wäre, ein Mangel vorläge und die besonderen Voraussetzungen des § 441 BGB erfüllt wären.

1. Kaufvertrag (§§ 453 I, 433 BGB)

V und K einigten sich darüber, dass V dem K seine „Hypothek" gegen Bezahlung von 100.000 € übertragen sollte.

Da die Hypothek auf Grund der streng akzessorischen Verknüpfung mit der gesicherten Forderung nicht isoliert übertragbar ist, sondern kraft Gesetzes mit der Forderung gleichsam „mitwandert" (§§ 1153 f. BGB), ist die Vereinbarung so auszulegen, dass die hypothekarisch gesicherte Forderung des V gegen E an K zu übertragen war. Diese Forderung ist ein Recht i.S.d. § 453 I BGB. Es liegt damit ein Rechtskauf vor. Die §§ 433 ff. BGB finden gem. § 453 I BGB entsprechende Anwendung.

2. Mangelhaftigkeit der Forderung

a) Zunächst könnte die durch die Hypothek gesicherte Forderung wegen der Verseuchung des Grundstückes gem. §§ 453 I, 435 BGB mangelhaft sein (Rechtsmangel). Das wäre dann der Fall, wenn das Recht nicht oder nicht vollumfänglich bestünde oder wenn andere Rechte entgegenstünden (§ 435 BGB entsprechend). Die hypothekarisch gesicherte Forderung besteht aber in vollem Umfang.

Die Grundstücksverseuchung wirkt sich nicht auf den Bestand des Rechts aus und vermag daher keinen Rechtsmangel zu begründen.

b) Allerdings könnten die §§ 453 III, 434 BGB einschlägig sein. Dann müsste ein Recht verkauft worden sein, welches zum Besitz einer Sache berechtigt. Weiterhin müsste der Sache ein Sachmangel anhaften.

aa) Die Verseuchung des Grundstücks begründet unzweifelhaft einen Sachmangel, da sich das Grundstück zumindest nicht zur gewöhnlichen Verwendung als Baugrund, Kapitalanlage o.ä. eignet und der Käufer auch erwarten durfte, dass keine Altlasten vorhanden sind (§ 434 I 2 Nr. 2 BGB).

bb) Jedoch berechtigen weder die Forderung gegen E noch die dingliche Hypothek zum Besitz des Grundstücks. § 453 III BGB greift daher nicht.

c) Schließlich kommt wegen der Altlasten § 434 BGB in Bezug auf die Forderung in Betracht.

aa) Zwar kann die gesicherte Forderung als Recht schon begrifflich nicht mit einem Sachmangel behaftet sein.

§ 434 BGB könnte aber gem. § 453 I BGB entsprechend zur Anwendung kommen. Dies würde dazu führen, dass das Recht u.a. dann mangelhaft wäre, wenn es nicht die vereinbarte Beschaffenheit hätte oder wenn es sich nicht für die vertraglich vorausgesetzte oder die gewöhnliche Verwendung eignete. In diesem Sinne wäre die Hypothek mangelhaft, da sie wegen der Grundstücksverseuchung wirtschaftlich praktisch wertlos ist. Die Zwangsvollstreckung in das Grundstück (§ 1147 BGB) wäre sinnlos.

bb) Die Anwendbarkeit des § 434 BGB ist beim Rechtskauf aber jedenfalls abzulehnen, wenn nicht eine entsprechende Vereinbarung hinsichtlich der Durchsetzbarkeit getroffen wurde. Ansonsten würde der Verkäufer nicht nur für den Bestand des Rechts (Verität), sondern auch für die wirtschaftliche Durchsetzbarkeit (Bonität) haften. Eine solche Haftungsausdehnung wäre unbillig; der Verkäufer eines Rechts müsste das gesamte Risiko tragen.

3. Ergebnis

Die hypothekarisch gesicherte Forderung ist nicht mangelhaft. Das Minderungsrecht des K besteht demzufolge nicht.

Anmerkung: In diesen Konstellationen ist allenfalls eine Rechtsmängelhaftung denkbar, wenn dem Schuldner gegen die Forderung eine Einrede zusteht, die sich der neue Gläubiger gem. § 404 BGB entgegenhalten lassen muss. Die Einrede des Eigentümers ist dann das Recht eines Dritten im Sinne des § 435 BGB.

IV. Zusammenfassung

Sound: §§ 453 I, 434 BGB ist beim Rechtskauf außerhalb einer Beschaffenheitsvereinbarung unanwendbar. Sonst würde der Verkäufer eines Rechts nicht nur für dessen Bestand (Verität), sondern auch für die wirtschaftliche Durchsetzbarkeit (Bonität) haften. Eine solche Haftungsausdehnung wollte der Gesetzgeber nicht.
§ 453 I BGB verweist also in der Alternative des Rechtskaufes nicht auf § 434 BGB.

hemmer-Methode: In der Variante des Kaufes sonstiger Gegenstände erfasst die Verweisung in § 453 I BGB hingegen auch § 434 BGB. Deswegen wird z.B. auch für „Sachmängel" eines Unternehmens beim Unternehmenskauf gehaftet. Wiederholen Sie in diesem Zusammenhang noch einmal Fall 4.

V. Zur Vertiefung

- Hemmer/Wüst, SchuldR II, Rn. 333 ff.
- Hemmer/Wüst, SchuldR BT I, Karteikarte 29.

Fall 17: Der Vorrang des Nacherfüllungsanspruchs

Sachverhalt:

Der reiselustige A erwirbt von Händler H ein neues Wohnmobil. Nach kurzer Zeit muss er feststellen, dass die Elektrik nicht richtig funktioniert. Die Stromversorgung im Wohnbereich ist immer wieder unterbrochen. Er möchte das Wohnmobil jedoch unter allen Umständen behalten und verlangt von H Reparatur. H, der eine eigene Fachwerkstatt besitzt, bietet dem A nach zweimaligem erfolglosem Reparaturversuch an, ihm ein anderes Wohnmobil des gleichen Typs zu liefern. A lehnt ab und verlangt Schadensersatz statt der ganzen Leistung.

I. Einordnung

Dem Käufer steht bei Mangelhaftigkeit des Kaufgegenstandes nach §§ 437 Nr. 1, 439 BGB ein **Anspruch auf Nacherfüllung** zu. Dieser modifiziert den ursprünglichen Erfüllungsanspruch (welcher gem. §§ 195, 199 BGB verjährt, während sich die Verjährung beim Nacherfüllungsanspruch nach § 438 I, II BGB richtet) und verdrängt diesen. Der Anspruch aus §§ 437 Nr. 1, 439 BGB ist **gegenüber den anderen Mängelrechten grds. vorrangig**. Dieser Vorrang ist nicht explizit geregelt, sondern ergibt sich aus der Gesetzessystematik, vgl. § 437 Nr. 2 BGB.

Der Rücktritt gem. § 323 BGB erfordert im Normalfall den erfolglosen Ablauf einer zu setzenden Nachfrist.

Die Minderung ist nur „statt des Rücktritts" möglich (§ 441 I 1 BGB) und verlangt somit wiederum das Vorliegen der Rücktrittsvoraussetzungen.

Außerdem besteht auch der Anspruch auf Schadensersatz statt der Leistung gem. §§ 437 Nr. 3, 280 I, III, 281 BGB grds. erst nach fruchtlosem Fristablauf. Vom Erfordernis der Nachfristsetzung bestehen aber Ausnahmen. Neben den allgemeinen §§ 281 II, 323 II BGB regelt § 440 BGB spezifisch kaufrechtlich die Entbehrlichkeit der Setzung einer Nachfrist.

II. Gliederung

Anspruch des A auf Schadensersatz statt der ganzen Leistung, §§ 437 Nr. 3, 440, 280 I, III, 281 BGB

1. **Schuldverhältnis, § 280 I 1 BGB** (+): Kaufvertrag gem. § 433 BGB.

2. **Pflichtverletzung, § 280 I 1 BGB** (+):

   a) Mangelhafte Leistungserbringung (+), da Sachmangel (§ 434 BGB).

   b) Keine Nacherfüllung, §§ 437 Nr. 1, 439 BGB.

3. **Vertretenmüssen** (§ 280 I 2 BGB) (+):

   a) Bzgl. mangelhafter Leistungserbringung (+).

   b) Bzgl. unterbliebener Nacherfüllung (+).

4. **Besondere Voraussetzungen** des Schadensersatzanspruchs statt der ganzen Leistung:

   a) **Fristsetzung** (§ 281 I 1 BGB) (-); Entbehrlichkeit?

   aa) § 281 II Alt. 1 BGB (-)

   bb) § 440 BGB (+), da A die gewählte Art der Nacherfüllung (Nachbesserung) zusteht (§§ 439 I, III BGB) und Fehlschlagen nach zweimaligem Versuch.

> b) **Erheblichkeit** der Pflichtverletzung, § 281 I 3 BGB (+).
>
> **5. Ergebnis**
> Anspruch des A besteht; H kann das Wohnmobil bei Geltendmachung gem. §§ 281 V, 346 ff. BGB zurückfordern.

III. Lösung

Anspruch des A auf Schadensersatz statt der ganzen Leistung, §§ 437 Nr. 3, 440, 280 I, III, 281 BGB

A könnte gegenüber H einen Anspruch auf Schadensersatz statt der ganzen Leistung haben.

1. Dies setzt zunächst das Bestehen eines Schuldverhältnisses voraus. Zwischen A und H kam ein wirksamer Kaufvertrag über das Wohnmobil, § 433 BGB, zu Stande. Damit liegt ein Schuldverhältnis vor.

2. Weiterhin müsste H die fällige Leistung nicht oder nicht wie geschuldet erbracht haben, § 281 I 1 BGB. Erforderlich ist also das Vorliegen einer Pflichtverletzung.

a) Eine solche könnte zunächst darin liegen, dass H dem A eine mangelhafte Sache geliefert hat. Auf Grund der nicht richtig funktionierenden Elektrik könnte das Wohnmobil nämlich mit einem Sachmangel i.S.d. § 434 BGB behaftet sein. Da weder eine vertragliche Beschaffenheitsvereinbarung noch eine vertraglich vorausgesetzte Verwendung ersichtlich ist, kommt es auf die Eignung für die gewöhnliche Verwendung an (§ 434 I 2 Nr. 2 BGB). Das Wohnmobil ist nicht zum Campen geeignet, da ohne Strom weder die Heizung noch sonstige Elektrogeräte in Betrieb genommen werden können.

Außerdem weicht die Beschaffenheit negativ von der anderer, voll funktionsfähiger Fahrzeuge des gleichen Typs ab. Dieser Mangel lag außerdem bereits bei Übergabe und damit bei Gefahrübergang, § 446 S. 1 BGB, vor. Ein Sachmangel gem. § 434 I 2 Nr. 2 BGB ist somit gegeben.

b) Darüber hinaus erbrachte H nicht die ihm obliegende, mögliche Nacherfüllung gem. §§ 437 Nr. 1, 439 BGB. Dies stellt eine weitere Pflichtverletzung dar.

> **Anmerkung:** Ist der Verkäufer gem. § 275 I-III BGB von seiner Verpflichtung zur Erbringung der Nacherfüllung frei geworden, kann ein Ausbleiben der Nacherfüllung logischerweise niemals eine Pflichtverletzung darstellen. Richtige Anspruchsgrundlage für die Geltendmachung des Schadensersatzes statt der Leistung ist in diesem Fall §§ 280 I, III, 283 BGB. Es muss dann gefragt werden, ob der Verkäufer die Umstände, die zur Unmöglichkeit der Nacherfüllung geführt haben, zu vertreten hat.

3. H müsste diese Pflichtverletzungen außerdem i.S.d. § 276 BGB zu vertreten haben. Dies wird gem. § 280 I 2 BGB vermutet. H kann hier keinen Entlastungsbeweis erbringen, ein Vertretenmüssen liegt damit vor.

4. Zudem müssten die Voraussetzungen des Schadensersatzes statt der ganzen Leistung erfüllt sein (§ 281 BGB), da A über den Schadensersatz eine Rückabwicklung des Vertrages anstrebt.

a) A müsste dem H daher erfolglos eine angemessene Frist zur Nacherfüllung gesetzt haben.

aa) A hat hier keine Frist gesetzt.

bb) Möglicherweise war dies jedoch gem. § 281 II Alt. 1 BGB entbehrlich.

Anmerkung: Wäre eine Frist gesetzt, obwohl sie entbehrlich gewesen wäre, ist der Käufer daran gebunden und muss eine Nacherfüllung innerhalb der Frist durch den Verkäufer akzeptieren. Andernfalls würde er sich zu seinem eigenen Verhalten in Widerspruch setzen, vgl. BGH, Life & Law 2010, 437 ff.

Dann müsste H die Leistung ernsthaft und endgültig verweigert haben. Eine ernsthafte und endgültige Erfüllungsverweigerung ist dann gegeben, wenn der Schuldner dem Käufer zustehende Art der Nacherfüllung (§ 439 BGB) ablehnt und zu erkennen gibt, dass das letzte Wort gesprochen ist. Dem Angebot des H, ein anderes Wohnmobil zu liefern, anstatt einen erneuten Reparaturversuch zu unternehmen, ist nicht zu entnehmen, dass er die Reparatur endgültig nicht mehr vornehmen wollte. § 281 II Alt. 1 BGB greift also nicht.

cc) Allerdings könnte die dem A zustehende Art der Nacherfüllung fehlgeschlagen sein (§ 440 S. 1 Alt. 2 BGB). Auch dann wäre eine Nachfrist nicht erforderlich. A verlangte Reparatur des Wohnmobils.
Diese Art der Nacherfüllung (Nachbesserung, § 439 I Alt. 1 BGB) steht ihm zu, da sie weder unmöglich (§ 275 I BGB) noch dem H unzumutbar ist (§ 275 II, III BGB) (s.o.). Auch ist nicht ersichtlich, dass die Reparatur nur mit unverhältnismäßigen Kosten möglich ist (§ 439 III BGB). Weiterhin müsste die Reparatur fehlgeschlagen sein.
Gem. § 440 S. 2 BGB gilt die Nachbesserung nach dem zweiten erfolglosen Versuch als fehlgeschlagen, soweit sich nicht ausnahmsweise aus den Umständen etwas anderes ergibt.
A scheiterte bereits zweimal an der Reparatur.

Es sind auch keine außergewöhnlichen Umstände gegeben, die einen weiteren Reparaturversuch rechtfertigen würden. Ein Fehlschlagen ist daher zu bejahen. Daran ändert auch das Angebot des H nichts, ein anderes Wohnmobil zu liefern (Nachlieferung). Der Wortlaut des § 440 BGB stellt bezüglich des Fehlschlagens eindeutig auf die dem Käufer zustehende Art der Nacherfüllung ab. Hat der Käufer sein Wahlrecht aus § 439 I BGB in zulässiger Art und Weise ausgeübt, so ist der Verkäufer daran gebunden. Die Fristsetzung ist also entbehrlich (§ 440 S. 1 Alt. 2 BGB).

b) A kann weiterhin nur dann Schadensersatz statt der ganzen Leistung verlangen, wenn die Pflichtverletzung nicht unerheblich ist (§ 281 I 3 BGB). Das Wohnmobil ist seiner Bestimmung gemäß zum Campen nicht zu gebrauchen. Damit ist eine Erheblichkeit des Mangels zu bejahen.

5. Ergebnis

A hat einen Anspruch gegen H auf Schadensersatz statt der ganzen Leistung (§§ 437 Nr. 3, 440, 280 I, III, 281 BGB). Eine Nachfristsetzung ist nicht erforderlich. Macht A den Anspruch geltend, so kann H das Wohnmobil gem. §§ 281 V, 346 ff. BGB zurückverlangen.

IV. Zusammenfassung

Sound: Der Vorrang des Nacherfüllungsanspruches (§§ 437 Nr. 1, 439 BGB) ergibt sich aus der Systematik des Gesetzes. Sowohl Schadensersatz statt der Leistung als auch Rücktritt und Minderung setzen grds. den erfolglosen Ablauf einer Nachfrist voraus.

hemmer-Methode: Die Nachfristsetzung kann aber entbehrlich sein. Braucht der Schuldner gem. § 275 BGB nicht zu leisten, greifen die §§ 283, 326 V BGB, die keine Fristsetzung verlangen. Ansonsten regeln die §§ 281 II, 323 II, 440 BGB Ausnahmen vom Fristsetzungserfordernis.

Exkurs zum Nacherfüllungsrecht: Verlangt der Käufer Nacherfüllung in Form der Nachlieferung, hat er die mangelhafte Sache zurückzugewähren, § 439 IV. Diese Vorschrift verweist aber nicht nur auf § 346 I BGB, sondern auf die §§ 346-348 ff. BGB. Dem Gesetzeswortlaut nach schuldet der Käufer dann auch Wertersatz für die Nutzung der alten Sache, § 346 I, II S. 1 Nr. 1 BGB. Mit der Frage, ob diese gesetzliche Regelung europarechtskonform ist, beschäftigte sich der BGH, Life&Law 2006, 797 ff. Er hatte die Frage dem EuGH vorgelegt, der mittlerweile entschieden hat, dass die nationale Regelung nicht mit der Verbrauchsgüterkaufrichtlinie in Einklang steht, Life&Law 2008, 345 ff. Der BGH hat dieses Ergebnis dann wiederum bestätigt (Life&Law 2009, 142). Da die Verbrauchsgüterkaufrichtlinie nicht danach verlangt, dass die Regelung im gesamten Kaufrecht angepasst wird, wird lediglich der § 474 BGB im Absatz II erweitert: S. 1 lautet dort nun: „Auf die in diesem Untertitel geregelten Kaufverträge ist § 439 IV mit der Maßgabe anzuwenden, dass Nutzungen nicht herauszugeben oder durch ihren Wert zu ersetzen sind."

V. Zur Vertiefung

- Hemmer/Wüst, SchuldR II, Rn. 153 ff. (Nacherfüllungsanspruch).
- Hemmer/Wüst, SchuldR II, Rn. 212 ff. (Nachfristsetzung).
- Hemmer/Wüst, SchuldR BT I, Karteikarten 30 – 33.

Fall 18: Rücktritt vom gesamten einheitlichen Kaufvertrag bei mehreren Kaufgegenständen

Sachverhalt:

K erwirbt im Sportgeschäft des V ein Paar Skier mit Stöcken, Skistiefel und einen Skianzug. Statt des eigentlichen Gesamtpreises von 950 € wird ein Sonderpreis von 860 € ausgehandelt. Zu Hause angekommen bemerkt K, dass der Skianzug einen Riss aufweist. Daraufhin bringt er den Anzug zurück und setzt dem V eine angemessene Frist, in der er den Skianzug reparieren soll. Nach fruchtlosem Ablauf der Frist erklärt K gegenüber V den Rücktritt vom gesamten Vertrag.

Kann K die bezahlten 860 € zurückverlangen?

I. Einordnung

§ 437 Nr. 2 BGB räumt dem Käufer bei Mangelhaftigkeit des Kaufgegenstandes ein **Rücktrittsrecht** ein. Die Norm verweist im Wesentlichen auf das allgemeine Leistungsstörungsrecht. Die §§ 323 bzw. 326 V BGB werden nur geringfügig durch § 440 BGB modifiziert. Der Rücktritt erfolgt durch **Erklärung** gegenüber dem Vertragspartner (§ 349 BGB). Die **Rechtsfolgen** des Rücktritts sind in den §§ 346 ff. BGB geregelt. Es entsteht ein **Rückgewährschuldverhältnis**.

Allerdings ergeben sich beim Verkauf mehrerer Sachen Probleme. Die Frage ist dann, ob bei Vorliegen der Rücktrittsvoraussetzungen für eine Sache auch ein Rücktritt bezogen auf die anderen Sachen erfolgen kann, wenn ein einheitlicher Kaufvertrag vorliegt.

II. Gliederung

Anspruch des K auf Rückzahlung des Kaufpreises (860 €) gem. § 346 I BGB i.V.m. §§ 437 Nr. 2, 323 BGB?

1. **Rücktrittserklärung** (§ 349 BGB) (+)

2. **Rücktrittsgrund**: §§ 437 Nr. 2, 323 BGB (gesetzliches Rücktrittsrecht)?

   a) Kaufvertrag (§ 433 BGB) (+)

   b) Mangel des Skianzuges (§ 434 I 2 Nr. 2 BGB) (+)

   c) Erfolglose Fristsetzung (§ 323 I BGB) (+)

   d) Rücktritt setzt Erheblichkeit voraus, § 323 V 2 BGB.

   (Pr) Nur Skianzug nicht vertragsgemäß geleistet; Rest mangelfrei. Sog. Teil-Schlechtleistung. Nach h.M. doppelte Prüfung:

   § 323 V 2 BGB bezogen auf mangelhaftes Teil prüfen. Wenn Erheblichkeit (+):

   Besteht bezogen auf die anderen Teile ein Interessenfortfall gem. § 323 V 1 BGB?

   Hier: Riss bezogen auf Skianzug wohl erheblich, aber: da alle sonstigen Gegenstände in Ordnung, kein Interessenfortfall bezogen auf die anderen Teile.

3. **Ergebnis**

   K kann nur teilweise zurücktreten. Rückabwicklung dann nur insoweit.

III. Lösung

Anspruch des K auf Rückzahlung des Kaufpreises (860 €) gem. § 346 I BGB i.V.m. §§ 437 Nr. 2, 323 BGB?

Der Rückgewähranspruch (§ 346 I BGB) setzt die Erklärung des Rücktritts (§ 349 BGB) sowie das Bestehen eines Rücktrittsgrundes voraus.

1. K erklärte den Rücktritt gegenüber V (§ 349 BGB).
2. Weiterhin müsste ein Rücktrittsgrund vorliegen. Hier kommt ein gesetzliches Rücktrittsrecht wegen mangelhafter Leistungserbringung im kaufvertraglichen Bereich in Betracht (§§ 437 Nr. 2, 323 BGB).

a) Zwischen V und K kam wirksam ein Kaufvertrag über die Skier, Stöcke, Skistiefel und den Skianzug zu Stande (§ 433 BGB). Dabei handelt es sich um einen einheitlichen Kaufvertrag. Dies zeigt sich schon daran, dass ein Gesamtpreis für die Gegenstände vereinbart wurde. Der Einheitlichkeitswille der Parteien tritt deutlich hervor.

b) Der Skianzug ist wegen des Risses mit einem Sachmangel behaftet, da er sich auf Grund der Wasserdurchlässigkeit an der beschädigten Stelle weder für die gewöhnliche Verwendung (Skifahren) eignet noch eine Beschaffenheit aufweist, die bei anderen Anzügen der gleichen Art üblich ist (§ 434 I 2 Nr. 2 BGB).

c) K setzte dem V erfolglos eine angemessene Frist zur Nacherfüllung (§ 323 I BGB).

Anmerkung: Ein infolge fruchtlosen Fristablaufs einmal begründetes Rücktrittsrecht nach § 323 I BGB geht nicht dadurch unter, dass der Gläubiger zunächst nach Fristablauf weiter Erfüllung verlangt.

Denn der Schuldner muss dann damit rechnen, dass der Käufer von seinem Rücktrittsrecht Gebraucht macht. Im Einzelfall, etwa bei Erklärung des Rücktritts zur Unzeit, kann die Ausübung des Rücktrittsrechts rechtsmissbräuchlich sein (BGH Life&Law 2006, 367 ff.).

d) Fraglich ist aber, ob ein Rücktritt vom gesamten Vertrag möglich ist, da nur der Skianzug und somit nur einer der Gegenstände des einheitlichen Kaufvertrages mangelhaft ist. Es handelt sich um einen Fall der Teil-Schlechtleistung.

Hier ist zunächst danach zu fragen, ob ein Rücktritt überhaupt bezogen auf den Skianzug in Betracht kommt. Sodann wäre zu klären, ob sich der Rücktritt auch auf die anderen Sachen erstrecken kann (vgl. Lorenz, NJW 2003, 3097).

aa) Der Riss am Skianzug rechtfertigt die Annahme einer Erheblichkeit bezogen auf diesen. Ist der Anzug nicht dicht, kann er letztlich gar nicht eingesetzt werden und beeinträchtigt daher die Nutzbarkeit nicht nur unerheblich.

bb) Fraglich ist aber, ob sich die Möglichkeit, sich insoweit vom Vertrag lösen zu können, auch auf den Rest des Vertrages erstrecken soll, nur weil man (zufällig) nicht isoliert einen Skianzug, sondern mehrere Ausrüstungsteile in einem einheitlichen Vertrag zusammengefasst hat.

Nach überwiegendem Ansatz ist bezogen auf den gesamten Vertrag danach zu fragen, ob hinsichtlich der mangelfreien Teile ein Interessenwegfall i.S.d § 323 V S. 1 BGB zu bejahen ist. Für die Anwendbarkeit dieser Vorschrift kann es keinen Unterschied machen, ob bei ordnungsgemäßer Leistung eines Teils der Rest überhaupt nicht oder – so wie hier – mangelhaft erbracht wurde.

Gegen den Interessenwegfall spricht insoweit, dass sämtliche Teile auch getrennt nutzbar sind, d.h. eine Neuanschaffung eines Skianzugs auch die anderen Teile noch sinnvoll verwendbar macht.

Anders wäre dies dann, wenn die einzelnen Teile aufeinander abgestimmt wären, so dass bei Wegfall des einen Teils (durch Teilrücktritt) die Verwendbarkeit der anderen Teile nicht mehr gegeben wäre. Dies wäre z.B. bei technischen Geräten denkbar, die nur zu bestimmten Einzelkomponenten kompatibel sind.

Hier sind die einzelnen Gegenstände auch getrennt voneinander nutzbar. In solchen Fällen kann die Mangelhaftigkeit an einem einzelnen Teil nicht einen Rücktritt vom ganzen Vertrag rechtfertigen.

3. Ergebnis

K hat keinen Anspruch auf Rückzahlung des gesamten Kaufpreises (860 €) aus § 346 I BGB, da kein Rücktrittsgrund gegeben ist. Er kann allenfalls den defekten Skianzug zurückgeben und den entsprechenden Teil des Betrages gem. § 346 I BGB zurückverlangen.

IV. Zusammenfassung

Sound: Bei der Teilschlechtleistung muss § 323 V doppelt geprüft werden. S. 2 bezogen auf das mangelhafte Teil, S. 1 bezogen auf die mangelfreien Teile.

hemmer-Methode: Hier bleibt abzuwarten, wie die Rechtsprechung das Problem des mangelhaften Leistungsteils beim einheitlichen Kaufvertrag im Detail löst. Bis dahin sollten Sie sich an dem hier skizzierten Weg orientieren.

V. Zur Vertiefung

- Hemmer/Wüst, SchuldR II, Rn. 198 ff. (allgemein zum Rücktrittsrecht des Käufers).
- Lorenz, NJW 2003, 3097 ff.

Fall 19: Der Rücktritt bei verschuldetem Untergang des Kaufgegenstandes (Verschulden des Zurücktretenden)

Sachverhalt:

K kauft von V ein gebrauchtes Motorrad des Typs Honda CBR 900 zum Preis von 4.500 €. Kurze Zeit später stellt sich bei der TÜV-Hauptuntersuchung heraus, dass der Rahmen des Motorrades wegen eines früheren Unfalles völlig verzogen ist. Auf der Heimfahrt vom TÜV nimmt K einem PKW an einer Stoppstelle die Vorfahrt und wird von diesem erfasst. Das Motorrad wird dabei völlig zerstört. Daraufhin erklärt er gegenüber V den Rücktritt vom Kaufvertrag und verlangt die 4.500 € zurück.

Kann K die Rückzahlung der 4.500 € verlangen?

I. Einordnung

Wird der Rücktritt wirksam erklärt, so entsteht gem. § 346 I BGB ein **Rückgewährschuldverhältnis**. Die empfangenen Leistungen sind zurückzugeben. In diesem Zusammenhang treten dann Probleme auf, wenn sich ein herauszugebender Gegenstand verschlechtert hat oder untergegangen ist. Nach alter Rechtslage war der Rücktritt gem. § 351 BGB a.F. ausgeschlossen, wenn der Rücktrittsberechtigte den Untergang oder die wesentliche Verschlechterung des von ihm im Falle des Rücktritts zurückzugewährenden Gegenstandes verschuldet hatte. Das neue Recht kennt einen solchen Ausschluss des Rücktrittsrechts nicht. Der Berechtigte hat aber unter Umständen Wertersatz zu leisten (§ 346 II, III BGB).

II. Gliederung

Anspruch des K auf Rückzahlung der 4.500 € gem. § 346 I BGB i.V.m. §§ 437 Nr. 2, 323, 326 V BGB

1. Anspruch entstanden?

a) Rücktrittserklärung (§ 349 BGB) (+)

b) Rücktrittsgrund (§§ 437 Nr. 2, 323, 326 V BGB)

aa) Kaufvertrag (§ 433 BGB) (+)

bb) Sachmangel (§ 434 I 2 Nr. 2 BGB) (+)

cc) Besondere Rücktrittsvoraussetzungen

(1) § 326 V BGB (+), da beide Arten der Nacherfüllung anfänglich objektiv unmöglich (§ 275 I BGB); keine Fristsetzung nötig.

(2) Pflichtverletzung erheblich (§§ 326 V, 323 V 2 BGB) (+).

(3) §§ 326 V, 323 VI BGB (-), da anfänglich unbehebbarer Mangel zum Rücktritt berechtigt und dieser von K nicht zu vertreten ist.

Anspruch aus § 346 I BGB entstanden.

2. Aufrechenbarer Gegenanspruch?

a) Grds. Anspruch auf Wertersatz gem. § 346 I, II 1 Nr. 3, da Rücktritt des K und Motorrad untergegangen.

b) Ausschluss gem. § 346 III 1 Nr. 3 BGB?

aa) Gesetzliches Rücktrittsrecht (+)

bb) Untergang beim Rücktrittsberechtigten (K) (+)

cc) Eigenübliche Sorgfalt (§ 277 BGB) (-); selbst wenn K immer so fährt, da Nehmen der Vorfahrt grob fahrlässig.

3. Ergebnis
Wertersatzanspruch besteht; bei Aufrechnung entfällt Anspruch des K.

III. Lösung

Anspruch des K auf Rückzahlung der 4.500 € gem. § 346 I BGB i.V.m. §§ 437 Nr. 2, 323, 326 V BGB

1. Anspruch entstanden

Die Entstehung des Anspruchs aus § 346 I BGB i.V.m. §§ 437 Nr. 2, 323, 326 V BGB setzt eine Rücktrittserklärung sowie einen Rücktrittsgrund voraus.

a) K erklärte den Rücktritt gegenüber V (§ 349 BGB).

b) Als Rücktrittsgrund kommt ein gesetzliches Rücktrittsrecht wegen Mangelhaftigkeit der Kaufsache in Betracht (§§ 437 Nr. 2, 323, 326 V BGB).

aa) K und V schlossen einen wirksamen Kaufvertrag über das Motorrad (§ 433 BGB).

bb) Weiterhin müsste ein Sachmangel i.S.d. § 434 BGB gegeben sein. Als Unfallmotorrad wies die Maschine bei Übergabe und damit bei Gefahrübergang, § 446 S. 1 BGB, eine Beschaffenheit auf, die negativ von der anderer Motorräder gleichen Typs, Alters und gleicher Laufleistung abwich. Damit war das Motorrad mangelhaft i.S.d. § 434 I 2 Nr. 2 BGB.

cc) Außerdem müssten die besonderen Rücktrittsvoraussetzungen vorliegen (§§ 437 Nr. 2, 323, 326 V BGB).

(1) Bräuchte der Schuldner gem. § 275 I bis III BGB die Nacherfüllung nicht zu erbringen, so wäre § 326 V BGB einschlägig. Eine Fristsetzung wäre dann entbehrlich. Die Nacherfüllung könnte vorliegend unmöglich sein (§ 275 I BGB). Da die Eigenschaft als Unfallmotorrad weder durch Reparatur beseitigt werden kann (Nachbesserung, § 439 I Alt. 1 BGB) noch ein mangelfreies Motorrad lieferbar ist (Nachlieferung, § 439 I Alt. 2 BGB), weil eine Stückschuld über eine nicht vertretbare Sache vereinbart wurde, sind beide Nacherfüllungsarten anfänglich objektiv unmöglich. § 326 V BGB greift; es bedurfte folglich keiner Fristsetzung.

(2) Die Pflichtverletzung dürfte außerdem nicht unerheblich sein (§§ 326 V, 323 V 2 BGB). Der Marktwert eines Unfallmotorrades ist erheblich gemindert. Darüber hinaus kann der Rahmen nicht wieder vollständig in den früheren Zustand zurückversetzt werden. Damit ist die Erheblichkeit der Pflichtverletzung zu bejahen.

(3) Möglicherweise ist der Rücktritt jedoch gem. §§ 326 V, 323 VI Alt. 1 BGB ausgeschlossen. Der Umstand, der K zum Rücktritt berechtigt, ist die Erbringung einer anfänglich unbehebbar mangelhaften Leistung durch V. Dafür ist K aber in keiner Weise verantwortlich.

Anmerkung: Etwas anderes würde gelten, wenn zum Zeitpunkt des Untergangs des Motorrades noch nicht alle Rücktrittsvoraussetzungen gegeben gewesen wären. Wäre die Nacherfüllung vor der Zerstörung der Maschine noch möglich und vorrangig gewesen, so hätte die Zerstörung die Unmöglichkeit der Nacherfüllung bewirkt und das Rücktrittsrecht ausgelöst (§ 326 V BGB). Dies hätte K zu vertreten, er könnte nicht zurücktreten.

Somit sind alle Rücktrittsvoraussetzungen erfüllt. Der Anspruch des K aus § 346 I BGB ist entstanden.

2. Aufrechenbarer Gegenanspruch?

Dem V könnte aber ein aufrechenbarer Gegenanspruch zustehen. Hätte er einen Gegenanspruch aus § 346 BGB, könnte er mit diesem gegen den Anspruch des K gem. §§ 387 ff. BGB aufrechnen.

a) Der wirksame Rücktritt des K führt grds. zur Entstehung des Anspruchs des V auf Rückgewähr des Kaufgegenstandes (§ 346 I BGB). Da das Motorrad untergegangen ist, kommt aber nur ein Wertersatzanspruch gem. § 346 I, II 1 Nr. 3 BGB in Betracht.

b) Die Pflicht des K zum Wertersatz könnte jedoch nach § 346 III 1 Nr. 3 BGB ausgeschlossen sein. Dann müsste im Fall eines gesetzlichen Rücktrittsrechts der Untergang beim Berechtigten trotz eigenüblicher Sorgfalt eingetreten sein.

aa) Ein gesetzliches Rücktrittsrecht ist gegeben (§§ 437 Nr. 2, 323, 326 V BGB, s.o.).

bb) Das Motorrad ist auch beim Rücktrittsberechtigten (K) untergegangen.

cc) K müsste aber auch die eigenübliche Sorgfalt beobachtet haben. Hier könnte K einwenden, er nehme immer anderen Fahrzeugen die Vorfahrt. Gem. § 277 BGB haftet K aber in jedem Fall für grobe Fahrlässigkeit. Die Missachtung der Vorfahrt an der Stoppstelle ist als besonders grober Pflichtverstoß zu werten, vgl. § 276 II BGB. Grobe Fahrlässigkeit liegt also vor.

Zudem gilt der Haftungsmaßstab der eigenüblichen Sorgfalt nach ständiger Rechtsprechung des BGH nicht im Straßenverkehr.

Dort ist kein Raum für eigenübliche Sorglosigkeit. Daher würde § 277 BGB auch bei leichter Fahrlässigkeit nicht greifen können.

Darüber hinaus ist streitig, ob § 346 III Nr. 3 BGB noch Anwendung finden kann, nachdem der Rücktrittsberechtigte von seinem Rücktrittsrecht Kenntnis erlangt hat. Dann muss ihm klar sein, dass es zur Rückgewährverpflichtung kommen kann, so dass ein sorgsamer Umgang mit der Sache – wie beim vertraglichen Rücktrittsrecht - zumutbar erscheint.

Die Pflicht zum Wertersatz entfällt daher aus verschiedenen Gründen nicht.

Der Wertersatzanspruch des V besteht. Erklärt er die Aufrechnung gem. § 388 BGB, entfällt der Anspruch des K mit ex-tunc Wirkung, vgl. § 389 BGB.

IV. Zusammenfassung

Sound: Der durch den Berechtigten verschuldete Untergang führt nicht per se zu einem Ausschluss des Rücktrittsrechts. Der Zurücktretende muss aber u.U. Wertersatz leisten (§ 346 II, III BGB).

hemmer-Methode: Noch einmal: Differenzieren Sie danach, ob zum Zeitpunkt des Untergangs bereits alle Voraussetzungen des Rücktritts vorlagen. Ist dies der Fall, so steht § 323 VI BGB dem Rücktritt nicht entgegen, da nicht erst die Zerstörung der Sache das Rücktrittsrecht entstehen ließ (§ 326 V BGB). Dann stellt sich nur noch die Frage, ob der Käufer zum Wertersatz verpflichtet ist oder nicht (§ 346 II, III BGB). Würde der Untergang des Kaufgegenstandes den Rücktritt aber erst ermöglichen, würde § 323 VI BGB eingreifen. Das Rücktrittsrecht des Käufers wäre ausgeschlossen, wenn er die Zerstörung zu vertreten hätte.

V. Zur Vertiefung

- Hemmer/Wüst, SchuldR II, Rn. 243.
- Hemmer/Wüst, SchuldR BT I, Karteikarte 37.

Fall 20: Minderung auch bei unerheblichen Mängeln

Sachverhalt:

K erwirbt im Fahrradgeschäft des V ein neues Rennrad. Als das Fahrrad geliefert wird, entdeckt der pedantische K, dass an der hinteren Gabel ein kleines Stück Lack abgeplatzt ist. Daraufhin verlangt er von V Reparatur. Dieser lehnt das Begehren des K entschieden mit der Begründung ab, der K könne die Stelle auch problemlos selbst mit einem Lackstift ausbessern. K möchte das Rennrad wegen des aus seiner Sicht desolaten Zustandes nicht behalten. Zumindest will er aber den Kaufpreis mindern.

Kann K zurücktreten oder mindern?

I. Einordnung

Die Minderung ist in den §§ 437 Nr. 2, 441 BGB geregelt und ebenso wie der Rücktritt ein **Gestaltungsrecht**. Nach altem Recht war sie dagegen als Anspruch des Käufers ausgestaltet. Es war – analog der Problematik bei der Wandelung – zwischen dem Anspruch auf Minderung und dem Anspruch aus Minderung zu unterscheiden. Die Minderung setzt gem. § 441 voraus, dass die Voraussetzungen des Rücktritts vorliegen. Dies gilt nach § 441 I 2 BGB aber nicht für § 323 V 2 BGB. Der Käufer kann den Kaufpreis also auch dann mindern, wenn die **Pflichtverletzung unerheblich** ist. Die Rechtsfolgen der Minderung normiert § 441 III, IV BGB. Der zu viel bezahlte Kaufpreis ist nach Rücktrittsrecht zurückzuerstatten (§§ 441 IV, 346 I, 347 I BGB).

II. Gliederung

1. Rücktrittsrecht des K gem. §§ 437 Nr. 2, 323 BGB

a) Kaufvertrag (§ 433 BGB) (+)

b) Sachmangel (§ 434 I 2 Nr. 2 BGB) bei Gefahrübergang (§ 446 S. 1 BGB) (+); auf Erheblichkeit kommt es hier nicht an.

c) Besondere Rücktrittsvoraussetzungen (§§ 437 Nr. 2, 323 BGB)

aa) Fristsetzung (§ 323 I BGB) (-)

bb) Aber: Entbehrlichkeit gem. § 323 II Nr. 1 BGB (+); ernsthafte und endgültige Erfüllungsverweigerung.

cc) Ausschluss wegen Vertretenmüssens des K (§ 323 VI Alt. 1 BGB) (-).

dd) Unerheblichkeit der Pflichtverletzung (§ 323 V 2 BGB)? (+), da nur sehr geringfügiger Mangel; Rücktritt damit ausgeschlossen.

2. Minderungsrecht des K gem. §§ 437 Nr. 2, 441 BGB

Minderung (+), da Rücktrittsvoraussetzungen bis auf § 323 V 2 BGB erfüllt (§ 441 I BGB).
Erklärt K die Minderung, ist Kaufpreis gem. § 441 III BGB **herabzusetzen**.

III. Lösung

1. Rücktrittsrecht des K gem. §§ 437 Nr. 2, 323 BGB

a) V und K schlossen wirksam einen Kaufvertrag über das Rennrad (§ 433 BGB).

b) Das Rennrad müsste mangelhaft sein. Wegen der fehlerhaften Lackierung ist es in schlechterem Zustand als andere neue Rennräder der gleichen Art.

Damit ist es mit einem Mangel gem. § 434 I 2 Nr. 2 BGB behaftet. Dieser Mangel war auch bereits bei Übergabe und damit bei Gefahrübergang, § 446 S. 1 BGB, gegeben. § 447 BGB ist – soweit er überhaupt einschlägig wäre – beim hier vorliegenden Verbrauchsgüterkauf (§ 474 I BGB i.V.m. §§ 13 f. BGB) gem. § 474 II BGB unanwendbar.

Anmerkung: An dieser Stelle, d.h. für die Frage *ob* der Käufer Mängelrechte hat, spielt die Erheblichkeit des Mangels keine Rolle. Anders im Mietrecht, vgl. § 536 I S. 3 BGB. Dort liegt bereits kein die Minderung auslösender Mangel vor, wenn die Pflichtverletzung unerheblich ist.

c) Weiterhin müssten die besonderen Voraussetzungen des § 323 BGB erfüllt sein.

aa) Nach § 323 I BGB erfordert der Rücktritt grds. den fruchtlosen Ablauf einer durch K zu setzenden Frist zur Nacherfüllung („Vorrang der Nacherfüllung"). Eine Fristsetzung erfolgte nicht.

bb) Sie könnte aber gem. § 323 II Nr. 1 BGB entbehrlich sein. V lehnte das mögliche und zumutbare Reparaturverlangen des K so entschieden ab, dass das letzte Wort gesprochen war. Das Setzen einer Frist wäre sinnlos; V würde nicht von seinem Standpunkt abrücken. Es bedurfte daher keiner Frist.

cc) Der Rücktritt ist nicht nach § 323 VI Alt. 1 BGB ausgeschlossen, da K nicht für die Erbringung der mangelhaften Leistung, die ihn evtl. zum Rücktritt berechtigt, verantwortlich ist. Er hatte vor Gefahrübergang keinerlei Einwirkungsmöglichkeit auf das Rennrad.

dd) Das Rücktrittsrecht würde aber nicht bestehen, wenn die Pflichtverletzung unerheblich wäre (§ 323 V 2 BGB). Da das Fahrrad nicht in seiner Funktion, sondern nur ganz geringfügig in seiner Optik beeinträchtigt ist, ist von einer unerheblichen Pflichtverletzung auszugehen. Ein Rücktritt mit der Konsequenz der Rückabwicklung des gesamten Vertrages wäre nicht gerechtfertigt. K kann folglich nicht zurücktreten.

2. Minderungsrecht des K gem. §§ 437 Nr. 2, 441 BGB

K kann „statt zurückzutreten" den Kaufpreis mindern (§§ 437 Nr. 2, 441 I 1 BGB).

Das bedeutet, dass alle Voraussetzungen des Rücktritts gegeben sein müssen. Dies gilt aber nach § 441 I 2 BGB nicht für § 323 V 2 BGB. Die Minderung ist also auch bei unerheblichen Pflichtverletzungen möglich. K kann nur deshalb nicht zurücktreten, weil ein geringfügiger Mangel vorliegt (§ 323 V 2 BGB; s.o.). Ansonsten steht dem Rücktritt nichts im Wege. Daher kann K mindern. Erklärt er die Minderung gegenüber V, so ist der Kaufpreis nach § 441 III BGB herabzusetzen. Wegen der minimalen Wertminderung wird der Preis aber nicht viel niedriger als ursprünglich vereinbart ausfallen.

Anmerkung: Das neue Schuldrecht führt in diesem Bereich durchaus zu sachgerechten Ergebnissen. Während nach altem Recht bei unerheblichen Mängeln überhaupt keine Gewährleistungsrechte bestanden (s.o.), kann der Käufer nun zwar keine Totalrechte geltend machen (Rücktritt bzw. Schadensersatz statt der ganzen Leistung („großer" Schadensersatz), vgl. § 323 V 2 bzw. § 281 I 3 BGB), aber immerhin eine Anpassung des Kaufpreises bewirken (§ 441 BGB) oder Schadensersatz statt der Leistung (den „kleinen" Schadensersatz) verlangen. Dies stellt sicher, dass Leistung und Gegenleistung in einem angemessenen Verhältnis stehen. Andererseits kann sich der Käufer nicht unbilligerweise vom gesamten Vertrag lösen.

IV. Zusammenfassung

Sound: Der Käufer einer mangelhaften Sache kann den Kaufpreis auch dann gem. §§ 437 Nr. 2, 441 BGB durch Erklärung gegenüber dem Verkäufer mindern, wenn die Pflichtverletzung unerheblich ist (§ 441 I 2 BGB). § 323 V 2 BGB findet keine Anwendung.

Ansonsten ist die Minderung nur möglich, wenn auch der Rücktritt in Betracht käme.

hemmer-Methode: Fraglich ist, ob auch dann eine unerhebliche Pflichtverletzung gegeben sein kann, wenn der Kaufgegenstand eine vereinbarte Beschaffenheit nicht aufweist oder gar eine garantierte Eigenschaft (§ 276 I 1 BGB) fehlt. Zumindest im Fall der garantierten Eigenschaft ist die Erheblichkeitsschwelle überschritten (OLG Rostock, Life&Law 2007, 812 ff.). Allerdings spricht auch bei der Beschaffenheitsvereinbarung vieles dafür, von einer erheblichen Pflichtverletzung auszugehen. Durch die Vereinbarung wird das Beschaffenheitsmerkmal hervorgehoben, sog. subj. Erheblichkeit; es erlangt besondere Bedeutung. Bei Nichteinhaltung der vereinbarten Vertragspflicht müssen dem Käufer die Totalrechte zur Verfügung stehen.
Der BGH hat für den Fall des arglistigen Verschweigens des Mangels entschieden, dass in aller Regel vom Vorliegen der Erheblichkeit auszugehen ist, BGH Life&Law 2006, 439 ff. Im entsprechenden Fall ging es um die Veräußerung einer Eigentumswohnung im Wert von 90.000 €. Der Mangel machte eine Wertminderung von nur 2.500 € aus. Aus dieser Entscheidung lassen sich auch Rückschlüsse auf die Erheblichkeit bei der Abgabe einer Garantie ziehen. Denn der Gesetzgeber knüpft in vielen Vorschriften für eine bestimmte Rechtsfolge alternativ an arglistiges Verschweigen oder die Abgabe einer Garantie an, vgl. z.B. §§ 442 I S. 2, 444 BGB.
Die Frage, wann die Erheblichkeitsschwelle überschritten ist, ist allgemeingültig kaum zu beantworten. Zu Spritverbrauch hat der BGH entschieden, dass eine Abweichung von 10% nicht erheblich ist (BGH Life&Law 2007, 514 ff.). Ob diese auf andere Abweichungen übertragbar ist, ist mehr als fraglich. So kann beispielsweise bei einer Abweichung der Höchstgeschwindigkeit nicht auf 10 Prozent abgestellt werden, weil die geringere Höchstgeschwindigkeit nicht unmittelbar finanzielle Nachteile bringt, wie dies bei höherem Spritverbrauch der Fall wäre.

Man könnte allenfalls danach fragen, ob durch die geringere Höchstgeschwindigkeit eine Wertminderung in Höhe von 10% verursacht wurde. Wie auch immer: auch wenn die Rechtsprechung in Zukunft Abgrenzungskriterien schaffen wird, bleibt die Klärung immer dem Einzelfall vorbehalten. Eine Wertminderung um lediglich 1% (bei einer Beule am Fahrzeug) rechtfertigt nach Ansicht des BGH jedenfalls keinen Rücktritt (Life&Law 2006, 6 ff.). Zu einem weiteren Beispiel hinsichtlich marginaler Funktionsbeeinträchtigungen bei einem Wohnmobil vgl. BGH, Life & Law 2011, Heft November.

V. Zur Vertiefung

- Hemmer/Wüst, SchuldR II, Rn. 244 ff.
- Hemmer/Wüst, SchuldR BT I, Karteikarte 38 (zur Berechnung der Minderung), 39.
- Zur Frage, ob nach erklärter Minderung noch Schadensersatz statt der Leistung verlangt werden kann, vgl. BGH, Life & Law 2011, 152 ff.

Fall 21: Der Schadensersatz bei mangelhafter Leistung: Mangel- u. Mangelfolgeschaden

Sachverhalt:

K ersteht von Fachhändler F einen neuen Computer für 990 €. Als er das Gerät zu Hause anschließt, gibt es auf Grund eines Defekts des Netzteils einen Kurzschluss. Das Netzteil wird dabei zerstört; der restliche Computer bleibt unversehrt. Der dadurch verursachte Minderwert des Computers beträgt 100 €. K erleidet einen Stromschlag und muss sich in ärztliche Behandlung begeben. Ihm entstehen Behandlungskosten i.H.v. 350 €. K fragt sich, welche vertraglichen Schadensersatzansprüche ihm gegen V zustehen, wenn er V eine Frist zur Lieferung eines mangelfreien Computers setzt und diese fruchtlos verstreicht.

Welche vertraglichen Schadensersatzansprüche kann K geltend machen?

I. Einordnung

Der Käufer hat kaufrechtlich bei einer mangelhaften Leistung nicht nur die Möglichkeit, unter den jeweiligen Voraussetzungen Nacherfüllung zu verlangen, zurückzutreten oder zu mindern. Er kann vielmehr gem. § 437 Nr. 3 BGB gleichermaßen **Schadensersatz oder Ersatz seiner frustrierten Aufwendungen** beanspruchen. Auch hier findet wieder modifiziert allgemeines Leistungsstörungsrecht Anwendung. Gem. §§ 437 Nr. 3 BGB ist dabei zwischen **Schadensersatz statt und neben der Leistung**, zu differenzieren.

Schadensersatz statt der Leistung kann nach den in § 437 Nr. 3 BGB zitierten §§ 281, 283, 311a II BGB verlangt werden. Die Zuordnung richtet sich danach, ob die Nacherfüllung noch möglich ist (dann § 281) oder nicht (dann § 283 bzw. 311a II). Bei Unmöglichkeit ist dann weiter zu differenzieren, ob diese schon bei Vertragsschluss vorlag (dann § 311a II BGB) oder erst danach eingetreten ist (dann § 283 BGB).

Der **Schadensersatz neben der Leistung** unterfällt §§ 437 Nr. 3, 280 I BGB.

Problematisch kann in der Klausur die Zuordnung einer Schadensposition zu den einzelnen Anspruchsgrundlagen sein. Hier sollten Sie eine plausible Abgrenzung vornehmen können.

Anmerkung: Der vorliegende Fall soll die Unterschiede verdeutlichen, insbesondere vom Aufbau her verdeutlichen, wo die Abgrenzung angesprochen werden kann.

II. Gliederung

Vertragliche Schadensersatzansprüche des K gem. §§ 437 Nr. 3, 280 ff. BGB

1. **Kaufvertrag** (§ 433 BGB) (+)
2. **Sachmangel** (§ 434 I 2 Nr. 2 BGB) als Pflichtverletzung (+)
3. **Vertretenmüssen** (§ 280 I 2 BGB); zwar gesetzliche Vermutung; bei neuen Sachen aber Widerlegung, da Hersteller kein Erfüllungsgehilfe ist.

> Daher: soweit Schaden unter § 280 I BGB fällt, keine Ersatzpflicht. Bei SE statt der Leistung bezieht sich Vertretenmüssen (auch) darauf, warum Nacherfüllung unterbleibt; insoweit Vertretenmüssen bei V (+)
>
> **4. Differenzierung zwischen Schadenspositionen:**
>
> **a) Minderwert des Computers** (100 €): Würde Schadensposition entfallen, wenn ordnungsgemäß nachgeliefert wird? Ja; daher statt der Leistung
>
> **aa)** § 283 BGB (-), da Nacherfüllung möglich.
>
> **bb)** § 281 I
> Fristsetzung hat stattgefunden; keine Leistung innerhalb Frist; Anspruch daher (+)
>
> **b) Behandlungskosten** (350 €): Es handelt sich um endgültig eingetretenen Schaden. K hat doppeltes Interesse: Schadensersatz und die Leistung.
> **Hier kein Anspruch, da Exkulpation gelingt!**
>
> **5. Ergebnis**
> K kann nur Ersatz der 100 € verlangen.

III. Lösung

Vertragliche Schadensersatzansprüche des K gem. §§ 437 Nr. 3, 280 ff. BGB

1. Für einen Anspruch aus § 280 I BGB ist zunächst das Vorliegen eines Schuldverhältnisses erforderlich. Zwischen K und F kam ein wirksamer Kaufvertrag zu Stande (§ 433 BGB). F sollte nach dem Parteiwillen Übergabe und Übereignung eines gattungsmäßig bestimmten Computers, K dagegen Zahlung des Kaufpreises (990 €) schulden.

2. Weiterhin ist das Vorliegen einer Pflichtverletzung zu prüfen. Hier kommt eine solche in Form eines Sachmangels gem. § 434 BGB in Betracht. Der Computer eignete sich wegen des defekten Netzteils nicht zur gewöhnlichen Verwendung und wies so von der üblichen Beschaffenheit negativ abweichende Eigenschaften auf. Damit war er bei Gefahrübergang mangelhaft i.S.d. § 434 I 2 Nr. 2 BGB.

3. Weiterhin müsste F die Pflichtverletzung zu vertreten haben (§ 280 I 2 BGB). Allerdings wird das Vertretenmüssen des Schuldners gem. § 280 I 2 BGB vermutet, so dass im Sachverhalt nach entlastenden Hinweisen zu suchen ist. Gerade bei neu hergestellten Sachen wird sich der Verkäufer in der Regel exkulpieren können, da keine allgemeine Untersuchungspflicht hinsichtlich von einem Hersteller gelieferter Sachen besteht.

Auch ist der Hersteller kein Erfüllungsgehilfe des Verkäufers, weil letzterer nicht die Herstellung schuldet. Eine Zurechnung über § 278 BGB kommt daher nicht in Betracht.

Das bedeutet: Sofern die aufgeführten Schadenspositionen allein unter §§ 437 Nr. 3, 280 I BGB fallen würden, schiede eine Haftung aus.

Beim Schadensersatz statt der Leistung kann sich der Verkäufer aber nur dann exkulpieren, wenn er darlegt, auch für das Ausbleiben der Nacherfüllung bzw. die Unmöglichkeit der Nacherfüllung nicht verantwortlich zu sein.

4. Entscheidend ist daher, ob die Positionen statt oder neben der Leistung ersetzt werden.

a) Minderwert des Computers

Nach h.M. ist die Abgrenzung zwischen Schadensersatz statt und neben der Leistung am Interesse des Gläubigers auszurichten. Hat er ein Ersatzinteresse alternativ oder parallel zum Leistungsinteresse. Dieses Interesse versucht man mithilfe folgender Abgrenzungsfrage zu klären.

Würde der Schaden durch eine fiktiv gedachte Nachleistung in der Zukunft noch entfallen können. Dann zeigt sich eine alternative Interessenlage. Denn wenn in dieser Situation der Gläubiger die Leistung noch erhält, hat er ja keinen Schaden mehr.

So verhält es sich bezogen auf den Minderwert des Computers. Wenn noch ein mangelhaftes Gerät nachgeliefert würde, wäre der Vermögensnachteil kompensiert.

Fraglich ist, welche Vorschrift konkret vorliegend relevant ist, da § 437 Nr. 3 auf die §§ 281, 283 und 311a II BGB verweist und alle den Schadensersatz statt der Leistung in unterschiedlichen Konstellationen regeln.

aa) § 283 BGB ist nicht einschlägig, da dem Nacherfüllungsanspruch des K (§ 439 I BGB) kein Leistungshindernis (§ 275 I bis III BGB) entgegensteht.

bb) Somit ist grds. § 281 I BGB einschlägig, nach dem eine Frist zur Nacherfüllung zu setzen ist. Eine Fristsetzung durch K erfolgte laut Sachverhalt. Die Frist ist fruchtlos verstrichen.

K kann also den Minderwert des Computers (100 €) ersetzt verlangen.

Anmerkung: Fasst man die Pflichtverletzung als erheblich auf, so hätte K entweder Schadensersatz statt der Leistung (den „kleinen" Schadensersatz, also die 100 €) oder unter Beachtung des § 281 I 3, V BGB statt der ganzen Leistung (den „großen" Schadensersatz) verlangen können. Beim kleinen Schadensersatz behält der Käufer den Kaufgegenstand; sein Anspruch geht wenigstens auf den Wertunterschied zwischen mangelfreier und mangelhafter Sache. Der große Schadensersatz führt dagegen zu einer Rückabwicklung des Vertrages.

Der Käufer hat den Kaufgegenstand zurückzugewähren (§ 281 V BGB) und kann dafür als Mindestschaden Ersatz des bezahlten Kaufpreises beanspruchen.

Der Schadensersatz statt der ganzen Leistung bewirkt also das gleiche Ergebnis, wie wenn der Käufer zurücktreten und Schadensersatz verlangen würde (was er gem. § 325 BGB ebenfalls kann).

b) Behandlungskosten

Die Behandlungskosten (350 €) hingegen sind dadurch entstanden, dass K infolge der Mangelhaftigkeit des Netzteils an seiner Gesundheit geschädigt wurde. Sein Integritätsinteresse ist verletzt.

Dieser Schaden ist nicht durch Nacherfüllung beseitigbar. Auch wenn in der Zukunft noch ein Computer geliefert würde, wäre dieser Schaden noch da. Der Gläubiger hat hier also ein doppeltes Interesse an Leistung und Schadensersatz. Also geht es um Schadensersatz neben der Leistung.

Die Kosten sind als Mangelfolgeschaden zu beurteilen und im Wege des Schadensersatzes neben der Leistung ohne Fristsetzung ersatzfähig (§§ 437 Nr. 3, 280 I BGB).

Allerdings wurde oben bereits festgestellt, dass sich der Verkäufer hier exkulpieren kann.

5. Ergebnis

F hat nicht die Behandlungskosten (350 €), aber jedenfalls den Minderwert (100 €) zu ersetzen.

IV. Zusammenfassung

Sound: Ob ein Schaden statt oder neben der Leistung ersetzt wird, richtet sich nach dem Interesse des Gläubigers.

hemmer-Methode: Auch wenn die Zuordnung der Schadenspositionen im vorliegenden Fall unschwer möglich ist, müssen Sie sich klar machen, dass dies mitunter auch komplizierter sein kann. Insbesondere ist es nicht so, dass für jede Schadensposition generell gesagt werden könnte, unter welche Anspruchsgrundlage sie fällt.
Noch einmal: Folgende Abgrenzungsfrage ist bei der Zuordnung zu beachten: würde eine fiktiv gedachte Nacherfüllung in der Lage sein, die konkrete Schadensposition zu beseitigen? Wenn ja, wird deutlich, dass der Gläubiger ein alternatives Interesse hat: bekommt er die Leistung, hat er keinen Schaden mehr, bekommt er sie nicht, will er statt der Leistung Schadensersatz. Würde indes die Schadensposition existent bleiben (man spricht von endgültig eingetretenen Schäden), würde eine Fristsetzung von vorneherein keinen Sinn ergeben, hier greift § 280 I BGB, es geht um Schadensersatz neben der Leistung. D.h. beispielsweise bzgl. eines entgangenen Gewinns: es muss geschaut werden, ob der Gewinn sich noch realisieren ließe, wenn in der Zukunft mangelfrei geleistet würde (Schadensersatz statt der Leistung), oder nicht (SE neben der Leistung).
Insbesondere bei sog. Betriebsausfallschäden infolge Schlechtleistung ist die Einordnung umstritten, vgl. zur Einordnung JuS 2004, 745 ff. und Fall 22.
Achtung: Bei der Frage, ob eine fiktiv gedachte Nacherfüllung den Schaden beheben könnte, ist natürlich erst einmal danach zu fragen, was im Rahmen der Nacherfüllung geschuldet ist. Sonst kann die Frage nicht zutreffend behandelt werden. Bei Interesse an dieser Vertiefung lesen Sie die Fundstelle (s.u.) nach: ein Fall des BGH, der schon im Examen geprüft wurde!
Exkurs: Alternativ zum Schadensersatz statt der Leistung kann der Käufer Ersatz seiner Aufwendungen verlangen, die er im Vertrauen auf den Erhalt der Sache gemacht hat, vgl. § 284 BGB. Kleiner Fall: die FDP mietet eine Stadthalle für eine Wahlwerbeveranstaltung. Um Besucher zu gewinnen, werden in der Stadt Luftballons, Kugelschreiber etc. verteilt (Kosten: 1.000 €). Die Stadt weigert sich zu Unrecht, die Halle zur Verfügung zu stellen. Die FDP verlangt Schadensersatz hinsichtlich der 1.000 € aus § 283 BGB. Problem: die Kosten wären auch bei ordnungsgemäßer Erfüllung angefallen. Hier könnte die FDP aber wahlweise § 284 BGB bemühen. Nach dieser Vorschrift sind die Aufwendungen ersatzfähig. Denken Sie in diesem Zusammenhang auch an die sog. Rentabilitätsvermutung des BGH. Wer hier tiefer einsteigen möchte: BGH Life&Law 2005, 719 ff. sowie 790 ff.

V. Zur Vertiefung

- Hemmer/Wüst, SchuldR II, Rn. 282 ff.
- Hemmer/Wüst, SchuldR BT I, Karteikarten 40 – 42.
- Siehe auch den Original-Examensfall in JuS 2004, 798 ff. zur Abgrenzung von Mangel- und Mangelfolgeschäden.
- BGH, Life&Law 2009, 291 ff. zur Reichweite der Nacherfüllung und der davon abhängigen Zuordnung zu den einzelnen Anspruchsgrundlagen. Der BGH legte dem EuGH die Frage zur Entscheidung vor, ob der Ausbau bei der Mangelhaftigkeit einer zum Einbau bestimmten Sache im Rahmen der Nacherfüllung geschuldet sei. Der EuGH hat die Frage bejaht (Life & Law 2011, 537 ff.). Gleichzeitig hat er sich mit der Frage beschäftigt, inwieweit der Einbau der neuen, mangelfreien Sache geschuldet ist, weil ein Amtsgericht diese Frage vorgelegt hatte, obwohl der BGH selbst hier schon entschieden hatte, dass der Einbau nicht verlangt werden könne, vgl. BGH, Life & Law 2008, 575 ff. Auch diesbezüglich meint der EuGH, dass ein Anspruch bestehe.

Fall 22: Der Anspruch auf Ersatz des Verzögerungsschadens bei mangelhafter Leistung

Sachverhalt:

K erwirbt von V einen Bohrhammer, den er für seine gewerbliche Tätigkeit benötigt. Das Unternehmen des K erfordert keinen in kaufmännischer Weise eingerichteten Geschäftsbetrieb. Als K das Gerät erstmals in Betrieb nehmen will, stellt er fest, dass das Bohrfutter beschädigt ist. Die Bohrstifte lassen sich nicht einspannen. Daraufhin mietet er sich noch am selben Tag in einem Baumarkt eine Ersatzmaschine, mit der er 14 Tage lang arbeitet. Die Mietkosten betragen 70 €. Schließlich wendet er sich an V und verlangt die Mietkosten ersetzt. Dieser bringt gegen das Verlangen vor, dass er dem K am nächsten Tag eine Ersatzmaschine zur Verfügung gestellt hätte, wenn ihm der Sachverhalt bekannt gewesen wäre.

Hat K einen Anspruch auf Ersatz der Mietkosten?

I. Einordnung

Die Verweisung in § 437 Nr. 3 BGB erfasst auch § 280 II BGB. Dieser regelt, dass der **Ersatz des Verzögerungsschadens** nur unter den zusätzlichen Voraussetzungen des § 286 BGB in Betracht kommt. Der Schuldner müsste sich demnach in **Verzug** befinden. Dies setzt wiederum grds. eine **Mahnung** voraus, die jedoch u.U. entbehrlich sein kann (§ 286 I, II BGB; beachten Sie aber auch den Abs. 3). Problematisch ist, wann diese besonderen Anforderungen der §§ 280 II, 286 BGB bei mangelhafter Leistungserbringung genau gegeben sein müssen. Es ist zwischen § 280 I und § 280 II BGB abzugrenzen.

II. Gliederung

Anspruch des K auf Ersatz der Mietkosten (70 €) aus §§ 437 Nr. 3, 280 I BGB

1. Kaufvertrag (§ 433 BGB) (+)
2. Sachmangel (§ 434 I 2 Nr. 2 BGB) (+)
3. Kein Ausschluss der Gewährleistungsrechte gem. § 377 HGB (Rügeobliegenheit), da K kein Kaufmann (§ 1 I, II HGB) und somit kein beiderseitiges Handelsgeschäft (§ 343 I HGB) gegeben.
4. Pflichtverletzung (§ 280 I BGB) (+); mangelhafte Leistung.
5. Verschulden (+); Vermutung des § 280 I 2 BGB nicht widerlegt.
6. Rechtsfolge: Ersatz aller adäquat kausal verursachten Schäden, Mietkosten (+). Aber: Eigentlich klassischer Verzögerungsschaden; fraglich, ob §§ 280 II, 286 BGB vorliegen müssen.
   a) Im Ergebnis nicht unerheblich, da kein Verzug des V (§ 286 BGB); weder Mahnung noch Entbehrlichkeit noch § 286 III BGB.
   b) Aber: § 280 I BGB vorrangig, soweit sich Pflichtverletzung des Schuldners auf Lieferung einer mangelhaften Sache beschränkt (a.A. wohl vertretbar).

Daher: Schaden grds. gem. §§ 437 Nr. 3, 280 I BGB ersatzfähig.

7. Jedoch: Mitverschulden des K (§ 254 I BGB); hätte K den V auf den Mangel aufmerksam gemacht, so hätte dieser sofort reagieren können und ein Schaden wäre gar nicht erst entstanden. Anspruchskürzung auf Null, da weit überwiegendes Verschulden des K anzunehmen.

8. Ergebnis
K hat nur einen anteiligen Anspruch auf Ersatz der Mietkosten für den ersten Tag.

III. Lösung

Anspruch des K auf Ersatz der Mietkosten (70 €) aus §§ 437 Nr. 3, 280 I BGB

1. V und K schlossen einen wirksamen Kaufvertrag über die Bohrmaschine (§ 433 BGB).

2. Die Bohrmaschine war wegen des beschädigten Bohrfutters nicht in einsatzbereitem Zustand. Damit wies sie bei Gefahrübergang einen Sachmangel i.S.d. § 434 I 2 Nr. 2 BGB auf.

Grds. stehen K folglich die in § 437 BGB bezeichneten Rechte zu.

3. Die Gewährleistungsrechte des K wären allerdings ausgeschlossen, wenn er die Rügeobliegenheit nach § 377 HGB verletzt hätte. § 377 HGB greift nur bei beiderseitigen Handelsgeschäften. Handelsgeschäfte sind gem. § 343 I HGB alle Geschäfte eines Kaufmannes, die zum Betrieb eines Handelsgewerbes gehören. K ist aber nicht Kaufmann, da sein Unternehmen keinen in kaufmännischer Weise eingerichteten Geschäftsbetrieb erfordert (§ 1 I, II HGB).

Die Rügeobliegenheit aus § 377 HGB bestand daher nicht. K stehen somit die Gewährleistungsrechte i.S.d. § 437 BGB zu.

4. Weiterhin ist eine Pflichtverletzung seitens des V erforderlich, § 280 I 1 BGB. Durch Lieferung einer mangelhaften Sache (s.o.) verstieß V gegen seine Pflicht aus § 433 I 2 BGB. Eine Pflichtverletzung liegt damit vor.

5. Diese Pflichtverletzung müsste V auch zu vertreten haben (§ 280 I 2 BGB). Er müsste vorsätzlich oder fahrlässig gehandelt haben (§ 276 BGB). Da V nichts von der Schlechtleistung wusste, ist Vorsatz auszuschließen. Für Fahrlässigkeit ergeben sich keine Anhaltspunkte. Allerdings ist das Verschulden des V gem. § 280 I 2 BGB zu vermuten. Allein die Aussage des V, er habe den Sachverhalt nicht gekannt, stellt keinen Entlastungsbeweis dar und ist damit in keinem Fall dazu geeignet, die Vermutung zu widerlegen. Insbesondere der Fahrlässigkeitsvorwurf wird dadurch nicht ausgeräumt. Vertretenmüssen ist folglich zu bejahen.

6. Auf der Rechtsfolgenseite ist gem. § 280 I BGB der durch die Pflichtverletzung (mangelhafte Leistung) adäquat kausal verursachte Schaden zu ersetzen. Die Mietkosten hätten nicht aufgewendet werden müssen, wenn die Bohrmaschine funktionsfähig gewesen wäre (Kausalität). Adäquanz ist ebenfalls anzunehmen, da es nicht außerhalb aller Lebenswahrscheinlichkeit liegt, dass ein Ersatzgerät gemietet werden muss. Soweit wären die Mietkosten also ersatzfähig.

Allerdings könnten gem. § 280 II BGB, auf den § 437 Nr. 3 BGB auch verweist, die zusätzlichen Voraussetzungen des § 286 BGB vorliegen müssen. Bei den Kosten für die Miete einer Ersatzsache handelt es sich nämlich eigentlich um einen typischen Verzögerungsschaden.

Wäre gleich ordnungsgemäß geleistet worden, wäre der Schaden nicht entstanden. Fraglich ist also, wann die §§ 280 II, 286 BGB bei mangelhafter Leistung zu wahren sind.

a) Würden jedoch die Voraussetzungen der §§ 280 II, 286 BGB vorliegen, könnte die Frage dahin stehen. V befand sich aber nicht in Verzug (§ 286 BGB), weil K den V nicht mahnte und eine Entbehrlichkeit der Mahnung (§ 286 II BGB) nicht in Betracht kommt. § 286 III BGB greift auch nicht. Daher würde der Ersatz der Mietkosten ausscheiden, wenn die §§ 280 II, 286 BGB erfüllt sein müssten.

b) Soweit sich aber die Pflichtverletzung des Schuldners auf die Schlechtleistung beschränkt, soll sich der Schadensersatz nach der Gesetzesbegründung allein nach § 280 I BGB richten (BT-Drs. 14/6040 S. 225). §§ 280 II, 286 BGB entfalten dann keine Wirkung. Sie sind nur dann von Bedeutung, wenn sich der Schaden erst dadurch ergibt, dass der Schuldner mit der Nacherfüllung (§ 439 I BGB) in Verzug kommt. Da dem V hier nur der Vorwurf der mangelhaften Leistung gemacht werden kann, sind die Mietkosten nach §§ 437 Nr. 3, 280 I BGB ersatzfähig.

Anmerkung: In Anbetracht dessen, dass nach dieser Lösung derjenige, der mangelhaft leistet, schlechter gestellt ist als der, der auf einen fälligen Anspruch überhaupt nicht leistet (dann §§ 280 II, 286 BGB), ist eine andere Ansicht wohl vertretbar.
Gleichwohl entspricht die hier dargestellte Lösung der herrschenden Meinung, BGH, Life&Law 2009, 649 ff.; vgl. auch OLG Hamm, Life&Law 2007, 1 ff. Denn der Fall macht deutlich: den Mietkosten am ersten Tag kann der Käufer nicht ausweichen, weil der Verkäufer erst am nächsten Tag hätte eine Ersatzmaschine stellen können.

Das Risiko dieses Schadenseintritts ist aufgrund des Vorwurfs der mangelhaften Leistung besser beim Verkäufer „aufgehoben".

7. Allerdings könnte dem K ein Mitverschulden treffen (§ 254 I BGB). Dann wäre sein Anspruch zu kürzen. Wenn K dem V gleich den Mangel an der Maschine mitgeteilt bzw. seinen Nacherfüllungsanspruch (§ 439 I BGB) geltend gemacht hätte, wäre der Schaden geringer gewesen. Die Miete eines Ersatzgerätes wäre ab dem nächsten Tag nicht nötig gewesen, da V hier in der Lage gewesen wäre, dem K eine andere Maschine zur Verfügung zu stellen. Ein Mitverschulden des K ist also gegeben.

8. Ergebnis

Insoweit kann K nur Ersatz der anteiligen Mietkosten verlangen, die auf den ersten Tag der Anmietung entfallen.

IV. Zusammenfassung

Sound: Liegt die Pflichtverletzung des Schuldners in der Lieferung einer mangelhaften Sache, ist der daraus entstehende Verzögerungsschaden gem. §§ 437 Nr. 3, 280 I BGB zu ersetzen, ohne dass es auf die §§ 280 II, 286 BGB ankäme. Die zusätzlichen Voraussetzungen der §§ 280 II, 286 BGB müssen nur dann erfüllt sein, wenn sich der Schaden erst dadurch ergibt, dass der Verkäufer mit der Nacherfüllung in Verzug gerät.

hemmer-Methode: Erbringt der Schuldner eine mangelhafte Leistung verspätet, wird der daraus resultierende Schaden nach §§ 280 I, II, 286 BGB direkt ersetzt. Der Schaden beruht nicht auf der Mangelhaftigkeit, sondern auf der Verspätung der Leistung. § 437 Nr. 3 BGB i.V.m. § 280 II BGB regelt also nur den Fall, dass der Schuldner mit der Nacherfüllung in Verzug gerät und dadurch weitere Schäden entstehen.

V. Zur Vertiefung

- Hemmer/Wüst, SchuldR II, Rn. 287.
- Hemmer/Wüst, SchuldR BT I, Karteikarte 40.
- BGH, Life&Law 2009, 649 ff.

Fall 23: Die Haftung für zugesicherte Eigenschaften

Sachverhalt:

K begibt sich in den Baumarkt des V und erkundigt sich dort bei A, einem Angestellten des V, nach einer speziellen, hitzebeständigen Farbe, mit der er seinen offenen Außenkamin streichen will. A preist dem K eine Farbe an, die sich gerade im Sonderangebot befindet. Im Gegensatz zu anderen Produkten ist die Hitzebeständigkeit auf der Packung nicht ausdrücklich vermerkt. A versichert dem skeptischen K, die Farbe sei dennoch geeignet. K lässt sich schließlich überzeugen und kauft die empfohlene Ware. Als er den fachgerecht gestrichenen Kamin das erste Mal anfeuert, platzt die Farbe ab. K verlangt nun von V die Lieferung einer Farbe, die der besonderen Beanspruchung standhält. Dieser weist das Begehren des K entschieden mit der Begründung zurück, er sei nicht für das Geschwätz seiner Angestellten verantwortlich. K möchte nun wissen, ob er den bezahlten Kaufpreis im Wege des Schadensersatzes zurückverlangen kann.

Hat K einen Anspruch auf Schadensersatz?

Anmerkung: Es ist davon auszugehen, dass die Farbe bisher trotz fehlenden Packungsvermerks tatsächlich hitzebeständig war. Allerdings hatte der Hersteller kürzlich die Zusammensetzung geändert.

I. Einordnung

Die Haftung auf Schadensersatz ist im vertraglichen Schuldrecht grundsätzlich verschuldensabhängig. Nur ausnahmsweise ordnet der Gesetzgeber eine davon unabhängige Haftung an, vgl. § 536a I Alt. 1 BGB.

Eine strengere Haftung kann daher nur dann in Betracht kommen, wenn insoweit privatautonom von der gesetzlichen Regelung abgewichen wird. Die Möglichkeit dazu lässt sich aus **§ 276 I BGB** ablesen. Eine strengere Haftung kann sich (insbesondere) ergeben aus der Übernahme einer **Garantie**.

Sie bedeutet im Zusammenhang mit dem Mängelrecht, verschuldensunabhängig für die Beschaffenheit der Kaufsache einstehen zu wollen.

Liegt nach dem objektiven Empfängerhorizont ein Einstands- oder Garantiewille des Verkäufers vor, so haftet er gem. § 276 I 1 BGB verschuldensunabhängig auf Schadensersatz, soweit die übrigen Voraussetzungen des Schadensersatzanspruches erfüllt sind.

II. Gliederung

Anspruch des K auf Schadensersatz statt der ganzen Leistung, §§ 437 Nr. 3, 280 I, III, 281 BGB

1. Schuldverhältnis, § 280 I 1 BGB (+): Kaufvertrag, § 433 BGB.
2. Pflichtverletzung (+):
a) Mangelhafte Leistungserbringung (+), wenn Sachmangel (§ 434 BGB):

Kapitel IV: Die Mängelrechte beim Kaufvertrag

aa) Beschaffenheitsvereinbarung zwischen K und A (Hitzebeständigkeit) (+).

bb) V gem. § 164 I BGB zuzurechnen, da Umstände ergeben, dass Handeln im Namen des V (§ 164 I 2 BGB) und Vertretungsmacht (§ 56 HGB).

cc) Negativabweichung von vereinbarter Beschaffenheit (+); damit Sachmangel i.S.d. § 434 I 1 BGB.

b) Keine Nacherfüllung, §§ 437 Nr. 1, 439 BGB.

c) Fristsetzung entbehrlich, da ernsthafte und endgültige Erfüllungsverweigerung (§ 281 II BGB).

3. Vertretenmüssen (§ 280 I 2 BGB); nach h.M. nur dann keine Haftung, wenn Exkulpation sowohl bzgl. Schlechtleistung als auch bzgl. Nichtvornahme der Nacherfüllung gelingt

a) Bzgl. mangelhafter Leistungserbringung:

aa) V selbst (§ 276 BGB): Keine Anhaltspunkte.

bb) A als Erfüllungsgehilfe des V (§ 278 S. 1 BGB)? Fraglich, ob Fahrlässigkeit (§ 276 I, II BGB); A hätte sich evtl. erkundigen müssen, ob Zusammensetzung noch wie früher; i.E. jedoch egal, wenn verschuldensunabhängige Haftung.

cc) Verschuldensunabhängige Haftung wegen Garantieübernahme (Zusicherung) gem. § 276 I 1 BGB a.E.?

(1) Zusicherung des A? Nach objektivem Empfängerhorizont (+), da erkennbar große Bedeutung der Hitzebeständigkeit für Vertragsschluss und besondere Qualifikation des Verkäufers anzunehmen.

(2) Zusicherung dem V gem. § 164 I BGB i.V.m. § 56 HGB zuzurechnen (vgl. o.).

Daher: Verschulden **nicht** erforderlich.

b) Bzgl. unterbliebener Nacherfüllung (+); Absicht.

4. Voraussetzungen des Schadensersatzes statt der ganzen Leistung (§ 281 BGB) (+): Pflichtverletzung schon wegen Zusicherung nicht unerheblich (§ 281 I 3 BGB).

5. Ergebnis
K kann den Kaufpreis im Wege des Schadensersatzes statt der ganzen Leistung (§§ 437 Nr. 3, 280, 281 BGB) herausverlangen.

III. Lösung

Anspruch des K auf Schadensersatz statt der ganzen Leistung, §§ 437 Nr. 3, 280 I, III, 281 BGB

1. Zwischen V und K müsste ein Schuldverhältnis vorliegen, § 280 I 1 BGB. V und K schlossen einen wirksamen Kaufvertrag über die Farbe (§ 433 BGB), ein Schuldverhältnis ist damit gegeben.

2. Weiterhin müsste V die fällige Leistung nicht oder nicht wie geschuldet erbracht haben, § 281 I 1 BGB. Erforderlich ist also eine Pflichtverletzung i.S.d. § 280 I 1 BGB.

a) Zunächst könnte er gegen seine Pflicht gem. § 433 I 2 BGB zur Lieferung einer mangelfreien Sache verstoßen haben. Dies wäre dann der Fall, wenn die Farbe mit einem Sachmangel behaftet wäre. In Betracht kommt vorliegend eine Negativabweichung der tatsächlichen von der vereinbarten Beschaffenheit bei Gefahrübergang (§ 434 I 1 BGB).

aa) Zwischen A und K könnte vereinbart worden sein, dass die Farbe hitzebeständig sein soll. Dies ist zu bejahen, da K ausdrücklich eine hitzebeständige Farbe erwerben wollte und A ihm die Farbe unter dieser Prämisse anbot.

bb) A ist aber nicht Vertragspartner des K, sondern V. Somit müsste dem V diese Beschaffenheitsvereinbarung zuzurechnen sein (§ 164 BGB). Da A als Angestellter des V in dessen Geschäft handelte, ergibt sich eindeutig aus den Umständen, dass er die Vereinbarung im Namen des V traf (§ 164 I 2 BGB). A müsste aber auch mit Vertretungsmacht gehandelt haben. Auf Grund seiner Position gilt er gem. § 56 HGB als zu gewöhnlichen Verkäufen, u.a. auch zum Verkauf von Farbe, ermächtigt. Damit hatte A Vertretungsmacht. Die Vereinbarung ist folglich dem V zuzurechnen (§ 164 I BGB).

cc) Da die Farbe tatsächlich nicht hitzebeständig war, ist eine Negativabweichung von der vereinbarten Beschaffenheit und daher ein Sachmangel i.S.d. § 434 I 1 BGB gegeben. Damit liegt ein Verstoß des V gegen seine Pflicht aus § 433 I 2 BGB zur Erbringung einer mangelfreien Leistung vor.

b) Darüber hinaus kam V dem Nacherfüllungsgesuch des K nicht nach und verletzte somit seine Pflicht gem. §§ 437 Nr. 1, 439 BGB.

c) K müsste dem V zudem erfolglos eine angemessene Frist zur Nacherfüllung gesetzt haben. Eine derartige Fristsetzung (§ 281 I BGB) wurde allerdings nicht vorgenommen. Möglicherweise ist dies jedoch entbehrlich. V gab ernsthaft und endgültig zu erkennen, dass er nicht nacherfüllen wollte. Damit liegt eine Entbehrlichkeit i.S.d. § 281 II Alt. 1 BGB vor.

3. V müsste diese Pflichtverletzungen zu vertreten haben. Dies wird gem. § 280 I S. 2 BGB vermutet, wobei sich nach h.M. die Exkulpation sowohl auf die Mangelhaftigkeit als auch auf die Nichtvornahme der Nacherfüllung beziehen muss.

a) Fraglich ist jedoch, ob V die Mangelhaftigkeit der Farbe zu vertreten hat.

aa) Für ein Verschulden des V selbst (§ 276 BGB) bestehen nämlich keine Anhaltspunkte.

bb) Allerdings könnte A das Fehlen der vereinbarten Beschaffenheit zu vertreten haben. Ein Verschulden des A wäre dem V gem. § 278 S. 1 BGB zuzurechnen, da A im Pflichtenkreis des V mit dessen Wissen und Wollen tätig wurde. Dem A könnte hier Fahrlässigkeit zur Last gelegt werden (§ 276 II BGB), weil er sich nicht noch einmal beim Hersteller erkundigte, ob die Farbe nach wie vor hitzebeständig ist, zumal die Packungsangabe nichts über die Hitzebeständigkeit aussagte. Diese Frage müsste jedoch dann nicht entschieden werden, wenn es auf ein Verschulden gar nicht ankäme.

cc) So würde V verschuldensunabhängig haften, wenn eine Garantieübernahme (Zusicherung) vorläge.

(1) A könnte die Hitzebeständigkeit der Farbe zugesichert haben. Davon wäre dann auszugehen, wenn er erkennbar verschuldensunabhängig für das Vorhandensein der Eigenschaft einstehen wollte (§§ 133, 157 BGB). Es müsste demnach ein Einstands- bzw. Garantiewille vorhanden sein. Indizien für das Bestehen eines solchen Willens sind u.a. die Bedeutung der Eigenschaft für den Vertragsabschluss und die besondere Qualifikation des Verkäufers.

Die Hitzebeständigkeit der Farbe war für K offensichtlich von großer Bedeutung, da er keine andere Farbe zu dem vorgesehenen Zweck einsetzen konnte.

Außerdem verließ sich K erkennbar auf die Fachkunde des A, der ihn richtiggehend zum Kauf der konkreten Farbe drängte. Daher ist eine Garantie (§ 276 I 1 BGB a. E.) anzunehmen.
(2) Diese Zusicherung ist dem V gem. § 164 I BGB i.V.m. § 56 HGB zuzurechnen (s.o.).
Folglich haftet V verschuldensunabhängig (§ 276 I 1 BGB a.E.).
b) Außerdem verweigerte V die Nacherfüllung absichtlich und damit vorsätzlich i.S.d. § 276 I BGB. Auch ein diesbezügliches Vertretenmüssen ist folglich zu bejahen.
4. Zudem müssten die Voraussetzungen des Schadensersatzes statt der ganzen Leistung erfüllt sein (§ 281 BGB), da K über den Schadensersatz eine Rückabwicklung des Vertrages anstrebt.
Die Pflichtverletzung ist vorliegend nicht unerheblich (§ 281 I 3 BGB), da die Farbe auf Grund der mangelnden Hitzebeständigkeit für K unbrauchbar war. Außerdem ist das Fehlen einer zugesicherten Eigenschaft wohl nie unerheblich.

5. Ergebnis

K kann den Kaufpreis im Wege des Schadensersatzes statt der ganzen Leistung herausverlangen (§§ 437 Nr. 3, 280, 281 BGB).

Gem. §§ 281 V, 346 BGB muss er im Gegenzug grds. Wertersatz leisten, § 346 II 1 Nr. 2 BGB, da die Herausgabe der Farbe nach dem Streichen nicht mehr möglich ist. Allerdings entfällt die Pflicht des K zum Wertersatz nach § 346 III 1 Nr. 1 BGB.

IV. Zusammenfassung

Sound: Hat der Verkäufer eine Eigenschaft zugesichert, haftet er bei deren Nichtvorliegen gem. § 276 I 1 BGB a.E. („Übernahme einer Garantie") verschuldensunabhängig auf Schadensersatz, soweit die übrigen Voraussetzungen des Schadensersatzanspruchs erfüllt sind.
Eine Garantieübernahme ist dann anzunehmen, wenn der Verkäufer nach dem objektiven Empfängerhorizont (§§ 133, 157 BGB) einen Einstands- oder Garantiewillen erkennen lässt.

Kriterien für einen solchen Willen sind insbesondere die Bedeutung der Eigenschaft für den Vertragsabschluss, die Verkehrsüblichkeit von Zusicherungen im jeweiligen Verkehrskreis, die besondere Qualifikation des Verkäufers sowie die spezielle Gefährlichkeit des Kaufgegenstandes.

hemmer-Methode: Stürzen Sie sich in der Klausur i.R.d. § 280 I 2 BGB keinesfalls sofort auf die Verschuldensvermutung. Ansonsten gehen Ihnen wichtige Punkte verloren. Prüfen Sie immer zuerst, ob der Sachverhalt Anhaltspunkte für ein Verschulden bietet oder ob ein Verschulden überhaupt vorausgesetzt ist. Wird die Beschaffenheit garantiert, haftet der Verkäufer verschuldensunabhängig (§ 276 I 1 BGB a.E.). Nur hilfsweise ist auf die Vermutung des § 280 I 2 BGB abzustellen und zu untersuchen, ob dem Verkäufer der Entlastungsbeweis gelingt.

V. Zur Vertiefung

- Hemmer/Wüst, SchuldR II, Rn. 271 ff.
- Hemmer/Wüst, SchuldR BT I, Karteikarten 43 f.

Fall 24: Die Inzahlungsgabe eines gebrauchten Kfz

Sachverhalt:

K, der gerade sein Jurastudium abgeschlossen hat und sich nun ein „standesgemäßes" Auto zulegen will, erwirbt bei Händler H einen gebrauchten Jaguar für 20.000 €. Seinen alten Honda gibt er für 3.000 € in Zahlung. Nach Abwicklung des Geschäfts entdeckt H, dass der Honda erhebliche Mängel aufweist, die zunächst nicht erkennbar waren. K meint, das ginge ihn nun nichts mehr an und lehnt jegliche Nacherfüllung ab. H verlangt Bezahlung der 3.000 € Zug um Zug gegen Rückgabe des Hondas.

Ist das Verlangen des H begründet?

I. Einordnung

Die **Inzahlungsgabe gebrauchter Kfz** ist sowohl von großer praktischer Bedeutung als auch sehr examensrelevant. Ausgangspunkt aller Überlegungen ist die Frage, wie die Hingabe des Altautos rechtlich einzuordnen ist. Je nach Konstruktion ergeben sich bei Leistungsstörungen unterschiedliche Folgeprobleme. Der vorliegende Fall beschäftigt sich mit den **Rechten des Verkäufers bei Mangelhaftigkeit des in Zahlung gegebenen Kfz**. Problematisch ist hier, dass der Käufer wohl meist nicht selbst dazu in der Lage ist, nachzubessern. Zudem kann er häufig das neue Kfz nur dann finanzieren, wenn der Verkäufer das alte Fahrzeug in Zahlung nimmt und keine Folgekosten entstehen. Diese Überlegungen müssen in die rechtliche Würdigung mit einfließen.

a) **Doppelkauf mit Aufrechnungsabrede** (-), da einheitlicher Vertrag gewollt; wäre lebensfremd und unbillig.

b) **Gemischter Vertrag aus Kauf und Tausch** (-); Aufspaltung in Kauf und Tauschelemente schwer vorstellbar; würde außerdem Käuferschutz überdehnen.

c) **Einheitlicher Kaufvertrag mit Ersetzungsbefugnis des Käufers** (§ 364 I BGB analog) (+); wird Interessen am ehesten gerecht; Unbilligkeiten zu Lasten des Käufers werden über Haftungsausschluss ausgeglichen (s.u.).

Die Rechte des H richten sich daher gem. § 365 BGB nach den §§ 434 ff. BGB.

2. Anspruch auf Zahlung der 3.000 € aus gem. **§§ 365, 434, 437 Nr. 2, 323, 346 I BGB** wieder zu begründender Kaufpreisforderung (§ 433 II BGB)

Kaufpreisforderung (§ 433 II BGB) durch Annahme an Erfüllungs statt zunächst teilweise (i.H.v. 3.000 €) erloschen (§ 364 I BGB); Anspruch auf Wiederbegründung (§§ 365, 434, 437 Nr. 2, 323, 346 I BGB)?

II. Gliederung

Anspruch des H auf Bezahlung der 3.000 €

1. Anspruchsgrundlage?

Hängt von der Einordnung der Inzahlungsgabe ab:

a) Sachmangel bei Gefahrübergang (§ 434 BGB) laut Sachverhalt (+).
b) Ausschluss der Gewährleistung gem. § 442 I BGB (-), da keine Erkennbarkeit.
c) Besondere Rücktrittsvoraussetzungen (§ 323 BGB) (+); Fristsetzung gem. § 323 II Nr. 1 BGB entbehrlich; Mängel erheblich (§ 323 V 2 BGB).
d) Aber: Stillschweigender vertraglicher Ausschluss der Gewährleistung, da sonst Gefahr des Käufers, zwei Autos zu besitzen und den Neuwagen vollständig bezahlen zu müssen; Interesse des Käufers an Haftungsausschluss für Verkäufer erkennbar; Käufer kann zudem Mängel meist nicht selbst beheben; Verkäufer ist grds. sachkundig und kann Wagen im Vorfeld untersuchen.

Daher:
Gewährleistungsrechte ausgeschlossen.

3. **Anspruch auf Schadensersatz gem. §§ 365, 437 Nr. 3, 280, 281 BGB**
(-), da Ausschluss der Gewährleistung (s.o.).

4. **Ergebnis**
H kann nicht Bezahlung der 3.000 € verlangen.

III. Lösung

Anspruch des H auf Bezahlung der 3.000 €

1. Anspruchsgrundlage

Je nach rechtlicher Einordnung der Inzahlungsgabe kommen unterschiedliche Anspruchsgrundlagen in Betracht.

Deswegen ist zunächst zu klären, wie der Erwerb eines Kfz gegen Hingabe eines alten Autos und Aufzahlung juristisch zu würdigen ist.

a) Zunächst könnte es sich um einen Doppelkauf mit Aufrechnungsabrede handeln. Dann lägen zwei getrennte Kaufverträge vor und H könnte u. U. Gewährleistungsansprüche aus dem Kaufvertrag über den Honda geltend machen. Diese Konstruktion entspricht aber nicht dem Parteiwillen. Gewollt ist ein einheitlicher Vertrag. Ansonsten würde u. a. dem Umstand, dass ja eigentlich nur der Käufer des Neuwagens an der Inzahlungsgabe interessiert ist, nicht ausreichend Rechnung getragen.

b) Weiterhin könnte ein gemischter Vertrag aus Kauf und Tausch gegeben sein. Hier würde ein Rücktritt des Verkäufers wegen Mangelhaftigkeit des Altautos zu einer Rückabwicklung des gesamten Vertrages führen (§§ 346 ff. BGB). Der Käufer hätte keine Finanzierungsschwierigkeiten. Allerdings ist eine Aufspaltung des Vertrages in Kauf und Tauschelemente im Hinblick auf den Neuwagen nur schwer vorstellbar. Die Lösung wirkt unnatürlich. Insbesondere würde aber der Käuferschutz überdehnt.

c) Schließlich kommt ein Kaufvertrag über den Neuwagen mit Ersetzungsbefugnis (§ 364 I BGB analog) des Käufers in Betracht.

Der Käufer wäre auf Grund der Ersetzungsbefugnis berechtigt (nicht aber verpflichtet), statt eines Teils des Kaufpreises das alte Kfz zu leisten. Der Verkäufer wäre also bereits ab Abschluss des Vertrages dazu verpflichtet, das Kfz an Erfüllungs statt (§ 364 I BGB) anzunehmen. Diese Konstruktion wird den Interessen der Parteien am ehesten gerecht. Der Käufer hat die Wahl, ob er Geld oder das Altauto leistet.

Bei Mängeln des alten Kfz werden Unbilligkeiten zu Lasten des Käufers durch einen stillschweigenden Haftungsausschluss vermieden (s.u.). Somit ist von einem Kaufvertrag mit Ersetzungsbefugnis auszugehen. Die Rechte des Verkäufers bei Mängeln des alten Fahrzeugs richten sich über § 365 BGB nach den §§ 434 ff. BGB.

2. Anspruch auf Zahlung der 3.000 € aus gem. §§ 365, 434, 437 Nr. 2, 323, 346 I BGB wieder zu begründender Kaufpreisforderung (§ 433 II BGB)

Die Kaufpreisforderung des H (§ 433 II BGB) ist zunächst durch Annahme des Hondas an Erfüllungs statt gem. § 364 I BGB teilweise erloschen. Ein Rücktritt von dieser Annahme an Erfüllungs statt würde gem. § 346 I BGB dazu führen, dass die Forderung in Höhe der für den Honda veranschlagten 3.000 € wiederzubegründen wäre.

Anmerkung: Der Anspruch aus § 346 I BGB richtet sich also nicht direkt auf Zahlung der 3.000 €, sondern auf Wiederbegründung der Kaufpreisforderung (§ 433 II BGB) i.H.v. 3.000 €. Nach der Rspr. kann der Verkäufer aber aus Gründen der Prozessökonomie unmittelbar auf Zahlung klagen. Die Rechtslage ist also ähnlich wie bei der Wandelung nach altem Recht (modifizierte Vertragstheorie).

Als Rücktrittsgrund kommen die §§ 365, 434, 437 Nr. 2, 323 BGB in Frage.

a) Der Honda wies laut Sachverhalt bei Gefahrübergang Sachmängel auf (§ 434 BGB).

b) Die Rechte des H sind nicht gem. § 442 I BGB ausgeschlossen.

Da die Mängel nicht erkennbar waren, ist grob fahrlässige Unkenntnis des H abzulehnen.

c) Zudem müssten die besonderen Rücktrittsvoraussetzungen gegeben sein (§ 323 BGB). Die Fristsetzung ist gem. § 323 II Nr. 1 BGB entbehrlich, weil K ernsthaft und endgültig jegliche Nacherfüllung ablehnte. Die Mängel sind nach dem Sachverhalt auch nicht unerheblich (§ 323 V 2 BGB). Insoweit besteht also das Rücktrittsrecht.

d) Allerdings könnte stillschweigend ein Haftungsausschluss für Mängel des alten Wagens vereinbart worden sein. Dafür spricht, dass sonst der Käufer im Falle einer Rückabwicklung der Inzahlungsgabe zwei Autos besäße und den Kaufpreis voll zahlen müsste. Der Käufer hat also ein großes Interesse an einem Ausschluss der Mängelgewährleistung. Dies ist für den Verkäufer auch erkennbar. Zudem ist der Käufer meist nicht dazu in der Lage, die Mängel selbst zu beseitigen (§ 439 BGB). Darüber hinaus verfügt der Verkäufer grds. über genug Sachverstand, den alten Wagen auf etwaige Mängel zu untersuchen. Letztendlich ist infolgedessen ein stillschweigender vertraglicher Haftungsausschluss zu bejahen.

Anmerkung: Nach alter Rechtslage war es üblich, dass der Verkäufer eines Gebrauchtwagens die Gewährleistung (zulässig) ausschloss. Dieser Gewährleistungsausschluss wurde durch die Rspr. auch auf den in Zahlung gegebenen Wagen erstreckt, da zwischen den Parteien eine Waffengleichheit bestehen sollte. Der Haftungsausschluss bezog sich auf den gesamten einheitlichen Kaufvertrag. Nach neuem Recht ist auch beim Verkauf gebrauchter Sachen ein Ausschluss der Gewährleistung nicht möglich, soweit ein Verbrauchsgüterkauf (§ 474 I BGB) gegeben ist (§ 475 I BGB).

Ein Haftungsausschluss zu Gunsten des Käufers lässt sich hier also nicht über die Waffengleichheit begründen. Allerdings sollte durch die Schuldrechtsreform und insbesondere durch die §§ 474 ff. BGB die Position des Verbrauchers gestärkt und nicht geschwächt werden. Daher ist wohl ein stillschweigender Haftungsausschluss anzunehmen.

H kann demnach nicht zurücktreten. Er hat keinen Anspruch auf Wiederbegründung der Forderung i.H.v. 3.000 € (§ 346 I BGB) und kann somit auch nicht Bezahlung verlangen.

3. Anspruch auf Schadensersatz gem. §§ 365, 437 Nr. 3, 280, 281 BGB

Der Anspruch besteht auf Grund des Gewährleistungsausschlusses ebenfalls nicht.

4. Ergebnis

H hat keinen Anspruch auf Bezahlung der 3.000 €.

IV. Zusammenfassung

Sound: Der Erwerb eines Kfz gegen Inzahlungsgabe des alten Fahrzeugs und Aufzahlung ist als einheitlicher Kaufvertrag mit Ersetzungsbefugnis des Käufers (§ 364 I BGB analog) zu qualifizieren. Bei Mängeln des Altautos ist grds. von einem stillschweigenden Haftungsausschluss auszugehen.

hemmer-Methode: Ist der Neuwagen mangelhaft, so spielt es keine Rolle, ob ein gemischter Vertrag (Kauf und Tausch) oder ein Kaufvertrag mit Ersetzungsbefugnis angenommen wird. Tritt der Käufer zurück, so hat der Verkäufer gem. § 346 I BGB das bezahlte Geld sowie das Altauto zurückzugewähren. Verlangt der Käufer Schadensersatz statt der ganzen Leistung (Verschuldenserfordernis, § 280 I 2 BGB!), so ist er so zu stellen, als wäre ordnungsgemäß erfüllt worden. Er kann daher auch den Anrechnungsvorteil, also den für das Altauto angesetzten Geldbetrag, verlangen.

Exkurs: Veräußert der Händler den in Zahlung genommenen PKW an einen Verbraucher weiter, sitzt er in der Haftungsfalle: er kann wegen § 475 I BGB die Haftung nicht ausschließen, kann im Fall der Inanspruchnahme durch den Verbraucher aber auch keinen Regress seinem Käufer nehmen, der den Wagen in Zahlung gegeben hat (siehe diesen Fall). Daher kommt es vor, dass der Verkäufer beim Vertragsschluss mit dem Verbraucher nur als Vertreter des Käufers auftritt; dann liegt ein Vertrag zwischen Privaten vor, wo die Mängelhaftung ausgeschlossen werden könnte. Fraglich ist, ob es sich bei dieser Konstruktion um ein Umgehungsgeschäft i.S.d. § 475 I S. 2 BGB handelt. Nach Ansicht des BGH ist dabei danach zu differenzieren, wer das Risiko der Weiterveräußerung trägt.

Hat der Verkäufer dem Käufer einen festen Betrag zugesagt, der auf den Neuwagenpreis angerechnet wird (das wird die Regel sein), trägt er das Risiko der Weiterveräußerung. In einem solchen Fall liegt ein Umgehungsgeschäft vor, wenn nicht er, sondern der Käufer selbst als Verkäufer im Verhältnis zum Verbraucher vorgeschoben wird. Sagt er dem Käufer aber nur zu, genau den Betrag anzurechnen, der bei der Weiterveräußerung an Dritte erzielt wird, trägt der Käufer selbst das Verwertungsrisiko. Ist er dann selbst Verkäufer im Verhältnis zum Verbraucher, spiegelt dies die wirtschaftliche Interessenlage wieder, so dass kein Umgehungsgeschäft vorliegt, vgl. BGH NJW 2005, 1039 ff. und zu den Folgen bei Vorliegen eines Umgehungsgeschäfts BGH Life&Law 2007, 291 ff.

V. Zur Vertiefung

- Hemmer/Wüst, SchuldR II, Rn. 44 ff.
- Hemmer/Wüst, SchuldR BT I, Karteikarten 45 f.
- BGH Life&Law 2007, 291 ff.

Fall 25: Die Mängeleinrede, §§ 320, 438 IV 2 BGB

Sachverhalt:

V verkauft K eine hölzerne Truhe aus dem 17. Jahrhundert. Kurz nach der Lieferung der Antiquität muss K feststellen, dass sie von Holzwürmern befallen ist. Bevor K etwas unternehmen kann, fressen sich die Würmer nach außen durch und beschädigen die Truhe in sichtbarer Weise erheblich. Eine Restauration ist nicht möglich. Als V die Bezahlung der Truhe verlangt, weigert sich K mit der Begründung, er wolle Gewährleistungsrechte geltend machen. Er habe sich aber noch nicht entschieden, ob er mindern oder zurücktreten wolle. V ist der Ansicht, K könne mit dieser Hinhaltetaktik keinen Erfolg haben. Er müsse sich schon festlegen. V erhebt Klage auf Kaufpreiszahlung.

Ist die Klage des V begründet?

I. Einordnung

Seit der Reform des Schuldrechts ist die Erfüllungstheorie gesetzlich verankert. Der Verkäufer hat dem Käufer die Sache frei von Sach- und Rechtsmängeln zu verschaffen (§ 433 I 2 BGB). Das bedeutet, dass eine mangelhafte Sache nicht erfüllungstauglich ist. Erbringt der Verkäufer eine mangelhafte Leistung, hat der Käufer grds. einen Anspruch auf Nacherfüllung (§ 439 BGB). Besteht dieser Nacherfüllungsanspruch, so kann der Käufer dem Kaufpreisanspruch des Verkäufers die **Einrede des nichterfüllten Vertrages** entgegenhalten (§ 320 BGB). Er muss den Kaufpreis zunächst nicht bezahlen. Probleme ergeben sich aber dann, wenn dem Käufer kein Anspruch auf Nacherfüllung zusteht. § 320 BGB, der einen durchsetzbaren Anspruch voraussetzt, ist in diesem Fall nicht einschlägig. Eine **Einrede** könnte sich aber aus **§ 438 IV 2 BGB** ergeben. Diese Norm regelt unmittelbar nur die Mängeleinrede bei Ausschluss des Rücktrittsrechts nach § 218 I BGB. Allerdings kommt eine Analogie in Betracht, wenn das Rücktrittsrecht noch existiert.

II. Gliederung

Begründetheit der Klage des V

Klage des V begründet, wenn durchsetzbarer Anspruch auf Kaufpreiszahlung (§ 433 II BGB).

1. Anspruch entstanden (+)

2. Anspruch durchsetzbar?

Einrede des K wegen Mangelhaftigkeit des Kaufgegenstandes?

a) Sachmangel (§ 434 I 2 Nr. 2 BGB) (+)

b) Mängeleinrede?

aa) § 320 BGB (-), kein Nacherfüllungsanspruch, da beide Arten der Nacherfüllung (§ 439 I BGB) objektiv unmöglich (§ 275 I BGB).

bb) § 438 IV 2 BGB direkt (-), da Nacherfüllungsanspruch noch nicht verjährt wäre (§§ 218 I 2, 438 I Nr. 3, II BGB; zwei Jahre ab Ablieferung).

cc) § 438 IV 2 BGB analog?

Im Erst-Recht-Schluss auch vor Ausschluss des Rücktrittsrechts anwendbar? (-), da sonst Verkäufer im Unklaren;

> Käufer kann jederzeit ohne Mitwirkung des Verkäufers sämtliche Gewährleistungsrechte; er muss sich festlegen.
> Daher: Solange K nichts unternimmt, hat V einen durchsetzbaren Anspruch auf Kaufpreiszahlung (§ 433 II BGB).
> **3. Ergebnis:** Die Klage ist derzeit begründet.

III. Lösung

Die Begründetheit der Klage des V

Die Leistungsklage des V wäre begründet, wenn er einen durchsetzbaren Anspruch auf Kaufpreiszahlung (§ 433 II BGB) hätte.

1. Anspruch entstanden

Der Anspruch des V auf Kaufpreiszahlung aus § 433 II BGB ist entstanden, da zwischen V und K ein wirksamer Kaufvertrag über die Truhe zu Stande kam.

2. Anspruch durchsetzbar

Der Anspruch müsste auch durchsetzbar sein. Dem K könnte eine Einrede zustehen, wenn die Truhe mangelhaft wäre.

a) Dann müsste zunächst ein Mangel vorliegen. In Betracht kommt ein Sachmangel gem. § 434 I 2 Nr. 2 BGB. Da die Truhe durch die Holzwürmer beschädigt wurde, eignet sie sich nur eingeschränkt als Möbelstück, weil es gerade bei Antiquitäten mehr auf die Ästhetik als auf die Funktionalität ankommt.

Außerdem durfte K erwarten, dass das Stück nicht durch Holzwürmer in Mitleidenschaft gezogen wird. Die Antiquität war auch schon bei Übergabe und damit bei Gefahrübergang, § 446 S. 1 BGB, von den Würmern befallen. Die Beschädigung war also zum relevanten Zeitpunkt in der Sache bereits angelegt. Ein Sachmangel gem. § 434 I 2 Nr. 2 BGB ist folglich gegeben.

b) Weiterhin könnte K wegen der Mangelhaftigkeit der Truhe zur Verweigerung der Kaufpreiszahlung berechtigt sein.

aa) In Betracht kommt die Einrede des nichterfüllten Vertrages (§ 320 BGB). Diese könnte K dann erheben, wenn er wegen der Schlechtleistung einen durchsetzbaren Nacherfüllungsanspruch (§§ 437 Nr. 1, 439 BGB) gegen V hätte. Die Beseitigung des Mangels (§ 439 I Alt. 1 BGB) kann K nicht verlangen, da die Antiquität nicht restaurierbar und die Nachbesserung somit objektiv unmöglich ist (§ 275 I BGB). Auch der Anspruch auf Nachlieferung (§ 439 I Alt. 2) ist gem. § 275 I BGB ausgeschlossen, weil eine vergleichbare mangelfreie Truhe nicht existiert. Folglich greift § 320 BGB nicht.

bb) Möglicherweise steht K aber eine Einrede gem. § 438 IV 2 BGB (in direkter Anwendung) zu. Dann müsste das Rücktrittsrecht des K nach § 218 I BGB ausgeschlossen sein. Der Nacherfüllungsanspruch wäre aber noch nicht verjährt, da seit der Ablieferung des Möbelstücks noch keine zwei Jahre vergangen sind (§§ 218 I 2, 438 I Nr. 3, II BGB).

cc) Allerdings könnte § 438 IV 2 BGB analog anwendbar sein, wenn das Rücktrittsrecht noch besteht.

Es ließe sich hier so argumentieren, dass der Käufer erst recht zur Verweigerung der Kaufpreiszahlung berechtigt sein muss, wenn der Rücktritt nicht nach § 218 I BGB unwirksam, sondern vielmehr noch möglich wäre. Im Falle eines Rücktritts könnte der Käufer den Kaufpreis zurückverlangen (§§ 346 ff. BGB). Es erscheint also auf den ersten Blick unbillig, den Käufer zunächst zur Zahlung zu verpflichten. Darüber hinaus war es auch nach alter Rechtslage anerkannt, dass der Käufer vor Verjährungseintritt die Mängeleinrede nach § 478 BGB a.F. analog (a.A. § 242 BGB) geltend machen konnte. Jedoch ist zu beachten, dass nach altem Recht Wandelung und Minderung keine Gestaltungsrechte waren, sondern der Käufer nur einen Anspruch auf Wandelung oder Minderung hatte. Er war also auf eine Mitwirkungshandlung des Verkäufers angewiesen. Deswegen sollte er vorerst nicht zur Zahlung verpflichtet sein. Nach neuem Recht kann der Käufer hingegen einseitig zurücktreten oder mindern. Er ist weniger schutzwürdig. Die Einrede würde dem Käufer zwar sein Wahlrecht erhalten, welches Gewährleistungsrecht er in Anspruch nimmt. Der Verkäufer wäre aber evtl. für eine lange Zeit im Unklaren.

Letztendlich ist es dem Käufer zumutbar, sein Wahlrecht auszuüben, um eine Zahlungsklage des Verkäufers abzuwenden. Dies gilt schon deswegen, weil bis zur Klageerhebung meist schon viel Zeit vergangen ist und der Käufer genug Bedenkzeit hatte. § 438 IV 2 BGB ist daher nicht analog anwendbar, wenn der Rücktritt nicht nach § 218 I BGB ausgeschlossen ist.

3. Ergebnis

V hat derzeit einen durchsetzbaren Anspruch auf Kaufpreiszahlung (§ 433 II BGB). So lange K nicht zurücktritt, mindert oder Schadensersatz geltend macht, ist die Klage vollumfänglich begründet.

IV. Zusammenfassung

Sound: § 438 IV 2 BGB ist nicht analog anwendbar, wenn der Rücktritt nicht nach § 218 I BGB ausgeschlossen ist. Der Käufer muss zur (teilweisen) Abwendung der Klage auf Kaufpreiszahlung sein Wahlrecht (§ 437 BGB) ausüben und Gewährleistungsrechte geltend machen.

hemmer-Methode: Würde man dem Käufer die Mängeleinrede gem. § 438 IV 2 BGB analog zubilligen, so könnte der Verkäufer seiner Unklarheit dadurch begegnen, dass er zurücktritt (§ 438 IV 3 BGB). Insofern ließe sich auch ein anderes Ergebnis gut begründen. Allerdings könnte der Vertrag dann nicht mehr zumindest partiell dadurch „gerettet" werden, dass der Käufer den Kaufgegenstand behält und nur mindert oder den „kleinen" Schadensersatz verlangt. Eine Rückabwicklung des Vertrages wäre unausweichlich.

V. Zur Vertiefung

- Hemmer/Wüst, SchuldR II, Rn. 256 ff.
- Hemmer/Wüst, SchuldR BT I, Karteikarten 3, 52, 62.

Fall 26: Die Verjährung der Gewährleistungsansprüche aus § 437 BGB gem. § 438 BGB

Sachverhalt:

Der leicht übergewichtige K kauft von V ein gebrauchtes Rennrad, um seine überschüssigen Pfunde abzutrainieren. Es wird Ratenzahlung vereinbart. Leider bleibt es aber zunächst bei den guten Vorsätzen des K. Er nimmt das Rad erst zwei Jahre und drei Monate nach Erhalt erstmalig in Gebrauch. Dabei bemerkt er, dass der Rahmen angebrochen ist. Er verlangt nun von V die bereits gezahlten Kaufpreisraten (600 €) zurück. V dagegen fordert die Bezahlung der noch ausstehenden Raten (200 €).

Wie ist die Rechtslage?

Eine Nacherfüllung ist nicht möglich.

I. Einordnung

1. Die **Verjährung der Mängelrechte** des § 437 BGB ist in § 438 BGB geregelt. So richtet sich die Verjährung der in **§ 437 Nr. 1 und 3 BGB** bezeichneten Ansprüche nach § 438 I-III BGB. Für die in **§ 437 Nr. 2 BGB** bezeichneten Rechte gilt § 438 IV, V BGB.

2. § 438 I BGB bestimmt, dass die in § 437 Nr. 1 und 3 BGB enthaltenen Ansprüche auf Nacherfüllung, Schadensersatz oder Ersatz vergeblicher Aufwendungen in 30 Jahren, fünf Jahren oder zwei Jahren verjähren. Nach § 438 II BGB beginnt der Lauf der Verjährung bei Grundstücken mit der Übergabe, im Übrigen bei beweglichen Sachen mit der Ablieferung der Sache.

Regelmäßig wird es sich um eine bewegliche Sache handeln, so dass die Rechte aus § 437 Nr. 1, 3 BGB im Regelfall gem. § 438 I Nr. 3, II BGB in zwei Jahren ab Ablieferung verjährt sind.

Hat der Verkäufer den Mangel arglistig verschwiegen, so greift § 438 III BGB ein (grds. regelmäßige Verjährungsfrist nach §§ 195, 199 I BGB).

3. Für Rücktritt und Minderung nach **§ 437 Nr. 2 BGB**, die keine Ansprüche, sondern Gestaltungsrechte sind und deswegen nicht der Verjährung unterliegen (§ 194 I BGB), gelten die §§ 438 IV, V, 218 BGB.

Rücktritt und Minderung sind unwirksam, wenn der Nacherfüllungsanspruch gem. §§ 437 Nr. 1, 439 I BGB nach § 438 I-III BGB verjährt ist (§ 218 I 1 BGB) oder wäre (§ 218 I 2 BGB). § 438 IV 2 BGB gewährt dem Käufer dann aber eine Einrede. Er kann die Kaufpreiszahlung verweigern, wenn er noch nicht gezahlt hat.

II. Gliederung

A. Anspruch des K auf Rückzahlung des gezahlten Kaufpreises (600 €)

1. §§ 437 Nr. 2 Alt. 1, 326 V, 323 I, 346 ff. BGB

a) Kaufvertrag (§ 433 BGB) (+)

b) Sachmangel (§ 434 I 2 Nr. 2 BGB) (+)

c) Besondere Rücktrittsvoraussetzungen

aa) § 326 V BGB (+); Nacherfüllung (§ 439 BGB) laut SV unmöglich (§ 275 I BGB); Fristsetzung daher entbehrlich.

bb) Erheblichkeit der Pflichtverletzung (§§ 326 V, 323 V 2 BGB) (+)

d) Kein Ausschluss des Rücktrittsrechts (§ 438 IV BGB)?
Ausschluss nach §§ 438 IV 1, 218 I 2 BGB, wenn Nacherfüllungsanspruch verjährt wäre; (+), da zwei Jahre ab Ablieferung vergangen sind (§ 438 I Nr. 3, II BGB).

Daher: Kein Anspruch aus §§ 437 Nr. 2 Alt. 1, 326 V, 323 I, 346 ff. BGB.

2. § 438 IV 2 BGB?
(-), nur Leistungsverweigerungsrecht, kein Rückzahlungsanspruch (sonst doch Rückabwicklung trotz Ausschlusses des Rücktrittsrechts).

3. § 813 I 1 BGB?
Setzt voraus, dass auf dauernd einredebehaftete Forderung geleistet wurde; daher fraglich, ob K dauernde Einrede gegen Kaufpreisanspruch des V (§ 433 II BGB) zustand.

a) § 320 BGB (-), da Nacherfüllung unmöglich (s.o.); außerdem § 320 BGB nur vorübergehende Einrede.

b) § 438 IV 2 analog vor Ausschluss des Rücktrittsrechts (-), Käufer muss sich entscheiden (s. Fall 25); § 438 IV 2 greift erst nach Ausschluss des Rücktrittsrechts; daher keine dauernde Einrede; zudem würde sonst Wertung des § 438 BGB umgangen; Rückforderung soll ausgeschlossen sein.

4. Zwischenergebnis: Kein Anspruch des K.

B. Anspruch des V auf Restzahlung (200 €) aus § 433 II BGB
1. Anspruch entstanden (+); s.o.
2. Anspruch durchsetzbar? (-); Einrede des K aus § 438 IV 2 BGB, da Rücktritt nur nach § 218 I 2 BGB unwirksam.

C. Ergebnis
Weder V noch K können Bezahlung verlangen.

III. Lösung

A. Anspruch des K auf Rückzahlung des bezahlten Kaufpreises (600.- €)

1. §§ 437 Nr. 2 Alt. 1, 326 V, 323 I, 346 ff. BGB

K könnte einen Anspruch auf Rückzahlung der 600 € haben, wenn er wirksam zurückgetreten wäre.

Als Rücktrittsgrund kommt das gesetzliche Rücktrittsrecht des §§ 437 Nr. 2 Alt. 1, 326 V, 323 BGB in Betracht.

a) Zwischen V und K kam ein Kaufvertrag über das Rennrad zustande (§ 433 BGB).

b) Das Rennrad müsste weiterhin mangelhaft sein.

aa) Mangels Vereinbarung oder einer vom Vertrag vorausgesetzten Verwendung wäre dies gem. § 434 I 2 Nr. 2 dann der Fall, wenn es sich nicht für die gewöhnliche Verwendung eignete und keine Beschaffenheit aufweisen würde, die bei Sachen der gleichen Art und Güte üblich ist und die der Käufer nach der Art der Sache erwarten kann. Das Rennrad ließ sich auf Grund des Rahmenbruchs nicht gefahrlos fahren.

Der Käufer eines Rades kann aber gerade erwarten, dass der Rahmen intakt ist.

Folglich ist zu verneinen, dass sich das Rennrad für die gewöhnliche Verwendung eignete und eine Beschaffenheit aufwies, die bei Sachen der gleichen Art üblich ist, ein Mangel liegt daher vor.

bb) Dieser Mangel lag bereits bei Übergabe und damit bei Gefahrübergang vor, § 446 S. 1 BGB. Mithin war das Rennrad mangelhaft i.S.d. § 434 I 2 Nr. 2 BGB.

cc) Der Sachmangel zeigte sich dem K jedoch nicht innerhalb von sechs Monaten seit Gefahrübergang. Für den Fall, dass K Verbraucher (§ 13 BGB), V Unternehmer (§ 14 BGB) ist und damit ein Verbrauchsgüterkauf gem. §§ 474 ff. BGB vorliegt, greift die Beweislastumkehr nach §§ 474 I 1, 476 BGB nicht ein. Vielmehr trägt K selbst nach den allgemeinen Regeln die Darlegungs- und Beweislast für das Vorliegen des Mangels.

c) Zudem müssten die besonderen Rücktrittsvoraussetzungen erfüllt sein (§§ 437 Nr. 2 Alt. 1, 440, 323, 326 V BGB).

aa) Die Nacherfüllung (§ 439 BGB) ist laut Sachverhalt unmöglich (§ 275 I BGB), so dass § 326 V BGB einschlägig ist. Es bedurfte daher keiner Fristsetzung.

bb) Das Rennrad ist mit angebrochenem Rahmen unbrauchbar. Folglich ist die Pflichtverletzung nicht unerheblich, §§ 326 V, 323 V 2 BGB.

d) Der Rücktritt könnte aber gem. § 438 IV BGB ausgeschlossen sein. Nach §§ 438 IV 1, 218 I 2 BGB ist das Rücktrittsrecht des Käufers dann erloschen, wenn im Falle der unmöglichen Nacherfüllung der Nacherfüllungsanspruch bereits verjährt wäre.

Da das Rennrad eine bewegliche Sache ist, richtet sich die Verjährung dieses Anspruchs hier nach § 438 I Nr. 3, II BGB (zwei Jahre ab Ablieferung). Seit der Ablieferung des Rades sind schon zwei Jahre und drei Monate vergangen. Der Nacherfüllungsanspruch ist folglich verjährt. K kann also nicht zurücktreten. Der Anspruch aus § 346 I BGB besteht nicht.

2. § 438 IV 2 BGB

Allerdings könnte K ein Rückzahlungsanspruch aus § 438 IV 2 BGB zustehen. Diese Norm gewährt dem Käufer aber nur ein Leistungsverweigerungsrecht und keinen Anspruch. Ansonsten könnte der Käufer trotz Unwirksamkeit des Rücktritts eine Rückabwicklung herbeiführen.

3. § 813 I 1 BGB

Möglicherweise kann K den bereits gezahlten Kaufpreis gem. § 813 I 1 BGB zurück verlangen.

Voraussetzung dafür ist, dass auf eine dauernd einredebehaftete Forderung geleistet wurde. K müsste also eine dauernde Einrede gegen den Kaufpreisanspruch des V (§ 433 II BGB) gehabt haben. Eine solche könnte sich aus der Mangelhaftigkeit des Rennrades ergeben haben.

a) Die Einrede des nichterfüllten Vertrages (§ 320 I 1 BGB) konnte K nicht erheben, weil der Nacherfüllungsanspruch (§ 439 BGB) wegen Unmöglichkeit nicht existierte (s.o.; siehe dazu auch Fall 25). Darüber hinaus räumt § 320 BGB nur ein vorübergehendes und damit kein dauerndes Leistungsverweigerungsrecht ein.

b) Allerdings könnte die Einrede aus § 438 IV 2 BGB eine Einrede i.S.d. § 813 I 1 BGB darstellen.

Dann müsste sie von Anfang an bestanden haben.

§ 438 IV 2 BGB ist aber erst ab Ausschluss des Rücktrittsrechts nach § 218 BGB anwendbar.

Eine Analogie vor Erlöschen des Rücktrittsrechts ist nicht möglich. Solange der Käufer seine Mängelrechte ausüben kann, ist es ihm zumutbar, Mängelrechte gem. § 437 BGB geltend zu machen, um so den Zahlungsanspruch des Verkäufers abzuwenden (s. dazu Fall 25). Selbst wenn man die Analogie zulassen wollte, wäre § 438 IV 2 BGB keine Einrede, die unter § 813 I 1 BGB fällt. Denn sonst würde das Bereicherungsrecht die Wertung des § 438 BGB aushebeln. Sind die Gewährleistungsrechte nach § 438 BGB ausgeschlossen, so soll kein Vermögensausgleich mehr stattfinden. § 813 I 1 BGB greift daher nicht.

4. Zwischenergebnis

K hat keinen Anspruch auf Rückzahlung der 600 €.

B. Anspruch des V auf Restzahlung (200 €) aus § 433 II BGB

1. Anspruch entstanden

Der Anspruch ist aufgrund des wirksamen Kaufvertrages zwischen V und K (§ 433 BGB) entstanden.

2. Durchsetzbarkeit des Anspruches

K kann trotz des Ausschlusses des Rücktrittsrechts nach § 218 I BGB die Kaufpreiszahlung verweigern (§ 438 IV 2 BGB). Der Anspruch ist damit nicht durchsetzbar.

C. Ergebnis

Weder V noch K haben Zahlungsansprüche.

IV. Zusammenfassung

Sound: Ist der Rücktritt gem. §§ 438 IV 1, 218 BGB ausgeschlossen, so hat der Käufer keinen Anspruch auf Rückzahlung des bereits gezahlten Kaufpreises wegen der Mangelhaftigkeit des Kaufgegenstandes. Allerdings kann er gem. § 438 IV 2 BGB die Zahlung des Restkaufpreises verweigern.

hemmer-Methode: Auch im Hinblick auf die Verjährung der Mängelrechte erfolgte durch die Schuldrechtsreform eine Annäherung an die Verjährung nach allgemeinem Leistungsstörungsrecht. Dennoch kann die Verjährung gem. § 438 BGB im Einzelfall stark von der nach den allgemeinen Vorschriften abweichen. Dies gilt insbesondere dann, wenn der Gläubiger zunächst keine Kenntnis oder grob fahrlässige Unkenntnis von den anspruchsbegründenden Umständen hat (§ 199 I Nr. 2 BGB).

§ 438 BGB macht den Verjährungsbeginn nämlich nur von objektiven Kriterien abhängig (Übergabe oder Ablieferung der Sache, § 438 II BGB). Die Abgrenzung zwischen Gewährleistungsrecht und allgemeinem Recht wird daher keinesfalls überflüssig.

V. Zur Vertiefung

- Hemmer/Wüst, SchuldR II, Rn. 178 ff.
- Hemmer/Wüst, SchuldR BT I, Karteikarte 52.

Kapitel V: Der Ausschluss der Gewährleistung

Fall 27: Das Problem des Haftungsausschlusses bei einer Verkäuferkette, § 444 BGB

Sachverhalt *(angelehnt an BGH NJW 1997, 652):*

V verkauft K1 unter Ausschluss jeglicher Gewährleistung ein gewerblich genutztes Grundstück für 1.000.000 €. Er verschweigt dem K1 dabei bewusst, dass das Grundstück durch Heizöl verunreinigt ist. Kurze Zeit später veräußert K1, der nach wie vor von der Verunreinigung keine Kenntnis hat, das Grundstück für 1.500.000 € an K2 weiter. Es wird wiederum ein Gewährleistungsausschluss vereinbart. K2 bemerkt die Kontaminierung. Er wendet sich an K1, der sich seinerseits an V halten will. V lehnt jedoch die Sanierung gegenüber K1 ab. Daraufhin beruft sich K1 gegenüber K2 auf den Haftungsausschluss. K2 lässt das Grundstück für 150.000 € sanieren.

Hat K2 eine Möglichkeit, den Schaden ersetzt zu bekommen?

I. Einordnung

Ein **vertraglicher Ausschluss** der Gewährleistung ist grundsätzlich möglich, da es sich bei den §§ 434 ff. BGB um dispositives Recht handelt. Der Grundsatz der Privatautonomie gebietet eine weitreichende Gestaltungsfreiheit der Parteien im Bereich der vertraglichen Schuldverhältnisse. Dieser Freiheit sind aber auch Grenzen gesetzt. So regelt **§ 444 BGB**, dass sich der Verkäufer trotz individualvertraglicher Vereinbarung auf einen Haftungsausschluss nicht berufen kann, soweit er den Mangel **arglistig verschwiegen** oder eine **Garantie** übernommen hat. In diesem Zusammenhang ergeben sich im Fall einer Verkäuferkette u.U. gewichtige Folgeprobleme.

II. Gliederung

Ansprüche des K2

A. Ansprüche gegen V aus eigenem Recht

Keine vertraglichen Ansprüche; § 826 BGB scheitert an Schädigungsvorsatz gegenüber K2; daher (-).

B. Ansprüche gegen K1

1. **Anspruch auf Schadensersatz** (§§ 437 Nr. 3 Alt. 1, 280 I, III, 281 BGB)
a) Kaufvertrag (§ 433 BGB) (+)
b) Sachmangel (§ 434 I 2 Nr. 2 BGB) (+)
c) Aber: Rechte aus § 437 BGB (-), wenn wirksamer Haftungsausschluss; hier individualvertragliche Vereinbarung (§§ 305 ff. BGB [-]); kein Verbrauchsgüterkauf (§§ 474 ff. [-]); § 444 BGB steht nicht entgegen, da weder Arglist des K1 noch Garantie.

Daher: Keine Rechte aus § 437 BGB.

2. Anspruch auf Abtretung der Ersatzansprüche des K1 gegen V nach den Grundsätzen der Drittschadensliquidation (DSL), § 285 BGB analog

Schaden wird zum Anspruch gezogen, wenn K2 Schaden, aber keinen Anspruch, K1 Anspruch, aber keinen Schaden und eine zufällige Schadensverlagerung stattgefunden hat.

a) Schaden des K2 (+) (Mangelschaden; 150.000.- €); keine Ansprüche gegen V (s.o.).

b) Anspruch des K1 gegen V und kein Schaden?

aa) Anspruch aus §§ 437 Nr. 3 Alt. 1, 280 I, III, 281 I, II Alt. 1 BGB (+); Haftungsausschluss greift wegen § 444 BGB nicht, da Mangel arglistig verschwiegen.

bb) Kein Schaden?

(1) Nach Differenzhypothese eigentlich kein Schaden; Schaden an K2 weitergegeben, da sogar Gewinnrealisierung bei Weiterveräußerung und wirksamer Ausschluss der Gewährleistung.

(2) Aber: Fraglich, ob sich Vorteil des Weiterverkaufes schadensmindernd auswirkt; Schaden bleibt bestehen, wenn keine Vorteilsanrechnung.

(a) Kausalität zwischen haftungsbegründendem Ereignis und Vorteil (+); ohne Verschweigen Haftungsausschluss gegenüber K2 wegen § 444 BGB nicht möglich.

(b) Normatives Kriterium: Keine unbillige Entlastung des Schädigers?

Vorteil des Haftungsausschlusses im Verhältnis K1, K2 darf V nicht zu Gute kommen; soll nicht Ansprüche des K1 gegen V ausschließen.

Somit: Schaden des K1 bleibt bestehen; DSL (-)

c) Jedenfalls auch keine zufällige Schadensverlagerung; Haftungsausschluss zwischen K1 und K2 nicht zufällig.

Also: DSL (-)

3. Anspruch auf Abtretung der Gewährleistungsansprüche des K1 gegen V aus ergänzender Vertragsauslegung (§§ 133, 157, 242 BGB)

(+), Regelungslücke im Vertrag für den Fall, dass Erstverkäufer Mangel arglistig verschweigt; K1 sonst um die Ansprüche gegen Erstverkäufer bereichert; Haftungsausschluss sollte nur allgemeines Mängelrisiko des K1 ausräumen; folglich Nebenpflicht aus Kaufvertrag, Ansprüche gegen V (v.a. §§ 437 Nr. 3 Alt. 1, 280 I, III, 281 BGB) an K2 abzutreten; K2 kann diese dann gegen V geltend machen.

III. Lösung

Ansprüche des K2

A. Ansprüche gegen V aus eigenem Recht

Vertragliche Ansprüche des K2 gegen V kommen offensichtlich nicht in Betracht. Der Anspruch aus § 826 BGB scheitert am fehlenden Schädigungsvorsatz des V gegenüber K2. Auch sonst sind keine Ansprüche aus eigenem Recht ersichtlich.

B. Ansprüche gegen K1

1. Anspruch auf Schadensersatz (§§ 437 Nr. 3 Alt. 1, 280 I, III, 281 BGB)

a) Zwischen K1 und K2 kam ein wirksamer Kaufvertrag über das Grundstück zu Stande (§ 433 BGB).

b) Das Grundstück ist wegen der Verunreinigung durch das Öl auch ohne Zweifel mangelhaft (§ 434 I 2 Nr. 2 BGB).

c) Die Rechte des K2 aus § 437 BGB könnten aber wirksam vertraglich ausgeschlossen worden sein. Ein Haftungsausschluss wurde vereinbart. Da es sich um eine individualvertragliche Vereinbarung handelt, stehen die §§ 305 ff. BGB der Wirksamkeit nicht entgegen. Das Grundstück wird außerdem gewerblich genutzt, so dass keine der Vertragsparteien Verbraucher i.S.d. § 13 BGB ist. Somit ist auch kein Verbrauchsgüterkauf (§§ 474 ff. BGB) gegeben. Schließlich hatte K1 keine Kenntnis von der Verunreinigung und verschwieg den Mangel somit nicht arglistig, § 444 BGB. Für eine Garantie nach § 444 BGB ergeben sich keine Anhaltspunkte. Der Ausschluss der Gewährleistung ist also wirksam. K2 kann folglich keine Rechte aus § 437 BGB gegen K1 geltend machen.

2. Anspruch auf Abtretung der Ersatzansprüche des K1 gegen V nach den Grundsätzen der Drittschadensliquidation (DSL), § 285 BGB analog

K2 könnte gegenüber K1 einen Anspruch auf Abtretung dessen Ersatzansprüche gegen V nach den Grundsätzen der DSL haben, § 285 analog.

Die Voraussetzungen der DSL wären erfüllt, wenn K2 einen Schaden, aber keinen Anspruch gegen V, K1 dagegen einen Anspruch gegen V, aber keinen Schaden hätte und wenn die Schadensverlagerung von K1 auf K2 zufällig eingetreten wäre. Dann würde der Schaden des K2 zum Anspruch des K1 gezogen und K2 hätte einen Anspruch gegen K1 auf Abtretung der Ersatzansprüche (§ 285 BGB analog).

a) K2 erlitt wegen der Kontaminierung des Grundstückes einen Schaden i.H.v. 150.000 € (Mangelschaden). Er hat auch keine Ersatzansprüche gegen V (s.o.).

b) Weiterhin müsste K1 einen Anspruch gegen V, dürfte aber keinen Schaden haben.

aa) K1 könnte ein Schadensersatzanspruch gegen V gem. §§ 437 Nr. 3 Alt. 1, 280 I, III, 281 I, II Alt. 1 BGB zustehen. Dann dürfte zunächst die Gewährleistung nicht wirksam ausgeschlossen worden sein. V und K1 vereinbarten zwar einen Haftungsausschluss. Auf Grund der Tatsache, dass V dem K1 die Grundstücksverunreinigung arglistig verschwieg, kann sich V aber nicht auf den Ausschluss der Mängelrechte berufen (§ 444 BGB). Die weiteren Haftungsvoraussetzungen sind unproblematisch erfüllt. Fraglich ist nur, ob es einer Fristsetzung nach § 281 I 1 BGB bedurfte. V verweigerte gegenüber K1 die Nacherfüllung (Sanierung) ernsthaft und endgültig (§ 281 II Alt. 1 BGB). Damit ist eine Fristsetzung entbehrlich. Der Schadensersatzanspruch des K1 besteht also.

bb) Zudem dürfte bei K1 kein Schaden eingetreten sein.

(1) Nach der Differenzhypothese des § 249 I BGB (Vermögensvergleich mit und ohne schädigendem Ereignis) hat K1 eigentlich keinen Schaden.

Er verkaufte das Grundstück an K2 weiter und realisierte dabei sogar einen Gewinn.

Wegen des wirksamen Haftungsausschlusses gegenüber K2 ist er auch keinen Gewährleistungsansprüchen ausgesetzt. K1 hat also den Schaden quasi an K2 weitergegeben.

(2) Fraglich ist aber, ob sich dieser Vorteil aus dem Weiterverkauf bei K1 schadensmindernd auswirkt. Dies wäre nur unter den Voraussetzungen der Vorteilsanrechnung der Fall. Sind diese nicht erfüllt, so bleibt der Schaden bei K1 bestehen.

(a) Eine Vorteilsanrechnung erfordert zunächst einen adäquaten Kausalzusammenhang zwischen schadensersatzbegründendem Ereignis und Vorteil.

Dies ist daher fraglich, da der den Verlust ausgleichende Weiterverkauf des Grundstücks an K2 in keinem Zusammenhang mit der Täuschung zu stehen scheint. Hätte K1 allerdings Kenntnis von der Kontaminierung des Grundstücks gehabt, dann wäre er selbst arglistig gewesen, ein Haftungsausschluss wäre gem. § 444 BGB ins Leere gelaufen. Hätte er K2 hingegen die Kontaminierung des Grundstücks mitgeteilt, hätte er nur einen weitaus geringeren Kaufpreis realisieren können. Daher war die Täuschung kausal für den *günstigen, gewährleistungsfreien* Weiterverkauf an K2.

(b) Darüber hinaus dürfte die Anrechnung nicht zu einer unbilligen Entlastung des Schädigers führen und müsste dem Zweck des Schadensersatzes entsprechen (normative Kriterien). Hier wäre es unbillig, wenn der Weiterverkauf zu Gunsten des V angerechnet würde. Denn sonst würde der Haftungsausschluss im Verhältnis K1 – K2 dazu führen, dass K1 keine Ansprüche gegen V geltend machen kann.

Der Gewährleistungsausschluss würde entgegen dem Zweck der Vereinbarung dem V zu Gute kommen.

Somit scheidet eine Vorteilsanrechnung aus. Der Schaden des K1 ist also nicht durch den Weiterverkauf entfallen. Daher sind auch die Voraussetzungen der DSL nicht erfüllt.

c) Jedenfalls wäre auch das Erfordernis der zufälligen Schadensverlagerung (s.o.) nicht gegeben. Der Schaden hätte sich lediglich auf Grund der Vereinbarung des Gewährleistungsausschlusses auf K2 verlagert.

Eine vertragliche Vereinbarung ist aber nicht zufällig. Die DSL kommt daher keinesfalls in Frage.

Der Abtretungsanspruch des K2 gegen K1 besteht insoweit nicht.

3. Anspruch auf Abtretung der Gewährleistungsansprüche des K1 gegen V aus ergänzender Vertragsauslegung (§§ 133, 157, 242 BGB)

K2 könnte aber einen Abtretungsanspruch gegen K1 aus ergänzender Vertragsauslegung haben. Der Kaufvertrag enthält eine Regelungslücke für den Fall, dass der Erstverkäufer den Mangel arglistig verschwiegen hat und sich folglich nicht auf einen Haftungsausschluss berufen kann (§ 444 BGB). Der Gewährleistungsausschluss zwischen K1 und K2 sollte nach dem hypothetischen Parteiwillen nur das allgemeine Mängelrisiko erfassen. K1 hat kein schutzwürdiges Interesse daran, die Ansprüche gegen V zu behalten, da der Vermögensschaden faktisch den K2 traf.

Daher hat K1 die Nebenpflicht aus dem Kaufvertrag, dem K2 die Ersatzansprüche gegen V (insbesondere den Anspruch aus §§ 437 Nr. 3 Alt. 1, 280 I, III, 281 BGB) abzutreten. K2 kann die Ansprüche dann gegen V geltend machen.

Der Anspruch gegen den Zwischenkäufer ergibt sich aber i.d.R. aus ergänzender Vertragsauslegung (§§ 133, 157, 242 BGB).

IV. Zusammenfassung

Sound: Hat der Verkäufer im Fall einer Verkäuferkette unter Ausschluss der Gewährleistung den Mangel arglistig verschwiegen, so hat der Letztkäufer keinen Anspruch auf Abtretung der Gewährleistungsansprüche des Zwischenkäufers gegen den Verkäufer nach den Grundsätzen der DSL (§ 285 BGB analog).

hemmer-Methode: Dieser Fall ist ein Klassiker im Bereich der vertraglichen Haftungsausschlüsse, mit dem Sie sich vertraut machen sollten. Verdeutlichen Sie sich insbesondere noch einmal den Zusammenhang zwischen Drittschadensliquidation und Vorteilsanrechnung. Kommt beim Anspruchsinhaber der Mängelgewährleistungsrechte (Zwischenkäufer) eine Vorteilsanrechnung zu Gunsten des Schädigers nicht in Betracht, so bleibt der Schaden des Zwischenkäufers bestehen. Der Dritte kann dann nicht Abtretung der Ersatzansprüche gem. § 285 BGB analog (DSL) verlangen.

V. Zur Vertiefung

- Hemmer/Wüst, SchuldR II, Rn. 365 ff.
- Hemmer/Wüst, SchadensersatzR III, Rn. 200 ff. (Vorteilsanrechnung) und 221 ff. (DSL).
- Hemmer/Wüst, SchuldR BT I, Karteikarte 54.

Fall 28: Das Abbedingen der Gewährleistungsansprüche durch AGB, §§ 305 ff. BGB

Sachverhalt:

Apotheker A kauft von Händler H einen gebrauchten Ford Transit, den er zum Ausfahren von Medikamenten benötigt. In dem von A unterschriebenen und von H stets verwendeten und vorgedruckten Vertragsformular befindet sich eine Klausel, nach der die Haftung des Verkäufers für Mängel ausgeschlossen sein soll. Kurze Zeit später entdeckt A, dass es sich bei dem Fahrzeug um einen Unfallwagen handelt. Dies wusste H nicht. Der verärgerte A fragt sich, ob er zurücktreten kann. H steht auf dem Standpunkt, die Gewährleistungsrechte des A seien wirksam ausgeschlossen.

Wie ist die Rechtslage?

I. Einordnung

Beim **Ausschluss** der Gewährleistungsrechte des Käufers **durch Allgemeine Geschäftsbedingungen** handelt es sich um einen Sonderfall des vertraglichen Gewährleistungsausschlusses. Hier sind nicht nur die §§ 444, 474 ff. BGB, sondern darüber hinaus die §§ 305 ff. BGB zu beachten. Der Ausschlussvereinbarung sind insbesondere durch § 309 Nr. 8b BGB rechtliche Grenzen gesetzt. Die Norm gewährt dem Käufer einer neu hergestellten Sache einen umfangreichen Schutz. Beim Kauf gebrauchter Sachen hingegen ist der Käufer i.R.d. Rechts der AGB weitgehend schutzlos gestellt. Die Rechtsprechung tendiert im Fall des Gebrauchtwagenkaufes dazu, Unbilligkeiten zu Lasten des Käufers über die großzügige Annahme einer Zusicherung (§ 444 BGB) auszugleichen. Zudem kommt in Ausnahmefällen eine Unwirksamkeit der Ausschlussklausel gem. § 307 I BGB in Betracht.

II. Gliederung

Rücktrittsrecht des A gem. §§ 437 Nr. 2 Alt. 1, 326 V, 323 BGB

1. **Kaufvertrag** (§ 433 BGB) (+)

2. **Sachmangel** (§ 434 I 2 Nr. 2 BGB) (+), da Unfallfahrzeug.

3. **Kein Ausschluss** der Rechte aus § 437 BGB?

   Haftungsausschluss durch Vertragsklausel wirksam vereinbart?

   a) § 444 BGB (-); weder Arglist noch Zusicherung der Unfallfreiheit (Garantie).

   b) § 475 I BGB? Verbrauchsgüterkauf (§ 474 I BGB)?

   aa) H als Gebrauchtwagenhändler Unternehmer (§ 14 I BGB).

   bb) A Verbraucher (§ 13 BGB)? (-), da A das Fahrzeug für seine selbständige berufliche Tätigkeit benötigt.

   Daher: § 475 I BGB (-).

   c) § 309 Nr. 8b BGB?

aa) AGB (§ 305 I BGB) (+), da standardisierter Formularvertrag, Vertragsbedingungen durch H (= Verwender) gestellt.

bb) Einbeziehung in Vertrag (+); auf § 305 II BGB kommt es nicht an, da wegen § 310 I 1 BGB unanwendbar, weil A Unternehmer (§ 14 I BGB; s.o.).

cc) Aber: § 309 BGB findet gem. § 310 I 1 BGB ebenfalls keine Anwendung; außerdem keine neu hergestellte Sache.

d) § 307 I BGB?

Grds. (-), Haftungsausschluss bei gebrauchten Sachen grds. keine unangemessene Benachteiligung; aber: Verstoß gegen § 309 Nr. 7 BGB; pauschaler Haftungsausschluss erfasst auch Mangelfolgeschäden

BGH: Verstoß wirkt indiziell bei § 307, es sei denn Besonderheiten im unternehmerischen Verkehr können Ausschluss rechtfertigen, hier (-).

Somit: Haftungsausschluss unwirksam; A; er kann zurücktreten.

III. Lösung

Rücktrittsrecht des A gem. §§ 437 Nr. 2 Alt. 1, 326 V, 323 BGB

A könnte ein Rücktrittsrecht zustehen.

1. Zwischen A und H kam ein wirksamer Kaufvertrag über den Ford Transit zu Stande (§ 433 BGB).

2. Weiterhin müsste ein Sachmangel gem. § 434 BGB vorliegen. Hier kommt ein Mangel nach § 434 I 2 Nr. 2 BGB in Betracht. Es handelte sich bei dem Fahrzeug um einen Unfallwagen. Damit liegt bereits bei Übergabe und damit bei Gefahrübergang, § 446 S. 1 BGB, eine Beschaffenheit vor, die bei gebrauchten Kfz nicht üblich ist. A durfte auch erwarten, dass der Wagen unfallfrei ist. Folglich liegt ein Sachmangel gem. § 434 I 2 Nr. 2 BGB vor.

3. Die Rechte des A aus § 437 BGB könnten jedoch ausgeschlossen sein. In Betracht kommt ein vertraglicher Haftungsausschluss. Das Vertragsformular enthält eine Klausel, die den Verkäufer von der Mängelhaftung befreit. Fraglich ist, ob dadurch wirksam ein Ausschluss der Gewährleistung vereinbart wurde.

a) Möglicherweise steht § 444 BGB dem Haftungsausschluss entgegen. Voraussetzung ist, dass H den Mangel arglistig verschwiegen oder eine Garantie für die Beschaffenheit des Kfz übernommen hat. H hatte keine Kenntnis von dem Unfall und somit den Mangel nicht arglistig verschwiegen (Alt. 1). Eine Zusicherung (Garantie) der Unfallfreiheit ist auch nicht ersichtlich (Alt. 2). § 444 BGB steht dem vereinbarten Haftungsausschluss also nicht entgegen.

b) Allerdings könnte sich H auf die Klausel nicht berufen, wenn § 475 I BGB einschlägig wäre. Voraussetzung ist das Vorliegen eines Verbrauchsgüterkaufs (§ 474 I BGB).

aa) Der Gebrauchtwagenhändler H ist unzweifelhaft Unternehmer (§ 14 I BGB). Der Verkauf von Gebrauchtwagen ist seiner gewerblichen Tätigkeit zuzurechnen.

bb) Weiterhin müsste A Verbraucher sein (§ 13 BGB).

Er erwarb das Fahrzeug, um i.R. seiner selbständigen beruflichen Tätigkeit als Apotheker Medikamente auszufahren. Somit fällt das Geschäft in den Bereich dieser Tätigkeit. Er ist damit kein Verbraucher, sondern vielmehr Unternehmer (§ 14 I BGB).

Ein Verbrauchsgüterkauf (§ 474 I BGB) ist deshalb nicht gegeben, § 475 I BGB kommt nicht zur Anwendung.

c) Der Haftungsausschluss könnte aber gem. § 309 Nr. 8b aa) Alt. 1 BGB unwirksam sein.

aa) Dann müsste es sich zunächst um eine Allgemeine Geschäftsbedingung (AGB) handeln (§ 305 I BGB). Der standardisierte Formularvertrag ist für eine Vielzahl von Verträgen bestimmt. Die Vertragsbedingungen sind auch einseitig durch H gestellt (Verwender). Die Klausel ist damit eine AGB.

Anmerkung: Wenn es sich um einen Vertrag zwischen Privaten handelt und dabei ein Standardformular verwendet wird, heißt dies nicht automatisch, dass ein „Stellen" durch den Verkäufer gegeben ist. Es kommt entscheidend darauf an, inwieweit der Käufer tatsächlich Einfluss auf den Vertragsinhalt nehmen konnte, vgl. BGH, Life&Law 2010, 376 ff.

bb) Die AGB müsste außerdem wirksam in den Vertrag einbezogen worden sein. § 305 II BGB trifft insoweit eine Sonderregelung. Diese Norm ist aber gem. § 310 I 1 BGB unanwendbar, da es sich bei A um einen Unternehmer handelt (§ 14 I BGB; s.o.). Daher gelten die allgemeinen Regeln über das Zustandekommen von Verträgen. A und H müssen sich lediglich darüber geeinigt haben, dass die Klausel Vertragsbestandteil werden sollte. Indem A die Vertragsurkunde unterschrieb, brachte er auch sein Einverständnis mit der Klausel zum Ausdruck, die damit Bestandteil des Kaufvertrages wurde.

cc) Die Inhaltskontrolle gem. § 309 BGB ist jedoch nach § 310 I 1 BGB ebenfalls ausgeschlossen (vgl. o.).

Außerdem handelt es sich bei dem Fahrzeug nicht um eine neu hergestellte Sache.

Die Klausel ist deshalb nicht gem. § 309 Nr. 8b aa) Alt. 1 BGB unwirksam.

d) Schließlich könnte der Ausschluss der Gewährleistung den A unangemessen benachteiligen (§ 307 I BGB) und daher zu einer Unwirksamkeit der Klausel führen. Grds. stellt ein Haftungsausschluss beim Kauf gebrauchter Sachen aber keine unangemessene Benachteiligung des Käufers dar. Dies folgt schon daraus, dass § 309 Nr. 8b BGB nur den Kauf neu hergestellter Sachen regelt. Für gebrauchte Sachen gilt offenbar ein anderer Maßstab.

Hier soll es nach der Wertung des BGB möglich sein, dem Käufer durch AGB das Mängelrisiko aufzuerlegen.

Aber: ein in AGB pauschal verfasster Haftungsausschluss erfasst auch den Ersatz von Mangelfolgeschäden. Gerade diesbezüglich verbietet aber § 309 Nr. 7 BGB einen Ausschluss im dort beschriebenen Umfang. Zwar gilt wegen § 310 I BGB auch § 309 Nr. 7 nicht im unternehmerischen Verkehr. Jedoch wirkt ein Verstoß indiziell bei einer Überprüfung gem. § 307 BGB, vgl. § 310 I S. 2 BGB. Zwar ist bei der Beurteilung, ob eine unangemessene Benachteiligung vorliegt, auf die im Handelsverkehr geltenden Gewohnheiten und Gebräuche angemessen Rücksicht zu nehmen.

Indes ist bezogen auf Mangelfolgeschäden nicht ersichtlich, warum bei Unternehmern hier ein geringerer Schutzstandard gelten sollte (BGH Life&Law 2007, 147 ff.). Damit ist der Haftungsausschluss komplett unwirksam (Verbot der geltungserhaltenden Reduktion).

4. Ergebnis

Die Rechte des A aus § 437 BGB wurden nicht wirksam ausgeschlossen. Er kann vom Vertrag zurücktreten.

IV. Zusammenfassung

Sound:
1. Lässt sich ein Unternehmer als Käufer auf einen Haftungsausschluss ein, gelten weder die §§ 474 ff. BGB noch §§ 308 f. BGB.

2. Grds. stellt ein Haftungsausschluss beim Kauf gebrauchter Sachen keine unangemessene Benachteiligung des Käufers i.S.d. § 307 I BGB dar. Allerdings ist auch bei einer Überprüfung anhand des § 307 I BGB zu berücksichtigen, ob ein Klauseltatbestand der §§ 308, 309 BGB verwirklicht wurde, vgl. § 310 I S. 2 BGB. Dies gilt im Mängelrecht insbesondere für § 309 Nr. 7 BGB.

hemmer-Methode: Die andere Möglichkeit, dem Käufer eines Gebrauchtwagens die Gewährleistungsrechte trotz eines Haftungsausschlusses zu erhalten, ist die extensive Handhabung der Garantie (§ 444 BGB). So ist nach der Rechtsprechung des BGH bei hinreichend konkreten Beschaffenheitsangaben grds. eine Zusicherung zu bejahen. Allerdings ist zu beachten, dass sich diese Rechtsprechung vor der Schuldrechtsreform entwickelt hat und insbesondere auf den Verbraucherschutz abzielte. Mittlerweile ist aber der Verbraucher i.R.d. Verbrauchsgüterkaufs bereits über § 475 I BGB geschützt. Es bleibt daher abzuwarten, ob die Gerichte an ihrer bisherigen Rechtsprechung festhalten.
Wenn Sie in der Klausur die Wirksamkeit eines Haftungsausschlusses zu überprüfen haben, müssen Sie zunächst stets drei Fragen beantworten.
1) Wer sind die Vertragspartner (Unternehmer/Verbraucher)?
2) Handelt es sich um eine neue oder gebrauchte Sache?
3) Erfolgt der Ausschluss durch AGB oder individualvertraglich?
Die Beantwortung ist wichtig für die Frage, anhand welcher Vorschriften die Wirksamkeit überprüft werden muss, vgl. Sie dazu Life&Law 2005, 663 ff.
Wenn ein Haftungsausschluss nach den obigen Kriterien wirksam ist, aber gleichzeitig eine Vereinbarung über eine bestimmte Beschaffenheit getroffen wurde, ist davon auszugehen, dass sich der Haftungsausschluss nicht auf die vereinbarte Beschaffenheit bezieht, BGH Life&Law 2007, 225 ff.
Zu Punkt 1) ist noch die Konstellation von Interesse, bei der ein Unternehmer ein branchenfremdes Geschäft tätigt. Hier ist fraglich, ob er sich auch in diesem Fall als Unternehmer behandeln lassen muss. Veräußert er an eine Privatperson, läge dann ein Verbrauchsgüterkauf vor, bei welchem wegen § 475 I BGB ein Haftungsausschluss nicht möglich wäre. Der BGH geht im Zweifel vom Vorliegen eines unternehmerischen Geschäfts aus. Dies stützt die Vermutung des § 344 I HGB. Solange diese nicht widerlegt ist, liegt ein unternehmerisches Geschäft vor („in Ausübung der unternehmerischen Tätigkeit", vgl. § 14 BGB). Lesen Sie dazu die sehr prüfungsrelevante Entscheidung des BGH in Life & Law 2011, 695 ff.

V. Zur Vertiefung

- Hemmer/Wüst, SchuldR II, Rn. 368 ff., 277.
- Hemmer/Wüst, SchuldR BT I, Karteikarte 55.
- BGH, Life & Law 2011, 695 ff.

Fall 29: Der Ausschluss gem. § 442 BGB

Sachverhalt:

Witwe W benötigt mal wieder etwas Bargeld. Darum beschließt sie, ihre hochwertige diamantenbesetzte Halskette zu „versilbern". Zu diesem Zweck begibt sie sich zum Schmuckhändler S. Dieser ist von der Kette sehr angetan und einigt sich mit W über den Kauf zum Preis von 7.500 €. Einige Wochen später betrachtet S die Kette erneut. Er muss feststellen, dass einige der Diamanten nicht sauber geschliffen sind. Mit bloßem Auge sind die Unreinheiten kaum zu erkennen. Bei einer genaueren Betrachtung mit einer Lupe sind sie aber deutlich sichtbar. Der Wert der Kette ist dadurch erheblich gemindert. Eine Nachbesserung ist nicht durchführbar. S möchte sich vom Vertrag lösen.

Besteht ein Rücktrittsrecht des S?

I. Einordnung

§ 442 BGB ist ein bedeutsamer **gesetzlicher Gewährleistungsausschluss**. Die Norm gilt gleichermaßen für Sach- und Rechtsmängel. Hat der Käufer positive Kenntnis vom Mangel, so ist die Mängelhaftung gem. § 442 I 1 BGB ausgeschlossen. Bei grob fahrlässiger Unkenntnis des Käufers kann er Mängelrechte nur geltend machen, wenn der Verkäufer den Mangel arglistig verschwiegen oder eine Garantie für die Beschaffenheit der Sache übernommen hat (§ 442 I 2 BGB). § 442 II BGB trifft eine Sonderregelung für im Grundbuch eingetragene Rechte. Darunter soll auch die Vormerkung fallen. Der vorliegende Fall beschäftigt sich mit dem Problemkreis der grob fahrlässigen Unkenntnis.

II. Gliederung

Rücktrittsrecht des S gem. §§ 437 Nr. 2 Alt. 1, 326 V, 323 BGB
1. **Kaufvertrag** (§ 433 BGB) (+)
2. **Sachmangel** (§ 434 I 2 Nr. 2 BGB) (+)
3. **Kein Ausschluss** der Rechte aus § 437 BGB?
   Gesetzlicher Ausschluss, § 442 BGB?
   a) § 442 I 1 BGB (-); keine positive Kenntnis bei Vertragsschluss.
   b) § 442 I 2 BGB?
   aa) **Grob fahrlässige Unkenntnis?**
   Mangel mit bloßem Auge kaum erkennbar; Untersuchung nötig; grds. trifft Käufer keine Untersuchungsobliegenheit; Ausnahme aber dann, wenn Untersuchung Verkehrssitte entspricht oder wenn der Verkäufer eine besondere, dem Käufer überlegene Sachkunde besitzt. Hier: Bei Kostbarkeiten genauere Untersuchung angebracht (Verkehrssitte); außerdem sachkundiger Käufer und unkundiger Verkäufer; daher hätte S Kette untersuchen müssen; dies tat er wohl nicht; grob fahrlässige Unkenntnis (+).
   bb) **Keine Arglist oder Garantie der W** (+)
4. **Ergebnis**
   Die Rechte des S sind gem. § 442 I 2 BGB ausgeschlossen; er kann nicht zurücktreten.

III. Lösung

Rücktrittsrecht des S gem. §§ 437 Nr. 2 Alt. 1, 326 V, 323 BGB

Möglicherweise kann S gem. §§ 437 Nr. 2 Alt. 1, 326 V, 323 BGB vom Vertrag zurücktreten.

1. W und S schlossen einen wirksamen Kaufvertrag über die Halskette (§ 433 BGB).
2. Weiterhin müsste die Kette mangelhaft sein. In Betracht kommt ein Sachmangel bei Gefahrübergang wegen des unsauberen Schliffs einiger Steine (§ 434 BGB).

Ein Sachmangel ist gegeben, wenn die Ist-Beschaffenheit von der Soll-Beschaffenheit negativ abweicht. Die Soll-Beschaffenheit wurde durch W und S weder vertraglich vereinbart (§ 434 I 1 BGB), noch wurde eine bestimmte Verwendung vertraglich vorausgesetzt (§ 434 I 2 Nr. 1 BGB). Allerdings weist die Kette wegen des Fehlschliffs nicht die Beschaffenheit auf, die bei vergleichbaren hochwertigen Ketten üblich ist (§ 434 I 2 Nr. 2 BGB). Die unsaubere Verarbeitung stellt einen Sachmangel dar. Dieser war auch bereits bei Übergabe und damit bei Gefahrübergang, § 446 S. 1 BGB, vorhanden.

3. Außerdem dürften die Rechte aus § 437 BGB nicht ausgeschlossen sein. Hier könnte der gesetzliche Ausschluss des § 442 BGB greifen.

a) S hatte bei Vertragsschluss keine positive Kenntnis von der Mangelhaftigkeit der Kette. Somit ist § 442 I 1 BGB nicht einschlägig.

Anmerkung: Hat der Käufer bei Abschluss eines formnichtigen, erst durch Grundbucheintragung wirksam gewordenen Kaufvertrages keine Kenntnis von dem Sachmangel, ist § 442 BGB nicht anwendbar, auch wenn er den Sachmangel im Zeitpunkt der Eintragung kennt, vgl. BGH, Life & Law 2011, 758 ff.

b) Allerdings kommt ein Gewährleistungsausschluss nach § 442 I 2 BGB in Frage.

aa) Dann müsste der Mangel dem S zunächst infolge grober Fahrlässigkeit verborgen geblieben sein. Grobe Fahrlässigkeit ist die besonders schwere Vernachlässigung der im konkreten Fall erforderlichen Sorgfalt. Ein solcher Sorgfaltspflichtverstoß ist insbesondere dann anzunehmen, wenn ein besonders offensichtlicher Mangel vorliegt, den der Käufer bei einer Besichtigung ohne weiteres hätte erkennen müssen. Die Kette war jedoch nicht offensichtlich mangelhaft, weil der Fehlschliff mit bloßem Auge praktisch nicht erkennbar war.

Fraglich ist somit, ob den S eine Untersuchungsobliegenheit traf. Grundsätzlich ist eine Untersuchungsobliegenheit des Käufers abzulehnen. Dies ist nur in Ausnahmefällen anders zu beurteilen. So ist anerkannt, dass der Käufer die Sache dann zu untersuchen hat, wenn nach der Verkehrssitte eine eingehende Untersuchung üblich ist. Das ist bei Kunstwerken, Antiquitäten und Kostbarkeiten anzunehmen. Die diamantbesetzte Halskette ist eine solche Kostbarkeit. Die Verkehrssitte hätte demnach eine Untersuchung der Kette verlangt.

Außerdem obliegt dem Käufer die Untersuchung der Sache, wenn er im Gegensatz zum Verkäufer besonders sachkundig ist. S besitzt als Schmuckhändler besondere Sachkunde, während dies bei der Witwe wohl zu verneinen sein dürfte. Somit traf den S eine Untersuchungsobliegenheit.

Dieser kam er offenbar nicht nach. Er nahm die Kette anscheinend nur oberflächlich in Augenschein, anstatt sie sorgfältig mit einer Lupe zu begutachten. Dies stellt eine besonders grobe Verletzung seiner Untersuchungsobliegenheit dar. Grob fahrlässige Unkenntnis ist daher gegeben.

bb) Weitere Voraussetzung nach § 442 I 2 BGB ist, dass der Verkäufer den Mangel arglistig verschwiegen oder eine Garantie für die Beschaffenheit der Sache übernommen hat. Dem Sachverhalt ist jedoch nicht zu entnehmen, dass der Mangel der W überhaupt bekannt war. Daher kommt ein arglistiges Verschweigen durch W von vornerein nicht in Betracht. W übernahm auch keine Beschaffenheitsgarantie. Folglich sind die Rechte des S aus § 437 BGB ausgeschlossen (§ 442 I 2 BGB).

4. Ergebnis

S steht kein Rücktrittsrecht zu.

IV. Zusammenfassung

Sound: Grob fahrlässige Unkenntnis i.S.d. § 442 I 2 BGB ist grds. dann gegeben, wenn ein besonders offensichtlicher Mangel besteht, den der Käufer bei einer bloßen Besichtigung ohne weiteres hätte erkennen müssen. Eine Obliegenheit zur genaueren Untersuchung ist i.d.R. nur dann anzunehmen, wenn der Käufer eine besondere überlegene Fachkunde besitzt oder wenn nach der Verkehrssitte eine Untersuchung erwartet werden kann (Kunst, Antiquitäten, Kostbarkeiten etc). Verletzt der Käufer diese Untersuchungsobliegenheit gröblich, so ist grobe Fahrlässigkeit zu bejahen.

hemmer-Methode: Bei Schadensersatzansprüchen (§ 437 Nr. 3 Alt. 1 BGB) ist das Verhältnis zwischen § 442 BGB und § 254 BGB von Bedeutung. Liegen die Voraussetzungen des § 442 BGB nicht vor (z.B. weil dem Käufer nur leichte fahrlässige Unkenntnis vorgeworfen werden kann), so darf der Anspruch des Käufers auch nicht über § 254 BGB gekürzt werden. Ansonsten würde die Wertung des § 442 BGB umgangen. § 442 BGB stellt insoweit eine abschließende Regelung dar (vgl. Palandt, § 442, Rn. 5).

V. Zur Vertiefung

- Hemmer/Wüst, SchuldR II, Rn. 354 ff.
- Hemmer/Wüst, SchuldR BT I, Karteikarte 57.

Fall 30: Die Rügeobliegenheit des § 377 HGB

Sachverhalt:

Privatmann P kauft beim Weinhändler W 50 Flaschen eines besonders guten badischen trockenen Dornfelders, den er auf der Hochzeit seiner Tochter ausschenken will. Da W die 50 Flaschen nicht auf Lager hat, bestellt er diese beim Großhändler G. Es wird vereinbart, dass G den Wein direkt an P liefern soll. Als P die Kisten drei Wochen nach Ablieferung öffnet, stellt er fest, dass statt des Dornfelders ein minderwertiger Trollinger-Lemberger geliefert wurde. P informiert daraufhin W. Dieser wendet sich sofort an G und verlangt Lieferung des geschuldeten Weins.

Hat W einen Anspruch gegen G auf Lieferung der 50 Flaschen Dornfelder?

I. Einordnung

In zeitlicher Hinsicht ist die Geltendmachung der Rechte aus den §§ 434 ff. BGB grundsätzlich nur durch § 438 BGB (Verjährung) begrenzt. Der Käufer kann sich im Regelfall zwei Jahre ab Ablieferung (§ 438 I Nr. 3, II BGB) Zeit lassen. Für den **beiderseitigen Handelskauf** trifft hingegen **§ 377 HGB** (Rügeobliegenheit) eine Sonderregelung. Die Norm trägt den Grundsätzen der Einfachheit, Schnelligkeit und Sicherheit des Handelsverkehrs Rechnung. Der Verkäufer soll schnellstmöglich erfahren, ob er wegen eines eventuellen Mangels in Anspruch genommen wird oder nicht.

Es ist zu beachten, dass es sich bei § 377 HGB um eine **Obliegenheit** und nicht etwa um eine Pflicht des Käufers handelt. Der Verkäufer hat keinen Anspruch auf Untersuchung der Ware oder auf die Rüge des Mangels. Unterlässt der Käufer die Mängelrüge, so macht er sich nicht schadensersatzpflichtig. Allerdings verliert er seine Gewährleistungsrechte (§ 377 II HGB).

Die Vornahme der Untersuchung bzw. der Rüge liegt also im Interesse des Käufers. Über § 377 HGB kann nahezu jeder Gewährleistungsfall gestreckt werden.

Ein Problem mehr – von daher ergibt sich die Klausurrelevanz von selbst.

II. Gliederung

Anspruch des W gegen G auf Lieferung der 50 Flaschen Dornfelder aus §§ 437 Nr. 1, 439 BGB

1. Kaufvertrag zwischen W und G über die 50 Flaschen Dornfelder (§ 433 BGB) (+); Lieferung sollte an P erfolgen (Streckengeschäft).

2. Mangel?
   Fraglich, ob Lieferung des Trollinger-Lemberger Schlechtleistung oder Falschlieferung; jedoch Gleichstellung von Aliud und Peius beim Gattungskauf über § 434 III BGB; somit Sachmangel (+).

3. **Ausschluss der Gewährleistungsrechte** aus § 437 BGB?
   (+), wenn Verletzung der Rügeobliegenheit (§ 377 HGB).

   a) Beiderseitiges Handelsgeschäft (§§ 377 I, 343 f. HGB)?

aa) G ist Kaufmann (§ 1 HGB), da sein Weingroßhandel eindeutig Handelsgewerbe (§ 1 II HGB) ist. Verkauf von Wein gehört zum Betrieb seines Handelsgewerbes (§ 343 I HGB); auf Vermutung des § 344 I HGB kommt es nicht an.

bb) W ist ebenfalls Kaufmann (§ 1 HGB); keine Anhaltspunkte für Vorliegen eines Kleinbetriebs (§ 1 II a.E. HGB). Ankauf von Wein ist zum Betrieb seines Handelsgewerbes (Weinhandlung) gehörig.

cc) Beiderseitiges Handelsgeschäft (+).

b) Untersuchung bzw. Rüge durch W (§ 377 I HGB) zunächst (-); Anzeige drei Wochen nach Ablieferung nicht mehr unverzüglich (§ 121 I BGB), zumal keine Untersuchung vorgenommen wurde; Mangel wäre auch erkennbar gewesen (§ 377 II HGB).

c) (P) § 377 HGB beim **Streckengeschäft** überhaupt anzuwenden?

W hatte die Ware nie und war zur Untersuchung tatsächlich nicht in der Lage.
Evtl. Rüge hier nach ordnungsgemäßem Geschäftsgang nicht tunlich (§ 377 I HGB), da Vereinbarung der Lieferung direkt an P.

h.M.: Abrede ändert Obliegenheit nicht; nur inhaltliche Modifikation; Käufer muss Kunden anweisen, Ware unverzüglich zu untersuchen und zu rügen; danach unverzügliche Rüge ggü. Verkäufer.
(P) Wenn Endkunde Verbraucher ist, gem. § 474 ff. BGB keine vertraglich vereinbarte Rügeobliegenheit möglich.
Hier: P Verbraucher (§ 13 BGB) und W Unternehmer (§ 14 I BGB).
⇨ Rügeobliegenheit des P ggü. W kann nicht vereinbart werden (§§ 474, 475 I BGB).

Wer trägt dieses Risiko?
⇨ e.A. Keine Rügeobliegenheit des W ggü. G.
⇨ § 377 HGB greift nicht.
⇨ keine Präklusion der Mängelrechte
⇨ a.A: Risiko trägt der Zwischenhändler; Arg.: § 377 HGB ist dispositiv, möchte er dessen Geltung nicht, muss er auf Abbedingung drängen

4. Daher: W kann Nachlieferung der 50 Flaschen Dornfelder verlangen (§§ 437 Nr. 1, 439 BGB). G kann den Anspruch aus §§ 439 IV, 346 ff. BGB entgegenhalten (§ 348 BGB) (a.A. vertretbar).

III. Lösung

Anspruch des W gegen G auf Lieferung der 50 Flaschen Dornfelder aus §§ 437 Nr. 1, 439 BGB

W könnte gegenüber G einen Anspruch auf Lieferung der 50 Flaschen Dornfelder aus §§ 437 Nr. 1, 439 BGB haben.

1. W und G schlossen einen Kaufvertrag über die 50 Flaschen Dornfelder (§ 433 BGB). Es wurde vereinbart, dass der Wein direkt an P geliefert werden soll (Streckengeschäft).

2. Weiterhin setzt § 437 BGB voraus, dass eine mangelhafte Leistung erbracht wurde, § 434 BGB. Statt der geschuldeten 50 Flaschen Dornfelder lieferte G 50 Flaschen Trollinger-Lemberger an P. Nach alter Rechtslage stellte sich hier die Frage, ob eine mangelhafte (Peius) oder eine andere Sache als die vertraglich geschuldete (Aliud) geliefert wurde. Nach neuer Rechtslage hingegen stellt § 434 III BGB beim Gattungskauf die Aliudlieferung dem Sachmangel gleich. Dadurch werden Abgrenzungsprobleme vermieden.

Es bedarf daher wegen § 434 III BGB keiner Entscheidung, ob ein Aliud oder ein Sachmangel gegeben ist. Jedenfalls ist das Gewährleistungsrecht anwendbar.

3. Die Rechte aus § 437 BGB dürften aber nicht ausgeschlossen sein. Als Ausschlussgrund kommt die Genehmigungsfiktion des § 377 II HGB in Betracht. Besteht die Rügeobliegenheit des Käufers nach § 377 I HGB und wird diese verletzt, so haftet der Verkäufer nicht nach den §§ 434 ff. BGB.

a) § 377 HGB setzt zunächst einen beiderseitigen Handelskauf voraus (§§ 377 I, 343 f. HGB). Bei dem Vertrag zwischen G und W handelt es sich um einen Kaufvertrag (s.o.).

aa) Zudem müsste der Kauf für den Verkäufer G ein Handelsgeschäft gewesen sein. Handelsgeschäfte sind die Geschäfte eines Kaufmanns, die zum Betrieb seines Handelsgewerbes gehören (§ 343 I HGB). G betreibt als Weingroßhändler ein Handelsgewerbe und ist somit Kaufmann (§ 1 HGB). Der Verkauf von Wein gehört auch unproblematisch zum Betrieb seines Handelsgewerbes, ohne dass es auf die Vermutung des § 344 I HGB ankäme.

bb) Weiterhin müsste auch auf der Seite des Käufers (W) ein Handelsgeschäft vorliegen. Auch W ist als Betreiber einer Weinhandlung Kaufmann (§ 1 HGB). Es bestehen keine Anhaltspunkte dafür, dass es sich bei dem Betrieb um einen Kleinbetrieb handelt (§ 1 II HGB). Der Ankauf von Wein gehört unzweifelhaft zum Betrieb der Weinhandlung (§ 343 I HGB).

cc) Folglich ist die Voraussetzung des beiderseitigen Handelskaufes erfüllt.

b) § 377 I HGB verlangt die unverzügliche Untersuchung der Ware und, falls sich ein Mangel zeigt, die unverzügliche Rüge des Mangels gegenüber dem Verkäufer.

W untersuchte die Ware nicht. Die Rüge erfolgte erst drei Wochen nach Lieferung an P. Dies ist nicht unverzüglich (ohne schuldhaftes Zögern, § 121 I BGB), zumal eine Untersuchung nicht erfolgte. Der Mangel wäre bei der Untersuchung auch erkennbar gewesen (§ 377 II HGB).

c) Problematisch ist hier allerdings, dass W zu einer Untersuchung der Ware tatsächlich nie in der Lage war, da diese direkt an P geliefert wurde. Somit ist fraglich, ob § 377 HGB in diesem Fall überhaupt greift. Wegen der Vereinbarung der Lieferung an P (Streckengeschäft) könnte die Untersuchung nach dem ordnungsgemäßen Geschäftsgange nicht tunlich sein (§ 377 I HGB).

Nach der h.M. bleibt die Rügeobliegenheit allerdings trotz der Vereinbarung eines Streckengeschäfts grds. bestehen. Sie wird lediglich inhaltlich modifiziert. Der Käufer muss den Endabnehmer dazu anhalten, seinerseits die Ware unverzüglich zu untersuchen und eventuelle Mängel zu rügen. Daraufhin hat der Käufer die Anzeige unverzüglich gegenüber seinem Verkäufer vorzunehmen.

Dies kann allerdings nur dann gelten, wenn der Käufer die Rügeobliegenheit wirksam auf den Endabnehmer abwälzen kann. Ist der Letztkäufer Kaufmann, so greift grds. auch im Verhältnis zwischen ihm und dem Käufer § 377 HGB. Ist er jedoch kein Kaufmann, so können sich bei der Vereinbarung einer Rügeobliegenheit durch AGB (§§ 309 Nr. 8b ee) oder 307 BGB) Schwierigkeiten ergeben. Ist der Endabnehmer Verbraucher, so ist eine entsprechende Absprache wegen §§ 474, 475 I BGB gänzlich undenkbar.

Zumindest dann ist § 377 HGB im Verhältnis zwischen Verkäufer und Käufer nicht anzuwenden, da der Käufer sonst allein das Mängelrisiko tragen würde.

Er wäre Ansprüchen des Endabnehmers ausgesetzt und könnte keinen Regress beim Verkäufer nehmen.

Nach e.A. wäre dies nicht interessengerecht. Im vorliegenden Fall ist P, der als Privatmann auftritt, Verbraucher (§ 13 BGB). W dagegen ist Unternehmer (§ 14 I BGB). Auf die Abrede einer Rügeobliegenheit könnte sich W somit wegen §§ 474, 475 I BGB nicht berufen. Die Anwendung des § 377 HGB zwischen G und W wäre daher unbillig. § 377 HGB greift also nicht. Die Gewährleistungsansprüche des W gegen G sind nicht ausgeschlossen.

Nach a.A. trägt das Risiko gleichwohl der W. Das wird damit begründet, dass § 377 HGB dispositiv ist, so dass W auf eine Abbedingung drängen kann. Lässt sich der Verkäufer darauf nicht ein, muss dem W das Risiko bewusst sein, wenn er die – für ihn vorteilhafte (!!!) – Durchlieferung an den Endabnehmer wählt. Dies kann nicht zu Lasten des Verkäufers gehen.

4. Der ersten Ansicht folgende kann W von G Nachlieferung der 50 Flaschen Dornfelder verlangen (§§ 437 Nr. 1, 439 BGB). G kann aber den Anspruch aus §§ 439 IV, 346 ff. BGB entgegenhalten (Zug um Zug, § 348 BGB).(a.A. vertretbar)

IV. Zusammenfassung

Sound: Beim Streckengeschäft wird § 377 HGB inhaltlich modifiziert. Der Käufer muss den Endabnehmer anweisen, seinerseits die Ware unverzüglich zu untersuchen und Mängel zu rügen. Sodann hat der Käufer unverzüglich seinen Lieferanten zu informieren. Trifft den Letztkäufer aber keine Rügeobliegenheit und kann eine solche auch nicht vertraglich vereinbart werden (z.B. wegen §§ 474 ff. BGB), so ist § 377 HGB auch im Verhältnis zwischen Lieferant und Käufer nicht anzuwenden, sofern nicht der Endabnehmer von sich aus den Mangel unverzüglich dem Käufer anzeigt. Ansonsten wäre der Käufer mit dem gesamten Mängelrisiko belastet, ohne etwas dagegen unternehmen zu können. (a.A. vertretbar, er könnte § 377 HGB abbedingen).

hemmer-Methode: Problematisch ist auch die Reichweite des Haftungsausschlusses durch § 377 HGB. Die Genehmigungsfiktion bewirkt den Ausschluss sämtlicher Mängelrechte. Deliktische Ansprüche werden aber nach der Rechtsprechung des BGH nicht erfasst. Denn sie beruhen nicht auf der Mangelhaftigkeit der Ware, sondern auf einer unerlaubten Handlung des Schädigers. Vertrags- und Deliktsrecht sind zu unterscheiden. Allerdings kann ein Mitverschulden des Käufers in Betracht kommen (§ 254 BGB).
Bitte beachten Sie: § 377 HGB gilt auch dann, wenn der Verkäufer nach Verlangen des Käufers nachliefert. Auch die nachgelieferte Sache muss wiederum untersucht und ein Mangel ggfs. gerügt werden! (Life&Law 2005, 726 ff.)

V. Zur Vertiefung

- Hemmer/Wüst, SchuldR II, Rn. 371 ff.
- Hemmer/Wüst, SchuldR BT I, Karteikarten 59, 72.

Kapitel VI: Konkurrenzen im Kaufrecht

Fall 31: Abgrenzung § 437 BGB zu § 119 II BGB

Sachverhalt:

Rechtsreferendar R verkauft Student S sein altes Notebook für 400 €. Dem sollten nach Vereinbarung keine Gewährleistungsrechte zustehen. Kurz nach der Übergabe des Gerätes bemerkt S, dass das DVD-Laufwerk nicht funktioniert. Der Defekt war bereits seit längerer Zeit vorhanden. R hatte dies aber nicht bemerkt, da er das Laufwerk kaum nutzte. S verlangt von R die Reparatur des Computers. R beruft sich auf den Gewährleistungsausschluss. S fragt sich, ob er nicht doch einen Anspruch auf Reparatur hat. Ansonsten will er den Vertrag aufheben und sein Geld zurück.

Wie ist die Rechtslage?

I. Einordnung

Das Verhältnis des Gewährleistungsrechts zu anderen Vorschriften ist von besonderer Klausurrelevanz. In diesem Bereich ist Systemverständnis essentiell. Grundsätzlich ist danach zu fragen, ob eine Anwendung des allgemeinen Rechts die **Wertungen der §§ 434 ff. BGB aushebeln** würde. Die Anfechtung nach § 119 I BGB löst zunächst keinen Konflikt mit den Gewährleistungsvorschriften aus. Fallen Wille und Erklärung auseinander, so steht dies in keinem Zusammenhang mit der Mangelhaftigkeit des Kaufgegenstandes. Allerdings führt eine wirksame Anfechtung dazu, dass der Vertrag ex tunc nichtig ist (§ 142 I BGB). Ficht der Käufer an, so stehen ihm mangels Vertrages keine Gewährleistungsrechte zu. Er muss sich also gut überlegen, welches Vorgehen für ihn am günstigsten ist.

Komplizierter ist hingegen die Anfechtung nach § 119 II BGB.

Probleme ergeben sich dann nicht, wenn ein Irrtum über eine verkehrswesentliche Eigenschaft gegeben ist, die nichts mit dem Mangel des Kaufgegenstandes zu tun hat. In diesem Fall hat der Käufer die Wahl, ob er anficht oder nach den §§ 434 ff. BGB vorgeht. Konkurrenzprobleme entstehen aber, wenn der Käufer nach § 119 II BGB anfechten will, weil er sich über das Nichtvorhandensein eines Mangels i.S.d. § 434 BGB geirrt hat.

II. Gliederung

> **A. Anspruch des S gegen R auf Reparatur des Notebooks aus §§ 437 Nr. 1, 439 BGB**
>
> 1. Kaufvertrag (§ 433 BGB) (+)
> 2. Sachmangel (§ 434 I 2 Nr. 2 BGB) (+)
> 3. Ausschluss der Rechte aus § 437 BGB?
>
> Haftungsausschluss gem. § 444 BGB vereinbart; Vereinbarung auch wirksam, da weder AGB noch Arglist oder Garantie (§ 444 BGB) noch Verbrauchsgüterkauf (§§ 474 ff. BGB).

Daher: Keine Rechte des S aus § 437 BGB.

B. Anspruch des S gegen R aus § 812 I 1 Alt. 1 BGB auf Rückzahlung des Kaufpreises

1. Etwas erlangt (+); Eigentum und Besitz am Geld.
2. Durch Leistung des S (+)
3. Ohne Rechtsgrund?

Rechtsgrund ist Kaufvertrag; fraglich, ob dieser anfechtbar ist, da er im Falle einer Anfechtung ex tunc nichtig wäre (§ 142 I BGB). Voraussetzung ist ein Anfechtungsgrund; evtl. § 119 II BGB (Irrtum über Funktionsfähigkeit des DVD-Laufwerks)?
(-), da sonst Umgehung der §§ 434 ff. BGB: Vorrang der Nacherfüllung, Verjährungsvorschrift § 438 BGB, § 442 I 2 BGB sowie Vereinbarung des Haftungsausschlusses.

C. Ergebnis
S hat keine Ansprüche gegen R.

Der Mangel lag auch bereits bei Übergabe und damit bei Gefahrübergang, § 446 S. 1 BGB, vor.

3. Fraglich ist, ob die Rechte des S aus § 437 BGB dadurch ausgeschlossen sind, dass S und R einen Gewährleistungsausschluss vereinbarten. Möglicherweise ist diese Vereinbarung jedoch unwirksam.

Mangels Vorliegens eines Verbrauchsgüterkaufs, §§ 474 ff. BGB, ergibt sich keine Unwirksamkeit gem. § 475 I BGB. § 444 Alt. 1 BGB steht dem Haftungsausschluss ebenfalls nicht entgegen, da R keine Kenntnis von dem Defekt hatte und somit nicht arglistig handelte. Schließlich ergeben sich für das Vorliegen von AGB (§§ 305 ff. BGB) keine Anhaltspunkte. Außerdem würde § 309 Nr. 8 b BGB nur bei neu hergestellten Sachen eingreifen. Die Rechte des S aus § 437 BGB wurden daher wirksam vertraglich ausgeschlossen. S hat somit keinen Anspruch auf Nachbesserung aus §§ 437 Nr. 1, 439 BGB.

B. Anspruch des S gegen R aus § 812 I 1 Alt. 1 BGB auf Rückzahlung des Kaufpreises

Zu untersuchen ist weiterhin, ob S gegen R einen Anspruch aus § 812 I 1 Alt. 1 BGB auf Rückzahlung des Kaufpreises hat.

1. Voraussetzung ist, dass R etwas erlangt hat. R erlangte Eigentum und Besitz am Geld.

2. Weiterhin müsste dies durch Leistung des S geschehen sein. Eine Leistung ist die bewusste und zweckgerichtete Mehrung fremden Vermögens. S zahlte das Geld an R, um seine Verbindlichkeit aus dem Kaufvertrag zu erfüllen. Eine Leistung liegt somit vor.

III. Lösung

A. Anspruch des S gegen R auf Reparatur des Notebooks aus §§ 437 Nr. 1, 439 BGB

S könnte einen Anspruch gegenüber R auf Reparatur des Notebooks aus §§ 437 Nr. 1, 439 BGB haben.
1. Zwischen S und R kam ein wirksamer Kaufvertrag über das Notebook zu Stande (§ 433 BGB).
2. Das Gerät eignet sich aufgrund des Defekts des DVD-Laufwerks nur sehr eingeschränkt für die gewöhnliche Verwendung (§ 434 I 2 Nr. 2 BGB). Deshalb ist das Gerät mit einem Sachmangel behaftet.

3. Außerdem dürfte kein Rechtsgrund bestehen. Rechtsgrund ist der Kaufpreisanspruch des R (§ 433 II BGB). Fraglich ist, ob S eine Möglichkeit hat, diesen zu beseitigen. In Betracht kommt eine Anfechtung des Kaufvertrages. Wird diese wirksam erklärt, so ist der Vertrag ex tunc nichtig (§ 142 I BGB).

Eine Anfechtung setzt zunächst einen Anfechtungsgrund voraus. In Betracht kommt § 119 II BGB. S könnte geltend machen, sich über die Funktionsfähigkeit des DVD-Laufwerks geirrt zu haben. Die Anfechtung nach § 119 II BGB auf Grund des Irrtums über die Mangelfreiheit des Kaufgegenstandes könnte aber ausgeschlossen sein. Denn sonst könnte der Käufer praktisch immer statt der Geltendmachung der Rechte aus § 437 BGB den Vertrag wegen des Mangels anfechten. Dem könnten die Wertungen der §§ 434 ff. BGB entgegenstehen. So ist die Anfechtung gem. § 121 II BGB noch bis zu zehn Jahre ab Abgabe der Willenserklärung möglich, wenn der Anfechtungsberechtigte erst so spät Kenntnis erlangt hat. Die Mängelrechte verjähren dagegen grundsätzlich in zwei Jahren ab Ablieferung (§ 438 I Nr. 3, II BGB). Außerdem sind die §§ 437 ff. BGB nach § 442 I 2 BGB im Regelfall ausgeschlossen, wenn dem Käufer der Mangel infolge grober Fahrlässigkeit unbekannt geblieben ist. Dann wäre es nicht sachgerecht, wenn sich der Käufer durch Anfechtung nach § 119 II BGB vom Vertrag lösen könnte.

Darüber hinaus würde im vorliegenden Fall der wirksame vertraglich vereinbarte Haftungsausschluss umgangen. Die Anfechtung des Käufers gem. § 119 II BGB wegen des Irrtums über die Mangelfreiheit des Kaufgegenstandes würde also die §§ 434 ff. BGB aushebeln. Daher ist sie dem Käufer versagt.

Anmerkung: Allein streitig ist, ab wann diese verdrängende Wirkung eingreifen soll. Nach h.M. gilt der Vorrang des Mängelrechts ab Gefahrübergang, weil erst ab Gefahrübergang Mängelrechte geltend gemacht werden können. Nach a.A. gilt der Ausschluss bereits ab Vertragsschluss. Arg.: der Verkäufer soll die Möglichkeit haben, einen bei Vertragsschluss vorhandenen Mangel bis zur Übergabe beseitigen zu können (er haftet nur für Mängel bei Übergabe!). Könnte der Käufer vorher anfechten, würde dem Verkäufer diese Möglichkeit genommen. Wie auch immer Sie sich hier entscheiden: der Streit wird nur relevant, wenn es zur Übergabe noch nicht gekommen ist. Im vorliegenden Fall ist § 119 II BGB nach allen Ansichten verdrängt!

C. Ergebnis

S hat keine Ansprüche gegen R.

IV. Zusammenfassung

Sound: Der Käufer kann den Kaufvertrag nicht wegen eines Irrtums über die Mangelfreiheit des Kaufgegenstandes nach § 119 II BGB anfechten, da sonst die §§ 434 ff. BGB umgangen würden. Die Anfechtbarkeit wegen eines Irrtums über nicht mangelbezogene verkehrswesentliche Eigenschaften gem. § 119 II BGB bleibt unberührt.

hemmer-Methode: Will hingegen der Verkäufer den Kaufvertrag nach § 119 II BGB anfechten, so können keine Konkurrenzprobleme auftreten, da es sich bei den §§ 434 ff. BGB um Schutzbestimmungen zu Gunsten des Käufers und nicht um Rechte des Verkäufers handelt. Allerdings darf sich der Irrtum des Verkäufers nicht auf das Vorliegen eines Mangels beziehen, da er sonst dem Käufer die Rechte aus § 437 BGB durch Anfechtung entziehen könnte. Die Anfechtung gem. § 119 II BGB ist dann nach Treu und Glauben ausgeschlossen (§ 242 BGB).

V. Zur Vertiefung

- Hemmer/Wüst, SchuldR II, Rn. 395 ff.
- Hemmer/Wüst, SchuldR BT I, Karteikarten 60 f.

Fall 32: Abgrenzung § 437 BGB zur c.i.c. und zu § 123 BGB

Sachverhalt:

V ist Eigentümer eines Motorbootes, welches ihm von Anfang an stets Ärger bereitet hatte. Das Boot befand sich häufiger in Reparatur als im Wasser. Als schließlich der Rumpf auf Grund kleiner Risse undicht wird, beschließt V, das Boot zu verkaufen. Er findet bald einen Interessenten (K). Die Frage des K, ob das Boot in technisch einwandfreiem Zustand sei, bejaht V, da er befürchtet, K würde das Boot sonst nicht kaufen. Außerdem will er einen möglichst hohen Preis erzielen. Schließlich einigen sich die Parteien über den Verkauf des Bootes zu einem Preis von 7.500 €. Dieser Preis entspricht dem Wert des Bootes in mangelfreiem Zustand. Der tatsächliche Wert beläuft sich allerdings nur auf 3.000 €. Als K das Boot ins Wasser lässt, bemerkt er, dass der Rumpf leckt. V lehnt jegliche Art der Nacherfüllung ab. K möchte nun wissen, welche Rechte er geltend machen kann.

Rechte des K gegenüber V?

I. Einordnung

Auch im vorvertraglichen Bereich kann bereits ein Schuldverhältnis mit Pflichten nach § 241 II BGB entstehen (gesetzliches Schuldverhältnis; § 311 II BGB). Ein solches Schuldverhältnis wird insbesondere durch die Aufnahme von Vertragsverhandlungen begründet (§ 311 II Nr. 1 BGB). Verletzt eine Partei schuldhaft eine Pflicht aus dieser schuldrechtlichen Beziehung, so haftet sie gem. §§ 280 I, 311 II, 241 II BGB (c.i.c.) auf Schadensersatz. Diese Haftung kann in Konkurrenz zu der Haftung aus den §§ 434 ff. BGB treten. Das ist dann der Fall, wenn der Verkäufer vor Vertragsschluss durch Falschangaben oder durch Nichtaufklärung trotz bestehender Aufklärungspflicht schuldhaft einen Irrtum des Käufers über einen Mangel des Kaufgegenstandes hervorruft oder aufrechterhält. Sonstige, nicht mangelbezogene Pflichtverletzungen führen dagegen nicht zu Konkurrenzproblemen.

Im Zusammenhang mit der Erregung oder Erhaltung von Irrtümern wird auch § 123 I Alt. 1 BGB relevant. Das Verhältnis der Rechte zueinander wird näher zu untersuchen sein.

II. Gliederung

A. Gewährleistungsrechte des K gegen V (§§ 434 ff. BGB)

1. **Kaufvertrag** (§ 433 BGB) (+)
2. **Sachmangel** (§ 434 I 1 BGB) (+); Beschaffenheit des technisch einwandfreien Zustands nach objektivem Empfängerhorizont vereinbart.
3. **Rechte aus § 437 BGB** unter den jeweiligen speziellen Voraussetzungen (+).

   ⇨ Alternativ **Nacherfüllung** (§§ 437 Nr. 1, 439 BGB),
   ⇨ **Rücktritt** (§§ 437 Nr. 2 Alt. 1, 323 I, II Nr. 1, V 2 BGB),
   ⇨ **Minderung** (§§ 437 Nr. 2 Alt. 2, 441 BGB) oder

⇨ **Schadensersatz** (Mangelschaden, §§ 437 Nr. 3 Alt. 1, 280, 281 I, II Alt. 1 BGB; wahlweise klein oder groß gem.
§ 281 I 3, V BGB).
Anspruch auf Schadensersatz steht neben Rücktrittsrecht (§ 325 BGB).

B. Anspruch aus §§ 311 II, 241 II, 280 I, 249 I BGB auf Vertragsaufhebung

1. Anwendbarkeit neben §§ 434 ff. BGB?

Bei vorvertraglichen Pflichtverletzungen, die mit Mangel der Kaufsache in Zusammenhang stehen, **c.i.c. grds. durch §§ 434 ff. BGB verdrängt**.
Sonst kurze Verjährung, § 438 BGB, umgangen.
Außerdem u.U. § 442 I 2 BGB ausgehebelt.

Aber: c.i.c. **bei Arglist des Verkäufers** neben §§ 434 ff. BGB anwendbar, da dann gem. § 438 III BGB regelmäßige Verjährung gilt und § 442 I 2 BGB nicht greift.

Hier: Vorsätzliches Verschweigen des Mangels trotz **Aufklärungspflicht auf Grund der Nachfrage** des K; arglistiges Verschweigen (+); keine Subsidiarität; c.i.c. daher anwendbar.

2. Voraussetzungen der §§ 280 I, 311 II, 241 II BGB (+)
Anspruch aus c.i.c. (+) (4.500 €).

C. Anspruch auf Rückzahlung des Kaufpreises (§§ 812 I 1 Alt. 1 bzw. § 812 I 2 Alt. 1 BGB)

1. V erlangte Eigentum und Besitz am Geld durch Leistung des K.

2. Ohne Rechtsgrund?
Rechtsgrund = Kaufvertrag; evtl. aber durch Anfechtung beseitigbar (§ 142 I BGB); Anfechtung nach § 123 I BGB?

a) Neben §§ 434 ff. BGB anwendbar, da kein Grund, den arglistigen Verkäufer eines mangelhaften Gegenstandes besser zu stellen; keine Schutzwürdigkeit des V.

b) Täuschung (+); Verschweigen des Mangels trotz Offenbarungspflicht wegen Nachfrage des K.

c) Kausalität (+)

d) Arglist (+)

e) Frist (§ 124 BGB) wohl gewahrt; Anfechtungsrecht (+).

3. Ficht K an, so ist der Vertrag ex tunc nichtig (§ 142 I BGB); er kann den Kaufpreis zurückverlangen (§§ 812 I 1, Alt. 1, bzw. § 812 I 2 Alt. 1 BGB). Dann sind allerdings die §§ 434 ff. BGB mangels Vertrages ausgeschlossen.

III. Lösung

A. Gewährleistungsrechte des K gegen V (§§ 434 ff. BGB)

1. Zwischen V und K kam ein wirksamer Kaufvertrag über das Motorboot zu Stande (§ 433 BGB).

2. Das Boot müsste auch mangelhaft sein. In Betracht kommt ein Sachmangel nach § 434 I 1 BGB. Voraussetzung hierfür ist, dass V und K eine Beschaffenheit vereinbart haben. V beschrieb das Boot auf Nachfrage des K hin als in technisch einwandfreiem Zustand. K vertraute demnach erkennbar darauf, dass technische Mängel nicht vorhanden waren so dass nach dem objektiven Empfängerhorizont gem. §§ 133, 157 BGB eine Beschaffenheitsvereinbarung getroffen wurde (§ 434 I 1 BGB).

Das Boot wies jedoch wegen des undichten Rumpfes bei Übergabe und damit bei Gefahrübergang, § 446 S. 1 BGB, technische Mängel und dadurch nicht die vereinbarte Beschaffenheit auf. Ein Sachmangel (§ 434 I 1 BGB) ist somit gegeben.

3. K kann folglich die Rechte aus § 437 BGB unter deren jeweiligen besonderen Voraussetzungen geltend machen. Er kann entweder nach §§ 437 Nr. 1, 439 BGB Nacherfüllung verlangen, gem. §§ 437 Nr. 2 Alt. 1, 323 I, II Nr. 1, V 2 BGB zurücktreten, nach §§ 437 Nr. 2 Alt. 2, 441 BGB mindern oder Ersatz des entstandenen Mangelschadens verlangen (§§ 437 Nr. 3 Alt. 1, 280 I, III, 281 I, II Alt. 1 BGB; er hat wahlweise einen Anspruch auf den kleinen („...statt der Leistung") oder den großen Schadensersatz („...statt der ganzen Leistung") gem. § 281 I 3, V BGB). Der Schadensersatzanspruch steht neben dem Rücktrittsrecht (§ 325 BGB).

Anmerkung: In einer Klausur wären diese Rechte natürlich näher zu erörtern. Im Rahmen dieser Darstellung geht es dagegen in erster Linie um das Verhältnis des § 437 BGB zu den allgemeinen Vorschriften aus dem Schuldrecht AT.

B. Anspruch aus §§ 280 I, 311 II, 241 II, 249 I BGB (c.i.c.)

Möglicherweise besteht ein Anspruch auf Aufhebung des Vertrages.
1. Zunächst stellt sich hier die Frage, ob neben den §§ 434 ff. BGB überhaupt ein Anspruch aus c.i.c. bestehen kann. Grundsätzlich werden die §§ 280 I, 311 II, 241 II BGB durch die §§ 434 ff. BGB verdrängt, wenn sich die vorvertragliche Pflichtverletzung auf die mangelnde Aufklärung hinsichtlich des Vorliegens eines Mangels des Kaufgegenstandes bezieht. Denn sowohl über die c.i.c. als auch über den Rücktritt könnte der Vertrag beseitigt werden, wobei der Rücktritt jedoch strengeren Voraussetzungen unterliegt, die andernfalls unterlaufen werden könnten.

So würde die Verjährungsvorschrift des § 438 BGB (i.d.R. zwei Jahre ab Ablieferung) umgangen, da der Anspruch aus c.i.c. in der regelmäßigen Frist verjährt (§§ 195, 199 BGB; drei Jahre ab Schluss des Jahres der Kenntniserlangung bzw. der grob fahrlässigen Unkenntnis). Außerdem würde u.U. der Haftungsausschluss aus § 442 I 2 BGB ausgehebelt. Des Weiteren kann ein Käufer den Rücktritt grundsätzlich erst nach Ablauf einer Frist zur Nacherfüllung erklären. Über die c.i.c. könnte er sofort Vertragsaufhebung verlangen.

Etwas anderes gilt allerdings dann, wenn der Verkäufer den Mangel arglistig verschwiegen hat. Denn dann verjähren auch die Gewährleistungsrechte nach Maßgabe der allgemeinen Vorschriften (§ 438 III BGB). Außerdem findet § 442 I 2 BGB bei Arglist des Verkäufers keine Anwendung. V verschwieg dem K den Mangel des Bootes. Ihn traf auf Grund der Nachfrage des K eine Offenbarungspflicht, der er nicht nachkam. Er handelte auch mit dem Willen, den K zu täuschen (Arglist). Im Übrigen wäre in einem solchen Fall auch vor Ausspruch des Rücktritts eine Fristsetzung nicht erforderlich, § 440 Alt. 3 BGB. Folglich ist die c.i.c. hier neben den §§ 434 ff. BGB anwendbar (vgl. auch BGH, Life&Law 2009, 433 ff.).

2. Weiterhin müssten die Voraussetzungen der §§ 280 I, 311 II, 241 II BGB erfüllt sein.

Ein vorvertragliches Schuldverhältnis nach §§ 280 I, 311 II Nr. 1 BGB bestand zwischen V und K.

V verletzte seine vorvertragliche Aufklärungspflicht (vgl. o.). Dabei handelte er vorsätzlich, so dass er die Pflichtverletzung nach § 280 I 2 BGB zu vertreten hat.

C. Anspruch auf Rückzahlung des Kaufpreises aus § 812 I 1 Alt. 1 BGB bzw. § 812 I 2 Alt. 1 BGB

Anmerkung: Es ist umstritten, ob die Rückabwicklung nach erfolgter Anfechtung wegen § 142 I BGB (Nichtigkeit ex tunc) über § 812 I 1 Alt. 1 oder über § 812 I 2 Alt. 1 BGB erfolgt. Dieser Streit ist jedoch nur auszuführen, wenn er für die Lösung des Falles von Bedeutung ist (bei § 814 BGB).

1. V erlangte Eigentum und Besitz am Geld durch bewusste und zweckgerichtete Mehrung seines Vermögens, mithin durch Leistung des K.
2. Dies müsste ohne Rechtsgrund geschehen sein. Rechtsgrund war zunächst der Kaufvertrag zwischen V und K. Dieser wäre aber ex tunc nichtig, wenn K den Vertrag anfechten würde (§ 142 I BGB). Als Anfechtungsgrund kommt § 123 I Alt. 1 BGB in Betracht.

a) § 123 I Alt. 1 BGB ist neben den §§ 434 ff. BGB anwendbar, da kein Grund besteht, den arglistig täuschenden Verkäufer eines mangelhaften Gegenstandes zu privilegieren. Dieser Verkäufer ist nicht schutzwürdig.

b) V täuschte den K, indem er den Mangel des Bootes trotz Nachfrage des K und der daraus resultierenden Aufklärungspflicht nicht offen legte.

c) Die Täuschung wurde auch für die Abgabe der Willenserklärung des K kausal, da K den Vertrag bei Kenntnis der Sachlage nicht oder zumindest mit anderem Inhalt abgeschlossen hätte.

d) V hatte zudem den Willen, den K zu täuschen und dadurch zum Vertragsabschluss zu bestimmen (Arglist).

e) Die Frist des § 124 BGB wurde wohl gewahrt. Demnach besteht das Anfechtungsrecht gem. § 123 I BGB.

3. Entscheidet sich K für die Anfechtung, so ist seine Willenserklärung und dadurch auch der Vertrag ex tunc nichtig (§ 142 I BGB). Dann besteht der Anspruch auf Rückzahlung des Kaufpreises gem. § 812 I 1 Alt. 1 bzw. § 812 I 2 Alt. 1 BGB. Die Geltendmachung von Gewährleistungsansprüchen ist dann allerdings mangels Kaufvertrages ausgeschlossen.

IV. Zusammenfassung

Sound: Die §§ 280 I, 311 II, 241 II BGB (c.i.c.) sind bei mangelbezogenen vorvertraglichen Pflichtverletzungen nur dann anwendbar, wenn der Verkäufer den Mangel arglistig verschwiegen hat. Die relevante Pflichtverletzung liegt in diesem Fall in der Verletzung der dann bestehenden vorvertraglichen Aufklärungspflicht (§ 241 II BGB). Wichtig: bezieht sich die vorvertragliche Pflichtverletzung nicht auf die geschuldete Beschaffenheit i.S.d. § 434 I BGB, ist die c.i.c. vollkommen unproblematisch neben den §§ 434 ff. BGB anwendbar, vgl. OLG Hamm, Life&Law 2005, 663 ff.).
Die Anfechtung nach § 123 I Alt. 1 BGB wird durch die §§ 434 ff. BGB nicht ausgeschlossen, da der arglistig täuschende Verkäufer nicht schutzwürdig ist.

Ficht der Käufer jedoch an, so ist der Kaufvertrag als von Anfang an nichtig anzusehen (§ 142 I BGB). Gewährleistungsrechte kommen dann nicht mehr in Betracht.

hemmer-Methode: V traf im oben dargestellten Fall auf Grund der Nachfrage des K eine Offenbarungspflicht bezüglich des Mangels. Eine Nachfrage ist allerdings nicht der einzige Fall, in dem der Verkäufer zur Aufklärung verpflichtet ist. Entscheidend ist, ob der Käufer nach Treu und Glauben unter Berücksichtigung der Verkehrsanschauung redlicherweise erwarten durfte, dass der Verkäufer bestimmte Tatsachen offenbart. Das ist dann anzunehmen, wenn es sich um besonders wichtige Umstände handelt, die für die Willensbildung von erheblicher Bedeutung sind. Einer Nachfrage des Käufers bedarf es hier nicht. Das gleiche gilt, wenn zwischen Verkäufer und Käufer ein besonderes Vertrauensverhältnis besteht.

V. Zur Vertiefung

- Hemmer/Wüst, SchuldR II, Rn. 404 ff., 393 f.
- Hemmer/Wüst, SchuldR BT I, Karteikarte 64.
- Vgl. zusammenfassend zu den Konkurrenzen auch Tyroller, Life&Law 2007, 562 ff.
- BGH, Life&Law 2009, 433 ff.

Fall 33: Abgrenzung § 437 BGB zu § 823 BGB

Sachverhalt:

K kauft von Händler H einen neuen BMW 540 i. Zwei Jahre und drei Monate nach Übergabe des Fahrzeugs kommt es aufgrund eines Bremsversagens zu einem Unfall. Der BMW wird dabei vollständig zerstört. Ein Sachverständigengutachten ergibt, dass das Bremsversagen auf einen Bruch der Bremsscheiben zurückzuführen ist. Die Scheiben waren bereits bei Übergabe des Fahrzeugs angebrochen und hielten schließlich der Belastung nicht mehr stand. Dies hätte H bei der vor Auslieferung des BMW durchzuführenden Endkontrolle erkennen müssen. K verlangt nun von H Schadensersatz in Höhe von 35.000 €. Die Summe entspricht dem Wert des Fahrzeugs in mangelfreiem Zustand vor dem Unfall.

Schadensersatzansprüche des K gegen H?

I. Einordnung

Fraglich ist, inwieweit durch Mängel ausgelöste Schäden an der Kaufsache selbst von § 823 I BGB erfasst sind. Die Verschaffung mangelhaften Eigentums ist keine Eigentumsverletzung (§ 823 I BGB). Der Käufer hat nie mangelfreies Eigentum erlangt. Allerdings kann u.U. eine Aufspaltung der Kaufsache in einen mangelhaften und einen mangelfreien Teil vorgenommen werden. Dann wäre eine Verletzung des Eigentums des Käufers zu bejahen, wenn der Mangel zu Schäden an dem restlichen, zunächst mangelfreien Teil der Sache führt („**weiterfressender Mangel**").

Diese Problematik ist aufgrund der unterschiedlichen Verjährungsvorschriften von Bedeutung. Die Gewährleistungsrechte verjähren i.d.R. in zwei Jahren ab Ablieferung (§ 438 I Nr. 3, II BGB), während sich die Verjährung deliktischer Ansprüche nach den §§ 195, 199 BGB richtet (grds. drei Jahre ab Schluss des Jahres der Kenntniserlangung bzw. der grob fahrlässigen Unkenntnis).

Durch die Schuldrechtsreform erfolgte zwar eine Angleichung der Fristen. Die Verjährung kann aber immer noch sehr weit auseinanderfallen, da die allgemeinen Vorschriften den Verjährungsbeginn im Gegensatz zu § 438 BGB von subjektiven Voraussetzungen abhängig machen (§ 199 BGB).

II. Gliederung

> **Schadensersatzansprüche des K gegen H**
>
> A. Anspruch aus §§ 437 Nr. 3 Alt. 1, 281 I S. 1 BGB
>
> **Weiterfresserschäden unterfallen SE statt der Leistung**
>
> 1. Kaufvertrag (§ 433 BGB) (+)
> 2. Sachmangel bei Gefahrübergang (§ 434 I 2 Nr. 2 BGB) (+)
> 3. Keine Verjährung der Ansprüche aus § 437 Nr. 3 Alt. 1 BGB?
>
> Verjährung gem. § 438 I Nr. 3, II BGB in zwei Jahren ab Ablieferung; bereits zwei Jahre und drei Monate vergangen; Durchsetzbarkeit evtl. bestehender Ansprüche (-) (§ 214 I BGB).

B. Anspruch aus § 823 I BGB

1. Unerlaubte Handlung des K (+); Lieferung des Fahrzeugs mit defekten Bremsen.
2. **Eigentumsverletzung?**
Nach Rspr. (+), wenn Mangel vorerst nur funktionell begrenzten Teil betrifft und später zu Beschädigung der Restsache führt („**weiterfressender Mangel**").
Mangelunwert und Schaden dürfen **nicht stoffgleich** sein; sonst Äquivalenzinteresse und nicht Integritätsinteresse betroffen.
§ 823 BGB schützt nur Integritätsinteresse, Ersatz des Äquivalenzinteresses erfolgt über vertragliche Schadensersatzansprüche (§§ 437 Nr. 3, 280, 281 BGB).
Maßgeblich ist **natürliche und wirtschaftliche Betrachtungsweise**.
<u>Hier:</u> Bremsen funktionell von Gesamtsache (Auto) abgrenzbar; relativ geringer Wert im Verhältnis zum gesamten Fahrzeug und problemlose Austauschbarkeit.
<u>Daher</u> Integritätsstörung; Eigentumsverletzung (+) (aber a.A. der Lit.)
3. Haftungsbegründende Kausalität (+)
4. Rechtswidrigkeit (+); nach Lehre vom Erfolgsunwert indiziert; kein Rechtfertigungsgrund ersichtlich.
5. Verschulden (+); Fahrlässigkeit des H (§ 276 II BGB).
6. **Rechtsfolge**
Ersatz des durch die Rechtsgutsverletzung adäquat kausal verursachten Schadens (§§ 249 ff. BGB); durch Eigentumsverletzung an Restfahrzeug Schaden von 35.000 € abzüglich des Mangelunwertes (defekte Bremsen) verursacht; keine Verjährung (§§ 195, 199 BGB).

III. Lösung

Schadensersatzansprüche des K gegen H

A. Anspruch aus §§ 437 Nr. 3 Alt. 1, 281 I S. 1 BGB

K könnte einen Schadensersatzspruch gegenüber H aus §§ 437 Nr. 3 Alt. 1, 281 I S. 1 BGB haben.
Bei den sog. Weiterfresserschäden handelt es sich um solche, die statt der Leistung ersetzt werden. Im Rahmen einer Nacherfüllung wäre die Beseitigung auch dieser Weiterfresserschäden geschuldet, so dass eine fiktiv gedachte Nacherfüllung dazu führen würde, dass der Schaden entfiele.

1. Zwischen H und K wurde ein wirksamer Kaufvertrag über den BMW geschlossen (§ 433 BGB).
2. Das Fahrzeug wies wegen des Defekts der Bremsen bei Gefahrübergang nicht die Beschaffenheit auf, die bei Autos gleicher Art üblich ist und die K nach der Art der Sache erwarten durfte. Somit liegt ein Sachmangel nach § 434 I 2 Nr. 2 BGB vor.
3. Außerdem dürften die Ansprüche aus § 437 Nr. 3 Alt. 1 BGB nicht verjährt sein. Die Verjährungsfrist beträgt gem. § 438 I Nr. 3, II BGB zwei Jahre ab Ablieferung. Die Ablieferung erfolgte jedoch bereits vor zwei Jahren und drei Monaten. Folglich ist Verjährung eingetreten.

Ansprüche aus § 437 Nr. 3 Alt. 1 BGB wären somit gem. § 214 I BGB nicht durchsetzbar.

Anmerkung: Auf die Darstellung der weiteren Anspruchsvoraussetzungen wurde hier aus didaktischen Gründen verzichtet. In einer Klausur sollten Sie sich aber an das folgende Grundschema halten:
1. Anspruch entstanden?
2. Anspruch nicht erloschen?
3. Anspruch durchsetzbar?

B. Anspruch aus § 823 I BGB

Möglicherweise steht K aber ein Schadensersatzanspruch aus § 823 I BGB zu.

1. Die unerlaubte Handlung des H besteht in der Auslieferung des Fahrzeugs mit mangelhaften Bremsen.
2. Weiterhin müsste eine Rechtsgutsverletzung gegeben sein. In Betracht kommt eine Verletzung des Eigentums des K wegen der Zerstörung des BMW. Eine Eigentumsverletzung wäre dann anzunehmen, wenn sich der Mangel der Kaufsache zunächst auf einen funktionell abgrenzbaren Teil beschränkt und später zu einem Schaden an der Restsache geführt hätte. Bei natürlicher und wirtschaftlicher Betrachtungsweise dürfen Mangelunwert und Schaden nicht stoffgleich sein. Denn sonst wäre nur das Interesse an der Gleichwertigkeit von Leistung und Gegenleistung (Äquivalenzinteresse) und nicht das Interesse an der Unversehrtheit bestehenden Eigentums (Integritätsinteresse) betroffen.

Führt der Mangel zu einer Beschädigung des vorerst mangelfreien Teils der Kaufsache, so ist der Käufer ebenso schutzwürdig, wie wenn auf Grund des Mangels andere deliktisch geschützte Rechtsgüter verletzt worden wären. Im vorliegenden Fall waren zunächst nur die Bremsen defekt.

Diese sind funktionell von dem gesamten Fahrzeug abgrenzbar, da sie problemlos austauschbar sind. Außerdem machen sie nur einen unbedeutenden Teil der Gesamtsache aus. Somit sind Mangelunwert (defekte Bremsen) und Gesamtschaden (zerstörtes Fahrzeug) nicht stoffgleich.

Es besteht eine Integritätsstörung. Die Zerstörung des BMW stellt eine Eigentumsverletzung dar.

3. Die Handlung des H führte adäquat kausal zur Eigentumsverletzung. Damit kann die haftungsbegründende Kausalität bejaht werden.

4. Die Rechtswidrigkeit ist nach der Lehre vom Erfolgsunwert indiziert. Rechtfertigungsgründe sind nicht ersichtlich.

Anmerkung: Nach der Gegenansicht (Lehre vom Handlungsunwert) muss die Rechtswidrigkeit beim Fahrlässigkeitsdelikt positiv festgestellt werden. Siehe dazu näher Hemmer/Wüst, DeliktsR I, Rn 80 ff.

5. Weiterhin müsste ein Verschulden des H vorliegen. H hätte den Mangel bei der durchzuführenden Untersuchung erkennen müssen. Daher ließ er die im Verkehr erforderliche Sorgfalt außer Acht und handelte somit fahrlässig (§ 276 II BGB).

Anmerkung: Beachten Sie in diesem Zusammenhang, dass der Hersteller nicht Erfüllungsgehilfe des Händlers ist (§ 278 BGB). Denn die Herstellung des Kaufgegenstandes gehört nicht zu den Pflichten des Verkäufers.

6. Folglich hat H den durch die Eigentumsverletzung adäquat kausal verursachten Schaden nach Maßgabe der §§ 249 ff. BGB zu ersetzen.

Die Eigentumsverletzung am mangelfreien Restfahrzeug verursachte einen Schaden in Höhe von 35.000 € abzüglich des Mangelunwerts (Minderwert wegen der defekten Bremsen). Diesen Betrag kann K von H gem. § 251 I BGB verlangen. Der Anspruch ist auch durchsetzbar; Verjährung ist nicht eingetreten (§§ 195, 199 BGB).

IV. Zusammenfassung

Sound: Führen Mängel der Kaufsache zu weiteren Schäden an der Sache selbst, so ist nur dann eine Eigentumsverletzung i.S.d. § 823 I BGB gegeben, wenn der ursprünglich mangelhafte Teil der Sache funktionell von der Gesamtsache abgrenzbar ist. Mangelunwert und Schaden dürfen nicht stoffgleich sein. Sonst liegt nur eine Äquivalenz- und keine Integritätsstörung vor.

hemmer-Methode: Das Problem des „weiterfressenden Mangels" wird auch i.R.d. Produkthaftungsgesetzes relevant. Nach § 1 I 2 ProdHaftG setzt die Haftung des Herstellers voraus, dass eine andere Sache als das fehlerhafte Produkt beschädigt wird. Hier lässt sich argumentativ § 2 ProdHaftG heranziehen, der aussagt, dass Produkt auch ein Teil einer anderen beweglichen oder unbeweglichen Sache sein kann.

V. Zur Vertiefung

- Hemmer/Wüst, SchuldR BT I, Karteikarte 66.
- Vgl. auch BGH NJW 2004, 1032 = Life&Law 2004 (Heft 6).
- Tyroller, Das Problem des weiterfressenden Mangels nach der Modernisierung des Schuldrechts, Life&Law 2005, 710 ff.

Fall 34: Abgrenzung § 437 BGB zu § 313 BGB

Sachverhalt:

V möchte sein gebrauchtes Motorrad verkaufen. K besichtigt die Maschine und wird sich mit V einig, das sich in sehr gutem Zustand befindende Bike zu einem Preis von 6.000 € zu erwerben. Die Übergabe soll aber erst eine Woche später erfolgen, da K zunächst noch eine Garage mieten will, in der er das Gefährt sicher abstellen kann. Als K die Maschine schließlich abholen will, stellt er fest, dass der Auspuff verbeult und verkratzt ist. V erklärt wahrheitsgemäß, das Motorrad sei durch den Sturm, der am Vortag tobte, umgeworfen worden. Die Beulen seien aber doch nicht so schlimm. K ist da anderer Ansicht. Er verlangt Reparatur. Dies lehnt V endgültig ab. Daraufhin meint K, dann müsse er wohl den Kaufpreis mindern. V hingegen würde das Motorrad unter diesen Umständen lieber behalten. Nachdem die beiden sich aber dahin gehend geeinigt haben, das Motorrad (wenigstens vorläufig) dem K zu übergeben, begibt sich V zum Anwalt A und fragt ihn, ob K tatsächlich mindern kann und ob er gegebenenfalls etwas dagegen unternehmen kann.

Was sollte A dem V raten?

I. Einordnung

Auch die seit der Schuldrechtsreform in § 313 BGB geregelte Störung der Geschäftsgrundlage kann mit den Gewährleistungsrechten in Konflikt geraten. Das Institut der Störung der Geschäftsgrundlage ermöglicht eine Anpassung oder gar eine Aufhebung des Vertrages, wenn wesentliche Umstände, die zur Grundlage des Vertrages geworden sind, fehlen oder weggefallen sind (reales Element), die Parteien den Vertrag so nicht geschlossen hätten (hypothetisches Element) und einem Teil ein unverändertes Festhalten am Vertrag nicht zugemutet werden kann (normatives Element).

Es handelt sich hierbei um eine Ausnahme vom Grundsatz „pacta sunt servanda". § 313 BGB ist jedoch subsidiär. Diese Subsidiarität folgt aus dem lex-specialis-Grundsatz: Schuldrecht BT geht dem Schuldrecht AT vor. Auch sonst dürfen die Wertungen der besonderen Vorschriften nicht untergraben werden.

II. Gliederung

A. Minderungsrecht des K (§§ 437 Nr. 2 Alt. 2, 441 BGB)?

1. Kaufvertrag (§ 433 BGB) (+)

2. Sachmangel (§ 434 I 1 BGB) (+); vereinbart, dass Motorrad bei Gefahrübergang Beschaffenheit aufweist, die es zum Zeitpunkt der Besichtigung hatte.

3. Vorliegen der Rücktrittsvoraussetzungen gem. § 441 I BGB?

a) Fristsetzung (§ 323 I BGB) (-); jedoch gem. § 323 II Nr. 1 BGB entbehrlich.

b) § 323 V 2 BGB ist nach § 441 I 2 BGB unanwendbar.

c) Der Rücktritt ist auch nicht gem. § 323 VI BGB ausgeschlossen.

Daher: Vor. (+)

4. Minderung durch Erklärung ggü. V möglich; Kaufpreis wäre gem. § 441 III BGB herabzusetzen.

B. Möglichkeiten des V?

Minderung des K (-), wenn V Aufhebung des Kaufvertrages erwirken könnte.

1. Aufhebungsvertrag mit K; dies will K wohl aber nicht.
2. Anfechtung gem. § 119 II BGB?
Bei Irrtum über Vorhandensein eines Mangels (-), da sonst der Verkäufer dem Käufer Mängelrechte entziehen könnte (§ 242 BGB).
3. § 313 BGB?
a) Subsidiarität? Speziellere Norm nicht ersichtlich; insbesondere stehen V nicht Rechte aus §§ 434 ff. BGB zu.
b) Zustand des Motorrads zum Zeitpunkt der Besichtigung als Geschäftsgrundlage?

Fraglich; jedenfalls normatives Element (-), da sonst gesetzliche Risikoverteilung umgangen würde. Nach §§ 434 ff. BGB trägt Verkäufer Mängelrisiko bis Gefahrübergang; dem Käufer dürfen über § 313 BGB nicht Gewährleistungsrechte genommen werden.

4. Ergebnis
V muss sich am Vortr. festhalten lassen.

III. Lösung

A. Minderungsrecht des K (§§ 437 Nr. 2 Alt. 2, 441 BGB)?

1. V und K schlossen einen Kaufvertrag über das Motorrad (§ 433 BGB). Der Wirksamkeit des Vertrages steht zunächst nichts entgegen.
2. Weiterhin müsste das Motorrad mangelhaft sein. In Betracht kommt ein Sachmangel gem. § 434 I 1 BGB.

Die Vereinbarung zwischen V und K ist so auszulegen, dass das Motorrad mit der Beschaffenheit geschuldet ist, die es bei der Besichtigung hatte. Bei Übergabe und damit bei Gefahrübergang, § 446 S. 1 BGB wich die tatsächliche Beschaffenheit wegen des beschädigten Auspuffs jedoch negativ von der geschuldeten ab. Ein Sachmangel gem. § 434 I 1 BGB ist somit gegeben.

3. Zudem müssten die Rücktrittsvoraussetzungen nach Maßgabe des § 441 I BGB erfüllt sein.

a) Eine Fristsetzung zur Nacherfüllung (Nachbesserung) erfolgte nicht (§ 323 I BGB).

Diese ist aber entbehrlich, weil V die Reparatur ernsthaft und endgültig ablehnte (§ 323 II Nr. 1 BGB).

b) Auf die Erheblichkeit des Mangels (§ 323 V 2 BGB) kommt es wegen § 441 I 2 BGB nicht an.

c) Der Rücktritt ist auch nicht nach § 323 VI BGB ausgeschlossen.

Somit sind die gem. § 441 I 2 BGB modifizierten Voraussetzungen des Rücktritts gegeben.

4. K kann also den Kaufpreis durch Erklärung gegenüber V mindern (§ 441 I BGB). Der Preis wäre dann entsprechend § 441 III BGB herabzusetzen.

B. Möglichkeiten des V?

Die einzige Möglichkeit des V, die beabsichtigte Minderung durch K zu verhindern, wäre die Erwirkung einer Aufhebung des Kaufvertrages. Dann könnte er das Motorrad behalten und müsste nicht eine niedrigere Zahlung in Kauf nehmen.

1. Zunächst kommt eine Auflösung des Kaufvertrages durch einen Aufhebungsvertrag mit K in Frage, § 311 I BGB.

Es ist allerdings nicht anzunehmen, dass K sich auf eine solche Vereinbarung einlässt.

2. Weiterhin kann V unter Umständen den Vertrag anfechten. Dann wäre er ex tunc nichtig (§ 142 I BGB). Als Anfechtungsgrund könnte V geltend machen, sich über die Mangelfreiheit des Motorrades bei Gefahrübergang girrt zu haben, was eine verkehrswesentliche Eigenschaft i.S.d. § 119 II BGB darstellen könnte. Eine Anfechtung nach § 119 II BGB wegen eines Irrtums über das Vorhandensein eines Mangels des Kaufgegenstandes ist jedoch ausgeschlossen, da der Verkäufer dem Käufer sonst dessen Rechte aus § 437 BGB entziehen könnte (§ 242 BGB; vgl. dazu Fall 31).

3. Schließlich ist fraglich, ob V eine Aufhebung des Vertrages nach den Grundsätzen der Störung der Geschäftsgrundlage erreichen kann (§ 313 BGB).

a) Zunächst dürften keine spezielleren Normen eingreifen (Subsidiarität). Solche sind hier nicht ersichtlich.

Insbesondere stehen dem V als Verkäufer nicht die Rechte aus § 437 BGB zu.

b) Geschäftsgrundlage könnte sein, dass das Motorrad die Beschaffenheit, die es zum Zeitpunkt der Besichtigung hatte, bis zum Gefahrübergang beibehält (reales Element). Dann müsste V dies für K erkennbar dem Vertrag zu Grunde gelegt haben. Das ist bereits fraglich. Jedenfalls ist aber das normative Element nicht erfüllt. V ist das Festhalten am Vertrag nicht unzumutbar, da sonst die gesetzliche Risikoverteilung umgangen würde. Nach den §§ 434 ff. BGB trägt der Verkäufer das Mängelrisiko bis zum Gefahrübergang. Wäre § 313 BGB hier einschlägig, so würden dem Käufer dessen Gewährleistungsrechte genommen.

Daher führt § 313 BGB nicht zum Ziel.

4. Ergebnis:

V muss sich am Vertrag festhalten lassen. Er hat keine andere Wahl, als die Minderung des K hinzunehmen.

IV. Zusammenfassung

> **Sound:** Der Verkäufer kann sich nicht nach den Grundsätzen der Störung der Geschäftsgrundlage (§ 313 BGB) den Gewährleistungsrechten des Käufers entziehen.

> **hemmer-Methode**: Umgekehrt kann auch der Käufer wegen Mängel der Kaufsache nicht nach § 313 BGB vorgehen. Greifen die §§ 434 ff. BGB, so sind diese Normen spezieller (Subsidiarität des § 313 BGB). Dies gilt selbst und gerade auch dann, wenn die Rechte aus § 437 BGB vertraglich oder gesetzlich ausgeschlossen sind oder wenn sie wegen Verjährung nicht durchgesetzt werden können.

V. Zur Vertiefung

- Hemmer/Wüst, SchuldR I, Rn. 607 ff. (zu § 313 BGB).
- Hemmer/Wüst, SchuldR BT I, Karteikarte 67.

Kapitel VII: Der Verbrauchsgüterkauf, §§ 474 ff. BGB

Fall 35: Die Beweislastumkehr des § 476 BGB

Sachverhalt:

V, der in seinem Geschäft Telefone und Zubehör vertreibt, verkauft K ein neues Mobiltelefon. Drei Monate nach dem Kauf erscheint K wieder bei V und erklärt, das Gerät sei mangelhaft. Die SIM-Karte lasse sich im Gerät nicht richtig fixieren, wodurch bei leichten Erschütterungen ständig der Kontakt verloren ginge. Das Telefonieren mit dem Gerät sei dadurch so gut wie unmöglich. V stellt fest, dass die Befestigungsvorrichtung für die Karte tatsächlich zu viel Spielraum hat. Er meint aber, das Gerät sei in mangelfreiem Zustand ausgeliefert worden. Tatsächlich ist das Handy äußerlich völlig verkratzt. An einer Stelle ist sogar die Plastikverkleidung angebrochen. Dies lässt darauf schließen, dass K das Telefon mehrfach fallen ließ. Dadurch kann sich durchaus die Fixierung gelöst haben. K verlangt Lieferung eines neuen Gerätes.

Hat K einen Anspruch auf Nachlieferung?

I. Einordnung

Ein **Verbrauchsgüterkauf** ist nach der Legaldefinition des § 474 I 1 BGB dann gegeben, wenn ein Verbraucher (§ 13 BGB) von einem Unternehmer (§ 14 BGB) eine bewegliche Sache kauft. Sind diese Voraussetzungen erfüllt, so wird das **allgemeine Kaufrecht** der §§ 433 ff. BGB **durch die §§ 474 ff. BGB modifiziert**. Eine Ausnahme gilt für gebrauchte Sachen, die in einer öffentlichen Versteigerung verkauft werden, an der der Verbraucher persönlich teilnehmen kann (§ 474 I 2 BGB). Für diesen Begriff der öffentlichen Versteigerung gilt § 383 III BGB. Es muss sich daher um eine solche handeln, die durch einen für den Versteigerungsort bestellten Gerichtsvollzieher oder zu Versteigerungen befugten anderen Beamten vorgenommen wird (BGH Life&Law 2006, 224 ff.).

Generell gilt: die Vorschriften der §§ 474 ff. BGB belasten den Verkäufer sehr stark. Dies u.a. deshalb, weil er in der Möglichkeit, die Mängelhaftung auszuschließen oder zu beschränken, stark eingeschränkt wird. In dieser Konsequenz wird z.T. versucht, die Regelungen des Verbrauchsgüterkaufs durch andere vertragliche Gestaltungen zu umgehen.

Dies ist aber gem. § 475 I S. 2 BGB ein „untauglicher Versuch". Gleichwohl ergeben sich bei Vorliegen eines Umgehungsgeschäfts immense Folgeprobleme, die Sie anhand von BGH Life&Law 2007, 291 ff. nachvollziehen können.

Im vorliegenden Fall geht es um **§ 476 BGB**. Diese Vorschrift regelt einen sehr praxisrelevanten Unterschied zu den allgemeinen kaufrechtlichen Vorschriften.

Grundsätzlich hat der Käufer bei Sachmängeln (§ 434 BGB) zu beweisen, dass ein Mangel vorliegt und dass dieser bereits bei Gefahrübergang vorhanden war. § 476 BGB hingegen kehrt die Beweislast hinsichtlich der Frage, ob der Mangel schon bei Gefahrübergang bestand, in den ersten sechs Monaten ab Gefahrübergang um. Dadurch wird dem Verbraucher die Geltendmachung der Rechte aus § 437 BGB wesentlich erleichtert.

Die Norm trägt dem Umstand Rechnung, dass der Verbraucher meist größere Beweisschwierigkeiten hat als der Unternehmer. Die Vermutung des § 476 BGB gilt aber nicht, wenn sie mit der Art der Sache oder des Mangels unvereinbar ist (§ 476, 2. Hs.). Dann bleibt es bei den allgemeinen Beweisgrundsätzen.

II. Gliederung

Nachlieferungsanspruch des K aus §§ 437 Nr. 1, 439 BGB

1. Kaufvertrag (§ 433 BGB) (+)
2. Mangel der Sache?

Sachmangel bei Gefahrübergang (§ 434 BGB)?

a) Sachmangel (§ 434 I 2 Nr. 2 BGB) (+)

b) Bei Gefahrübergang?
Punkt nicht erwiesen bzw. zwischen den Parteien streitig; daher Frage, wer Darlegungs- und Beweislast trägt.

aa) Grds. hat Käufer zu beweisen, dass Mangel bereits bei Gefahrübergang vorlag, da er aus diesem Umstand Ansprüche geltend machen will. Beweis wäre mit großen Schwierigkeiten verbunden.

bb) Beweislastumkehr des § 476 BGB?

(1) Anwendbarkeit der §§ 474 ff. BGB

(a) K Verbraucher (§ 13 BGB), weil Kauf nicht zu gewerblichen oder selbständigen beruflichen Zwecken.

(b) V als Händler Unternehmer (§ 14 I BGB), da er bei Verkauf in Ausübung seiner gewerblichen Tätigkeit handelte.

(c) Kauf einer beweglichen Sache (+)

(d) Kein Ausschluss gem. § 474 I 2 BGB; daher Anwendbarkeit (+).

(2) Mangel zeigte sich innerhalb von sechs Monaten seit Gefahrübergang (§ 476 1. Hs. BGB)

(3) Keine Unvereinbarkeit mit Art der Sache oder Art des Mangels (§ 476 2. Hs. BGB)?

Evtl. mit Art des Mangels, da Mangel ziemlich offensichtlich auf unsachgemäßen Gebrauch zurückzuführen ist. Hier kein allgemeiner Erfahrungssatz, dass Mangel schon bei Gefahrübergang vorhanden war; daher greift § 476 BGB nicht; es bleibt bei den allgemeinen Beweisgrundsätzen.

3. **Ergebnis**
K muss darlegen und beweisen, dass Mangel bereits bei Gefahrübergang gegeben war. Gelingt ihm dies nicht, so kann er nicht Nachlieferung (§§ 437 Nr. 1, 439 BGB) verlangen.

III. Lösung

Nachlieferungsanspruch des K aus §§ 437 Nr. 1, 439 BGB

K könnte gegenüber V einen Anspruch auf Nachlieferung aus §§ 437 Nr. 1, 439 BGB haben.

1. V und K schlossen einen wirksamen Kaufvertrag über das Mobiltelefon (§ 433 BGB).

2. Weiterhin müsste das Gerät mangelhaft sein. Hier könnte bei Übergabe und damit bei Gefahrübergang, § 446 S. 1 BGB ein Sachmangel vorgelegen haben (§ 434 BGB).

a) Auf Grund des Defekts der Fixierung der SIM-Karte ist das Telefonieren wesentlich erschwert. Damit eignet sich das Gerät nur sehr eingeschränkt für die gewöhnliche Verwendung, so dass ein Sachmangel nach § 434 I 2 Nr. 2 BGB zu bejahen ist.

b) Dieser Mangel müsste auch bereits bei Gefahrübergang, d.h. gem. § 446 S. 1 BGB bei Übergabe bestanden haben. Dies ist nicht erwiesen bzw. zwischen V und K streitig. Somit stellt sich die Frage, wer die Beweislast trägt.

aa) Grundsätzlich hat jede Partei die für sie günstigen Tatsachen zu beweisen. Demnach würde K die Beweislast hinsichtlich des Vorliegens des Mangels schon bei Gefahrübergang treffen, weil er schließlich aus diesem Umstand Ansprüche herleiten will. Der Beweis dürfte aber wohl – wenn überhaupt – nur unter größten Schwierigkeiten möglich sein.

bb) Etwas anderes würde jedoch dann gelten, wenn die Beweislastumkehr des § 476 BGB eingreifen würde. Dann bestünde die gesetzliche Vermutung, dass das Telefon bereits mangelhaft übergeben wurde. Diese hätte der Verkäufer zu widerlegen (§ 292 ZPO), was ihm aber wohl kaum gelingen dürfte.

(1) Die §§ 474 ff. BGB müssten zunächst überhaupt anwendbar sein (§ 474 I BGB).

(a) K müsste Verbraucher sein, § 13 BGB. Der Kauf erfolgte nicht aus gewerblichen oder selbständigen beruflichen Gründen.

K kaufte das Gerät mangels anderer Angaben vielmehr für den privaten Gebrauch. Damit ist er Verbraucher nach § 13 BGB.

(b) V ist Telefonhändler und handelte somit bei dem Verkauf des Mobiltelefons in Ausübung seiner gewerblichen Tätigkeit. Folglich ist V Unternehmer gem. § 14 I BGB.

(c) Das Mobiltelefon ist auch eine bewegliche Sache.

(d) Außerdem sind die §§ 474 ff. BGB nicht durch § 474 I 2 BGB ausgeschlossen. Ihrer Anwendung steht somit nichts im Wege.

(2) Weiterhin zeigte sich der Sachmangel innerhalb von sechs Monaten ab Gefahrübergang (§ 476 HS. 1 BGB).

(3) Die Vermutung dürfte zudem mit der Art der Sache oder des Mangels nicht unvereinbar sein (§ 476 HS. 2 BGB).

In Betracht kommt eine Unvereinbarkeit mit der Art des Mangels. Aufgrund der Kratzspuren am Gerät und der angebrochenen Plastikverkleidung ist stark anzunehmen, dass der Mangel erst auf einen unsachgemäßen Gebrauch durch K zurückzuführen ist und deshalb nicht bereits bei Übergabe bestand.

In den Fällen des unsachgemäßen Gebrauchs (Umgangs- oder Bedienungsfehler) besteht kein allgemeiner Erfahrungssatz, dass die Sache bereits mangelhaft übergeben wurde.

Wenn das konkrete Erscheinungsbild der Sache oder des Mangels dem Anschein nach aufgrund eines typischen Geschehensablaufs nach allgemeiner Lebenserfahrung auf eine nachträgliche Mangelentstehung schließen lässt, wäre es grob unbillig, dem Unternehmer die Beweislast aufzubürden. Vielmehr ist es dann Sache des Käufers, Tatsachen vorzubringen, die den typischen Geschehensablauf in Zweifel ziehen (Palandt, § 476, Rn. 9).

Somit ist vorliegend die Vermutung des § 476 BGB nicht gerechtfertigt. Es bleibt bei den allgemeinen Beweisgrundsätzen.

Ergebnis: K muss beweisen, dass der Mangel schon bei Gefahrübergang vorlag. Solange er diesen Beweis nicht führt, hat er keinen Anspruch auf Nachlieferung (§§ 437 Nr. 1, 439 BGB).

IV. Zusammenfassung

Sound: Die Vermutung des § 476 BGB (Beweislastumkehr) ist mit der Art des Mangels unvereinbar, wenn der Käufer die Kaufsache unsachgemäß gebraucht hat. Unsachgemäßer Gebrauch umfasst Umgangs- und Bedienungsfehler.

In diesen Fällen wäre es kaum nachvollziehbar, von einer Mangelhaftigkeit der Sache bei Gefahrübergang auszugehen. Die Beweislast trifft den Käufer.

hemmer-Methode: Der BGH hat zu § 476 BGB erstmals 2004 Stellung genommen (NJW 2004, 2299). Bei einem gebrauchten PKW platzte innerhalb von 6 Monaten nach Übergabe der Motor. Dieser Mangel (geplatzter Motor) war offensichtlich bei Übergabe noch nicht vorhanden, so dass § 476 BGB hier nicht hilft. Entscheidend ist vielmehr, ob es einen Grundmangel gibt, durch den es zum Motorplatzer gekommen ist. Laut Sachverständigengutachten beruhte der Motorplatzer höchstwahrscheinlich auf einem zu lockeren Zahnriemen. Aber auch ein Fahrfehler als Ursache konnte nicht ausgeschlossen werden. Daher hat der BGH angenommen, die Mangelhaftigkeit sei nicht hinreichend nachgewiesen worden. Das aber bleibe auch i.R.d. § 476 BGB Sache des Käufers.
Die Entscheidung wird in der Literatur (zu Recht) stark kritisiert. Denn der sog. Grundmangel ist es gerade, bezogen auf den es dem Verbraucher kaum möglich sein wird, das Vorhandensein nachzuweisen. Müsste er aber das Vorliegen überhaupt nachweisen, hilft ihm letztlich § 476 BGB überhaupt nicht.
§ 476 BGB greift daher nach überzeugender Ansicht immer schon dann ein, wenn sich innerhalb von 6 Monaten ein (d.h. irgendein) Mangel zeigt (hier geplatzter Motor). Damit will § 476 BGB gerade bezogen auf den Grundmangel helfen (vgl. statt vieler Lorenz, NJW 2004, 3020 ff.).
Der BGH hat seine Rechtsprechung mittlerweile bestätigt und sich auch von den Argumenten aus der Literatur nicht überzeugen lassen (BGH Life&Law 2006, 159 ff.; 219 ff.). Daher kann diese Streitigkeit bereits jetzt als Klassiker des neuen Schuldrechts bezeichnet werden.
Wichtig: diese strengen Grundsätze wendet der BGH aber nur dann an, wenn der aufgetretene Mangel durch einen Grundmangel verursacht worden sein kann. In einem anderen Fall, in dem der Kotflügel eines Wagens verbeult war, hat der BGH dementsprechend seine strengen Grundsätze nicht angewendet. Denn die Beule kann eindeutig nicht aus dem Fahrzeug heraus entstehen. Diese Entscheidung ist auch im Übrigen sehr lehrreich, da der BGH hier zu anderen Fragen im Zusammenhang mit § 476 BGB Stellung nimmt (BGH Life&Law 2006, 6 ff.).
Zur Anwendung des § 476 BGB auf den Tierkauf vgl. Life&Law 2006, 507 ff.

V. Zur Vertiefung

- Hemmer/Wüst, SchuldR II, Rn. 457 ff; 466 ff.
- Hemmer/Wüst, SchuldR BT I, Karteikarte 70.

Fall 36: Die Erleichterung der Verjährung, § 475 II BGB

Sachverhalt:

K kauft von V, der mit Gebrauchtwagen handelt, einen zwei Jahre alten Opel Astra. Nach eineinhalb Jahren bricht eine Radaufhängung. Es stellt sich heraus, dass die Aufhängung schon bei der Übergabe des Fahrzeugs angebrochen war. V hatte davon keine Kenntnis. K verlangt Reparatur auf Kosten des V. V hingegen lehnt das Begehren des K unter Hinweis auf seine AGB ab. In diesen ist die Klausel enthalten, dass Gewährleistungsansprüche des Käufers in einem Jahr ab Ablieferung des Gebrauchtwagens verjähren. K bestreitet zwar nicht, dass die AGB Bestandteil des Kaufvertrages geworden sind. Er ist aber der Ansicht, die Klausel sei unwirksam, da sie – insbesondere wegen seiner Eigenschaft als Verbraucher – gegen zwingendes Recht verstoße.

Kann K die Reparatur verlangen?

I. Einordnung

I.R.d. Verbrauchsgüterkaufs steht § 475 I BGB einer **vertraglichen Verkürzung der Verjährungsfristen** nicht entgegen, da die Vorschrift § 438 BGB nicht erwähnt. Allerdings ist eine rechtsgeschäftliche Erleichterung der Verjährung, also eine Fristverkürzung, vor Mitteilung des Mangels an den Unternehmer **nur nach Maßgabe des § 475 II, III BGB** möglich.

§ 475 II BGB differenziert zwischen neuen und gebrauchten Sachen. Während bei neuen Sachen die Frist nicht weniger als zwei Jahre ab dem gesetzlichen Verjährungsbeginn betragen darf, ist bei gebrauchten Sachen eine Verkürzung der Verjährungsfrist auf ein Jahr gestattet.

§ 475 II BGB gilt hingegen nicht für die Beschränkung von Schadensersatzansprüchen. Eine solche Vereinbarung ist nur an den §§ 305 ff. BGB zu messen (§ 475 III BGB). Einigen sich Verbraucher und Unternehmer auf eine Fristverkürzung, nachdem der Käufer dem Verkäufer den Mangel mitgeteilt hat, so greift § 475 II BGB nicht.

II. Gliederung

Anspruch des K auf Nachbesserung (§§ 437 Nr. 1, 439 I BGB)

A. **Anspruch entstanden?**
1. Kaufvertrag (§ 433 BGB) (+)
2. Sachmangel bei Gefahrübergang (§ 434 I 2 Nr. 2 BGB) (+)
3. Anspruch auf Nachbesserung (§§ 437 Nr. 1, 439 I Alt. 1 BGB) entstanden.

B. **Anspruch durchsetzbar?**
Laut AGB-Klausel Verjährungsfrist auf ein Jahr ab Ablieferung verkürzt; Frist verstrichen; daher fraglich, ob **Klausel wirksam**.

1. Unwirksamkeit gem. § 475 II BGB?

a) Anwendbarkeit der §§ 474 ff. BGB
V als Gebrauchtwagenhändler Unternehmer (§ 14 I BGB) und K Verbraucher (§ 13 BGB); Fahrzeug bewegliche Sache; Ausschluss des § 474 I 2 BGB greift nicht. §§ 474 ff. BGB folglich anwendbar.

b) Vereinbarkeit mit § 475 II BGB

> **aa)** Vereinbarung im Voraus (+).
> **bb)** Aber: Bei gebrauchten Sachen Frist von einem Jahr ab Ablieferung zulässig; Unwirksamkeit (-).
> **2. Vereinbarkeit mit §§ 305 ff. BGB**
> **a)** AGB (§ 305 I BGB) (+)
> **b)** Anwendungsbereich der §§ 305 ff. BGB gem. § 310 BGB voll eröffnet; insbes. K kein Unternehmer (§ 14 I BGB, vgl. § 310 I BGB).
> **c)** Einbeziehung in Vertrag (§ 305 II BGB) unbestritten.
> **d)** Unwirksamkeit gem. § 309 Nr. 8b ff) (-), da schon kein Vertrag über Lieferung neu hergestellter Sache (Gebrauchtwagen).
> **e)** Unangemessene Benachteiligung (§ 307 I BGB) (-), da bei gebrauchten Sachen nach Wertung des § 475 II BGB Verkürzung auf ein Jahr zulässig.
> **C. Ergebnis**
> Klausel wirksam; Anspruch des K aus §§ 437 Nr. 1, 439 BGB verjährt und daher nicht durchsetzbar (§ 214 I BGB).

III. Lösung

Anspruch des K auf Nachbesserung (§§ 437 Nr. 1, 439 BGB)

A. Entstehung des Anspruchs

1. V und K einigten sich wirksam über den Kauf des Opel Astra (§ 433 BGB).
2. Die zur Zeit der Übergabe angebrochene Radaufhängung ist bei vergleichbaren gleichaltrigen Fahrzeugen nicht üblich und stellt somit einen Sachmangel bei Gefahrübergang (§ 446 S. 1 BGB) i.S.d. § 434 I 2 Nr. 2 BGB dar.
3. Der Anspruch auf Nachbesserung (§§ 437 Nr. 1, 439 I Alt. 1 BGB) ist also zunächst entstanden.

B. Durchsetzbarkeit des Anspruchs

Der Anspruch müsste aber auch durchsetzbar sein. Wäre der Anspruch verjährt, so stünde dem Schuldner (V) eine dauernde Einrede zu (§ 214 I BGB). Normalerweise würde der Nacherfüllungsanspruch des K gem. § 438 I Nr. 3, II BGB in zwei Jahren ab Ablieferung verjähren.

Diese Frist wäre noch gewahrt, da erst eineinhalb Jahre verstrichen sind. Allerdings könnte durch die AGB-Klausel wirksam eine Erleichterung der Verjährung auf ein Jahr ab Ablieferung vereinbart worden sein. Dann wäre der Anspruch des K aus §§ 437 Nr. 1, 439 I BGB nicht durchsetzbar (§ 214 I BGB). Fraglich ist deshalb, ob die Fristverkürzungsabrede wirksam ist.

1. Die Unwirksamkeit der Fristverkürzungsabrede könnte sich zunächst aus § 475 II BGB ergeben. Dann käme es auf die besonderen AGB-rechtlichen Probleme wie z.B. die Einbeziehung in den Vertrag etc. nicht an.

a) Dann müssten die §§ 474 ff. BGB überhaupt anwendbar sein (§ 474 I BGB). Der Gebrauchtwagenhändler V handelte beim Abschluss des Kaufvertrages über das Auto als Unternehmer (§ 14 I BGB), K dagegen mangels anderer Angaben als Verbraucher (§ 13 BGB). Das Fahrzeug ist auch eine bewegliche Sache. Schließlich ist der Ausschlussgrund des § 474 I 2 BGB nicht erfüllt. Die §§ 474 ff. BGB finden daher Anwendung.

b) Weiterhin dürfte die Abrede nicht mit § 475 II BGB vereinbar sein.

aa) Die Fristverkürzung wurde vor Mitteilung des Mangels an den Unternehmer, also im Voraus, vereinbart.

bb) Eine Verkürzung der Verjährungsfrist auf ein Jahr ab Ablieferung ist bei gebrauchten Sachen jedoch zulässig (§ 475 II BGB). Die Absprache ist folglich nicht gem. § 475 II BGB unwirksam.

2. Wirksamkeitsvoraussetzung der AGB-Klausel ist aber außerdem, dass sie mit den §§ 305 ff. BGB in Einklang steht.

a) Die Klausel stellt dem Sachverhalt zufolge tatsächlich eine Allgemeine Geschäftsbedingung dar (§ 305 I BGB).

b) Darüber hinaus ist der Anwendungsbereich der §§ 305 ff. BGB gem. § 310 BGB voll eröffnet; insbesondere ist K kein Unternehmer (§ 310 I 1 BGB; s.o.).

c) Die Allgemeinen Geschäftsbedingungen des V wurden unstreitig Bestandteil des Kaufvertrages (§ 305 II BGB).

d) Die Unwirksamkeit der Verjährungsklausel könnte sich allerdings aus § 309 Nr. 8b ff.) BGB ergeben.

Voraussetzung ist nach § 309 Nr. 8b BGB, dass es sich bei dem Opel um eine neu hergestellte Sache handelt. K und V haben jedoch einen Vertrag über die Lieferung eines Gebrauchtwagens und nicht einer neu hergestellten Sache geschlossen. Deshalb ist die Verjährungsklausel nicht nach § 309 Nr. 8b ff.) BGB unwirksam.

e) Die Klausel ist nach § 307 I 1 BGB weiterhin unwirksam, wenn sie den K unangemessen benachteiligt.

Im Zweifel ist gem. § 307 II Nr. 1 BGB dann eine unangemessene Benachteiligung anzunehmen, wenn die Klausel mit wesentlichen Grundgedanken der gesetzlichen Regelung, von der abgewichen wird, nicht zu vereinbaren ist. Nach der Wertung des § 475 II BGB soll bei gebrauchten Sachen eine Verkürzung der Verjährungsfrist auf ein Jahr ab dem gesetzlichen Verjährungsbeginn aber gerade möglich sein. Es wäre somit nicht sachgerecht, diese Wertung i.R.d. Allgemeinen Geschäftsbedingungen über § 307 I BGB zu umgehen.

C. Ergebnis

Die Verkürzung der Verjährung wurde wirksam vereinbart. Der Anspruch des K aus §§ 437 Nr. 1, 439 I BGB ist verjährt und somit nicht durchsetzbar (§ 214 I BGB).

IV. Zusammenfassung

Sound: Sind die Vorschriften über den Verbrauchsgüterkauf (§§ 474 ff. BGB) anwendbar (§ 474 I BGB), so ist eine im Voraus getroffene vertragliche Erleichterung der Verjährung der Ansprüche aus § 437 BGB bei neuen Sachen auf unter 2 Jahre und bei gebrauchten Sachen auf unter ein Jahr ab dem gesetzlichen Verjährungsbeginn unwirksam, § 475 II BGB. Das gilt nicht für Schadensersatzansprüche gem. § 437 Nr. 3 Alt. 1 BGB (§ 475 III BGB).

---

hemmer-Methode: Nachdem der Verbraucher dem Unternehmer Mitteilung über einen Mangel der Kaufsache gemacht hat, soll eine weitergehende Verkürzung der Verjährungsfristen vereinbart werden können. Der Verbraucher ist hier weniger schutzwürdig, weil er den Mangel kennt und genau weiß, worauf er sich einlässt. Deswegen sind solche Abreden weder von § 475 II BGB noch von § 202 I BGB erfasst.

V. Zur Vertiefung

- Hemmer/Wüst, SchuldR II, Rn. 459 ff.

Fall 37: Der Regress des Unternehmers, §§ 478 f. BGB

Sachverhalt:

Elektrohändler V kauft von Hersteller H 200 Stereoanlagen. Eine dieser Anlagen verkauft V gut zwei Jahre später an den Rentner K. Kurz nach Abschluss dieses Kaufvertrages bringt K das Gerät zurück, weil es nicht funktioniert. V stellt fest, dass das Netzteil auf Grund eines Fabrikationsfehlers beschädigt ist und tauscht es auf seine Kosten aus. Daraufhin wendet er sich an H und verlangt von ihm die Kosten der Reparatur ersetzt.

Hat V einen Anspruch gegen H auf Ersatz der Reparaturkosten? H wendet zutreffend ein, dass der Mangel nur durch eine umfassende Untersuchung feststellbar war und dass die restlichen Stereoanlagen aus der Produktionsserie in Ordnung seien.

I. Einordnung

Ist der Unternehmer Mängelansprüchen des Verbrauchers ausgesetzt, so kann er nach Maßgabe der §§ 478 f. BGB **bei seinem Lieferanten Regress nehmen**. Die §§ 478 f. BGB sind also keine Verbraucherschutzvorschriften. Sie stehen nur mit diesen in Zusammenhang, da sie voraussetzen, dass am Ende der Lieferkette ein Verbraucher steht.

Die meisten der in den §§ 478 f. BGB enthaltenen Regelungen **modifizieren** lediglich die **Gewährleistungsrechte des Unternehmers gegen seinen Lieferanten** aus § 437 BGB. § 478 I BGB regelt eine spezielle Entbehrlichkeit der Fristsetzung zur Nacherfüllung. § 478 III BGB erklärt die Beweislastumkehr des § 476 BGB auch im Verhältnis Lieferant – Unternehmer für anwendbar. § 478 IV BGB bestimmt, dass der Lieferant zum Nachteil des Unternehmers nicht von manchen Gewährleistungsvorschriften der §§ 433 ff. BGB sowie der §§ 478 f. BGB abweichen kann.

Schließlich sieht § 479 II BGB eine Ablaufhemmung bzgl. der Verjährung von Gewährleistungsansprüchen vor, die der Unternehmer gegen seinen Lieferanten nach §§ 437 ff. und § 478 II BGB hat. § 478 II BGB wandelt dagegen nicht die Rechte aus § 437 BGB ab, sondern stellt eine selbständige Anspruchsgrundlage des Unternehmers gegen den Lieferanten dar.

Dieser Anspruch verjährt nach § 479 I BGB in zwei Jahren ab Ablieferung und ist auch von der Ablaufhemmung des § 479 II BGB erfasst. Insgesamt sichern die §§ 478 f. BGB die Ansprüche des Unternehmers gegen den Lieferanten ab, wenn der Unternehmer gegenüber dem Verbraucher haftet. Eine Privilegierung des Lieferanten wäre nicht gerechtfertigt. Zu beachten ist, dass der Regress immer nur innerhalb der bestehenden Vertragsbeziehungen erfolgt. Bei mehreren Unternehmern kann so eine ganze Regresskette bis zum Produzenten hin entstehen, §§ 478 V, 479 III BGB.

II. Gliederung

Anspruch des V gegen H auf Ersatz der Reparaturkosten

A. **Anspruch aus §§ 437 Nr. 3 Alt. 1, 280 I, III, 281 I 1 BGB**
1. Kaufvertrag (§ 433 BGB) (+)
2. Sachmangel bei Gefahrübergang (§ 434 I 2 Nr. 2 BGB) (+); Fabrikationsfehler.
3. Pflichtverletzung i.S.d. § 281 I 1 BGB ist Erbringung der mangelhaften Leistung.
4. Vertretenmüssen (§ 280 I 2 BGB) gesetzlich vermutet; aber: Vermutung des Sorgfaltspflichtverstoßes (§ 276 II BGB) durch H widerlegt; keine Erkennbarkeit bei gebotenem Aufwand; einmaliger Mangel; daher Vertretenmüssen (-).

B. **Anspruch aus § 478 II BGB**
1. H und V **Unternehmer** (§ 14 I BGB) und K **Verbraucher** (§ 13 BGB) (+).
2. Verkauf einer **neu hergestellten Sache** (+).
3. **Aufwendungen, die V nach § 439 II BGB zu tragen hatte?** (+); Nacherfüllungsanspruch des K gegen V aus §§ 437 Nr. 1, 439 I BGB bestand; Arbeits- und Materialkosten fielen nach § 439 II BGB zunächst V zur Last.
4. **Mangel bereits bei Gefahrübergang** auf V vorhanden; vgl. o.; daher keine Widerlegung der §§ 478 III, 476 BGB nach § 292 ZPO möglich.
5. **Keine Verjährung?** § 479 I BGB, zwei Jahre ab Ablieferung; verstrichen; aber: Ablaufhemmung § 479 II 1 BGB; zwei Monate ab Erfüllung der Ansprüche des Käufers noch nicht vergangen; Ausschluss des § 479 II 2 BGB greift nicht.

C. **Ergebnis**
V kann von H Ersatz der Reparaturkosten nach § 478 II BGB verlangen.

III. Lösung

Anspruch des V gegen H auf Ersatz der Reparaturkosten

A. **Anspruch aus §§ 437 Nr. 3 Alt. 1, 280 I, III, 281 I 1 BGB**

1. V und H schlossen einen wirksamen Kaufvertrag über die Stereoanlage (§ 433 BGB).
2. Die Anlage war wegen des Fabrikationsfehlers und des daraus resultierenden Netzteildefekts bei Übergang der Gefahr von H auf V (§ 446 S. 1 BGB) mit einem Sachmangel behaftet (§ 434 I 2 Nr. 2 BGB).
3. Außerdem müsste eine Pflichtverletzung vorliegen, H müsste also nicht oder nicht wie geschuldet geleistet haben, § 281 BGB.

Indem H eine mangelhafte Sache, § 434 I 2 Nr. 2 BGB, lieferte, leistete er nicht wie geschuldet, § 433 I 2 BGB, und verletzte so seine Pflicht zur mangelfreien Leistung.

4. H müsste die Pflichtverletzung weiterhin zu vertreten haben. Das Vertretenmüssen des H (§ 276 BGB) wird dabei gem. § 280 I 2 BGB gesetzlich vermutet. Diese Vermutung kann aber widerlegt werden, § 292 ZPO. H müsste darlegen und beweisen, dass er nicht fahrlässig nach § 276 II BGB handelte, mithin nicht die im Verkehr erforderliche Sorgfalt außer Acht ließ.

Der Mangel trat nur bei einer einzigen Stereoanlage der Produktionsserie auf („Ausreißer") und war nur im Rahmen einer aufwendigen Untersuchung erkennbar. Eine solche Untersuchung überschreitet das Maß der erforderlichen Sorgfalt (§ 276 II BGB). Es ist dem H bei einer Massenproduktion nicht zumutbar, jedes einzelne hergestellte Produkt bis ins Detail zu überprüfen. H handelte somit nicht fahrlässig und hat demnach die Erbringung der mangelhaften Leistung nicht zu vertreten. Schadensersatzansprüche gegen H bestehen daher nicht.

B. Anspruch aus § 478 II BGB

1. Der Aufwendungsersatzanspruch erfordert zunächst, dass H und V Unternehmer sind und K Verbraucher ist (§ 478 II, I BGB). H und V schlossen den Kaufvertrag in Ausübung ihrer gewerblichen Tätigkeit als Hersteller von Elektrogeräten bzw. als Elektrohändler (§ 14 I BGB). Sie sind Unternehmer. Rentner K dagegen ist zweifelsfrei Verbraucher (§ 13 BGB).

2. Zudem müsste eine neu hergestellte Sache verkauft worden sein. Die Stereoanlage wurde noch nicht ihrem bestimmungsgemäßen Gebrauch zugeführt und war daher eine neu hergestellte Sache.

3. Weitere Voraussetzung des § 478 II BGB ist, dass V im Verhältnis zu Verbraucher K Aufwendungen nach § 439 II BGB zu tragen gehabt hat. K hatte gegen V einen Nacherfüllungsanspruch aus §§ 437 Nr. 1, 439 BGB, weil die Stereoanlage bei Gefahrübergang von V auf K sachmangelhaft war (vgl. o.). Die Kosten der Nacherfüllung fielen gem. § 439 II BGB V zur Last.

4. Der Sachmangel war nachweislich auch bereits bei Übergang der Gefahr von H auf V vorhanden (s.o.).

Dies wird bereits nach §§ 478 III, 476 BGB gesetzlich vermutet.

Der Gegenbeweis nach § 292 ZPO wird dem H daher nicht gelingen. Der Anspruch des V aus § 478 II BGB gegen den Lieferanten H ist also entstanden.

5. Der Anspruch dürfte überdies nicht verjährt sein (§ 214 I BGB). Der Aufwendungsersatzanspruch aus § 478 II BGB verjährt gem. § 479 I BGB in zwei Jahren ab Ablieferung der Sache. Abzustellen ist auf die Ablieferung durch den Lieferanten an den Unternehmer. Diese zwei Jahre sind bereits vergangen. Allerdings regelt § 479 II BGB eine Ablaufhemmung, die auch die Verjährung des Anspruchs aus § 478 II BGB erfasst. Die Verjährung tritt frühestens zwei Monate nach dem Zeitpunkt ein, in dem der Unternehmer die Ansprüche des Verbrauchers erfüllt hat. Die Nacherfüllung gegenüber K liegt wohl noch keine zwei Monate zurück. Der Ausschluss des § 479 II 2 BGB greift nicht. Folglich ist der Anspruch nicht verjährt.

C. Ergebnis

V kann von H Ersatz der Reparaturkosten aus § 478 II BGB verlangen.

Anmerkung: Übersehen Sie nicht § 478 VI BGB. § 377 HGB ist auch bei den Rückgriffsansprüchen des Unternehmers beachtlich. Im vorliegenden Sachverhalt ergeben sich aber keine Anhaltspunkte für eine Verletzung der Rügeobliegenheit.

IV. Zusammenfassung

Sound: Hat der Lieferant die Lieferung der Sache in mangelhaftem Zustand nicht zu vertreten, so scheiden Regressansprüche des Unternehmers gegen den Lieferanten nach §§ 437 Nr. 3 Alt. 1, 280 ff. BGB aus. Der Unternehmer kann aber gem. § 478 II BGB Ersatz der Aufwendungen verlangen, die er im Verhältnis zum Verbraucher nach § 439 II BGB zu tragen hatte. Dieser Anspruch besteht verschuldensunabhängig.

hemmer-Methode: Noch einmal: Abgesehen von § 478 II BGB, der dem Unternehmer eine eigenständige Anspruchsgrundlage einräumt, wandeln die §§ 478 f. BGB lediglich die kaufrechtlichen Gewährleistungsrechte des Unternehmers gegen den Lieferanten aus § 437 BGB ab. Prüfen Sie also ganz normal die Rechte aus § 437 BGB gegen den Lieferanten und gehen Sie innerhalb dieser Prüfung an den entscheidenden Stellen (Beweislastumkehr des § 476 BGB, Entbehrlichkeit der Frist etc.) auf die §§ 478 f. BGB ein. Im Verhältnis Unternehmer – Verbraucher (Letztkäufer) spielen die §§ 478 f. BGB keine Rolle.

V. Zur Vertiefung

- Hemmer/Wüst, SchuldR II, Rn. 473 ff.
- Hemmer/Wüst, SchuldR BT I, Karteikarte 71.

Kapitel VIII: Zustandekommen und Inhalt des Werkvertrages

Fall 38: Abgrenzung zu anderen Vertragstypen

Sachverhalt:

A gerät unverschuldet mit seinem Kfz in einen Verkehrsunfall. Dabei wird das Fahrzeug schwer beschädigt. Um das genaue Ausmaß des Schadens festzustellen, begibt sich A zum Gutachter G und einigt sich mit ihm über die Anfertigung eines Schadensgutachtens für 300 €. G, der in letzter Zeit eine Flut von Aufträgen angenommen hat und diese kaum bewältigen kann, untersucht das Fahrzeug nur nachlässig. Er kommt zu dem Ergebnis, dass sich der Schaden auf 7.500 € beläuft. Tatsächlich sind jedoch weit mehr Reparaturen nötig, so dass der wahre Schaden 11.000 € beträgt. Der nicht ganz fachunkundige A merkt, dass mit dem Gutachten etwas nicht stimmen kann. Er verlangt von G, seine Arbeit noch einmal zu überprüfen. Dieser ist der Meinung, er schulde A nichts mehr und lehnt die Überarbeitung des Gutachtens entschieden ab. A möchte die 300 € nicht bezahlen und fragt sich, ob er vom Vertrag zurücktreten kann.

Besteht ein Rücktrittsrecht des A?

I. Einordnung

Inhalt des Werkvertrages ist die Verpflichtung des Werkunternehmers, das vereinbarte Werk zu erstellen, während der Besteller die verabredete Vergütung als Gegenleistung schuldet (§ 631 I BGB). Nach § 631 II BGB kann das Werk entweder in der Herstellung oder Veränderung einer Sache bestehen (Hausbau, Autoreparatur) oder ein durch Arbeit oder Dienstleistung herbeizuführender sonstiger Erfolg sein (Bauplanung, Beförderung).

Die Werkleistung ist **frei von Sach- und Rechtsmängeln** zu erbringen (§ 633 I BGB). Haben die Parteien keine Vereinbarung über die Vergütung getroffen, so gilt diese als stillschweigend vereinbart, wenn den Umständen nach eine Vergütung zu erwarten ist (§ 632 I BGB).

Dadurch erfolgt eine Abgrenzung zum unentgeltlichen Auftrag (§ 662 BGB). Weiterhin ist der Werkvertrag **vom Dienstvertrag (§ 611 BGB) zu unterscheiden**. Während beim Werkvertrag ein bestimmtes Arbeitsergebnis, also ein Erfolg geschuldet ist, hat der Dienstverpflichtete lediglich tätig zu werden.

Er muss nur die Arbeitsleistung als solche ausführen, ohne dass es auf den Erfolg ankommt. Der Schuldner der Dienstleistung haftet ausschließlich für Sorgfaltspflichtverletzungen, §§ 280 ff. BGB. Der Werkunternehmer ist dagegen bei Mängeln des Werkes aus den §§ 633 ff. BGB verpflichtet. Schließlich wurde seit der Schuldrechtsreform der Anwendungsbereich der §§ 631 ff. BGB durch § 651 BGB stark eingeschränkt. Bei Verträgen über die Lieferung herzustellender oder zu erzeugender beweglicher Sachen („Werklieferungsvertrag") findet Kaufrecht Anwendung.

Ist eine nicht vertretbare Sache geschuldet, so gelten ergänzend zum Kaufrecht noch einige Vorschriften aus dem Werkvertragsrecht (§ 651 S. 3 BGB).

II. Gliederung

Rücktrittsrecht des A aus §§ 634 Nr. 3 Alt. 1, 323 BGB

1. Werkvertrag (§ 631 BGB)?

a) Vertragsschluss über Erstellung des Gutachtens für 300 € durch zwei übereinstimmende Willenserklärungen (§§ 145 ff. BGB) (+)

b) Typus des Vertrages?

aa) Dienstvertrag (§ 611 BGB)?
   Von Werkvertrag (§ 631 BGB) abzugrenzen; Werkunternehmer schuldet ein Ergebnis, das unmittelbar durch seine Tätigkeit herbeigeführt wird (Erfolg); bei Dienstvertrag besteht nur Verpflichtung zum Tätigwerden. Vertragstypus durch **Auslegung (§§ 133, 157 BGB)** zu ermitteln.
   Hier: Erkennbares Interesse des A, dass Gutachten alle Schäden und Reparaturkosten enthält, da evtl. Abrechnungsgrundlage für Versicherung; daher Erfolg und nicht bloße Erstellung des Gutachtens geschuldet; Dienstvertrag (§ 611 BGB) (-).

bb) Evtl. Kaufrecht über § 651 BGB anwendbar?
   (-), da Gutachten keine Sache (§ 90 BGB); nicht körperlicher Gegenstand; es ist auf geistigen Inhalt und nicht auf bedrucktes Papier abzustellen.

cc) Daher: Werkvertrag (§ 631 BGB) (+).

2. **Mangel des Werks** (§ 633 BGB) (+), weil Besteller von Schadensgutachten erwarten darf, dass sämtliche Schadenspositionen enthalten sind (§ 633 II 2 Nr. 2 BGB).

3. **Rücktritt ohne Fristsetzung** gem. §§ 634 Nr. 3 Alt. 1, 323 I, II Nr. 1, V 2 BGB (+); ernsthafte und endgültige Erfüllungsverweigerung und keine Unerheblichkeit der Pflichtverletzung.

4. **Ergebnis**
Rücktrittsrecht des A aus §§ 634 Nr. 3 Alt. 1, 323 I BGB (+).

III. Lösung

Rücktrittsrecht des A aus §§ 634 Nr. 3 Alt. 1, 323 I BGB

1. Das Rücktrittsrecht setzt zunächst voraus, dass zwischen den Parteien ein wirksamer Werkvertrag (§ 631 BGB) zu Stande kam.

a) A und G einigten sich über die Erstellung eines Schadensgutachtens für 300 €.
Sie gaben zwei korrespondierende Willenserklärungen ab und schlossen somit einen Vertrag (§§ 145 ff. BGB).

b) Fraglich ist aber, welchem Vertragstypus die Abrede zugeordnet werden kann.

aa) Zwischen A und G könnte ein Dienstvertrag (§ 611 BGB) zu Stande gekommen sein. Dienstverträge sind von Werkverträgen abzugrenzen. Während der Werkunternehmer einen Arbeitserfolg schuldet, ist der Dienstverpflichtete lediglich das Bemühen um einen Erfolg schuldig (Arbeitsleistung als solche).

Der zu erbringende Arbeitserfolg beim Werkvertrag ist das Ergebnis, das unmittelbar durch die Tätigkeit des Unternehmers herbeigeführt wird (Erstellung des Werkes).

Ob hier ein Dienst- oder ein Werkvertrag vorliegt, ist durch Auslegung der Vereinbarung zu ermitteln (§§ 133, 157 BGB). Es ist zu untersuchen, ob G nur die Tätigkeit der Anfertigung des Gutachtens (§ 611 BGB) oder das Gutachten als solches schuldet (§§ 631, 633 BGB). A hat ein großes und erkennbares Interesse daran, dass das Gutachten alle Schadenspositionen und Reparaturkosten enthält. Denn A will ohne Zweifel Ersatzansprüche gegenüber der gegnerischen Kfz-Haftpflichtversicherung geltend machen. Das Schadensgutachten kann als Grundlage zur Bemessung dieser Ansprüche herangezogen werden. Es ist auch sehr wahrscheinlich, dass A das Gutachten aus diesem Grunde anfertigen ließ. Außerdem ist ein unvollständiges Gutachten schlechthin nutzlos. Das Interesse des A an der Vollständigkeit des Gutachtens war für G auch durchaus erkennbar.

Daher ist die Vereinbarung zwischen A und G dahingehend auszulegen, dass nicht die bloße Tätigkeit der Gutachtenerstellung geschuldet sein sollte. Ein Dienstvertrag (§ 611 BGB) wurde folglich nicht geschlossen.

bb) Weiterhin könnte über § 651 BGB Kaufrecht auf den Vertrag Anwendung finden. Dann müsste die Absprache zwischen A und G die Lieferung einer herzustellenden oder zu erzeugenden beweglichen Sache zum Gegenstand haben. Problematisch ist die Sachqualität des Gutachtens. Sachen sind körperliche Gegenstände (§ 90 BGB).

Das Schadensgutachten ist aber kein körperlicher Gegenstand, weil nicht auf das bedruckte Papier, sondern auf den geistigen Inhalt des Gutachtens abzustellen ist. Eine andere Betrachtung wäre lebensfremd.

cc) Somit schlossen A und G einen Werkvertrag (§ 631 BGB), auf den die §§ 633 ff. BGB anwendbar sind.

Anmerkung: Grundsätzlich bedürfen Werkverträge keiner besonderen Form. Bildet der Werkvertrag aber mit einem unter § 311b I BGB fallenden Rechtsgeschäft einen gemischten oder zusammengesetzten Vertrag, so muss der gesamte Vertrag der Form des § 311b I BGB genügen, sofern eine rechtliche Einheit gegeben ist. Das ist dann der Fall, wenn die Vereinbarungen miteinander stehen und fallen sollen (z.B. einheitlicher Vertrag über Kauf und Bebauung eines Grundstücks). Der Vertrag muss notariell beurkundet werden (§ 128 BGB), sonst ist er nach §§ 125 S. 1, 139 BGB nichtig.

2. Das Gutachten müsste weiterhin mangelhaft sein. In Betracht kommt vorliegend ein Sachmangel gem. § 633 II 2 Nr. 2 BGB. Das Gutachten enthält nicht alle Schadenspositionen und eignet sich damit nicht für die gewöhnliche Verwendung im Rechtsverkehr. Folglich weist das Gutachten einen Sachmangel nach § 633 II 2 Nr. 2 BGB auf.

3. Weiterhin müssten die besonderen Rücktrittsvoraussetzungen gegeben sein, §§ 634 Nr. 3 Alt. 1, 323 BGB. Die sonst gem. § 323 I BGB erforderliche Fristsetzung zur Nacherfüllung ist wegen der ernsthaften und endgültigen Nacherfüllungsverweigerung des G entbehrlich, § 323 II Nr. 1 BGB. Aufgrund der verhältnismäßig großen Ausmaßes der nicht festgestellten Schäden ist die Pflichtverletzung auch nicht unerheblich (§ 323 V 2 BGB). A kann damit zurücktreten.

4. Ergebnis: A steht ein Rücktrittsrecht aus §§ 634 Nr. 3 Alt. 1, 323 I BGB zu.

IV. Zusammenfassung

Sound: Der Werkvertrag (§ 633 BGB) unterscheidet sich dadurch vom Dienstvertrag (§ 611 BGB), dass der Werkunternehmer einen Arbeits*erfolg* schuldet.

Bei der Herstellung eines mangelhaften Werkes hat der Besteller werkvertragsspezifische Mängelrechte (§§ 633 ff. BGB), die jedoch eine starke Ähnlichkeit zum Kaufrecht aufweisen. Der Dienstverpflichtete hat dagegen eine bloße *Tätigkeit* zu erbringen, ohne dass es auf den Erfolg ankommt. Er haftet nur für Sorgfaltspflichtverletzungen nach den §§ 280 ff. BGB.

hemmer-Methode: Wegen § 651 BGB (vgl. dazu Fall 46) fallen Verträge über die Herstellung beweglicher Sachen nicht unter das Werkvertragsrecht (§§ 631 ff. BGB). Zu erwähnen sind Verträge über die Herstellung unbeweglicher Sachen (Bauwerke), Verträge über die Herstellung nicht körperlicher Gegenstände (Architektenvertrag, Gutachten), Reparatur- oder Wartungsverträge sowie Verträge über die Beförderung von Personen oder Sachen (z.B. Taxivertrag).

V. Zur Vertiefung

- Hemmer/Wüst, SchuldR II, Rn. 486 ff.
- Hemmer/Wüst, SchuldR BT I, Karteikarten 75 f., 96.

Fall 39: Der Schwarzarbeiterfall

Sachverhalt *(angelehnt an BGH NJW 1990, 2542 f.):*
A möchte sein Dach möglichst preiswert neu eindecken lassen. An seinem Stammtisch erfährt er, dass der Dachdeckergeselle D sich gerne in seiner Freizeit privat etwas Geld hinzuverdient. A begibt sich zu D und einigt sich mit ihm darüber, dass dieser die nötigen Dachdeckerarbeiten abends und an den Wochenenden gegen ein angemessenes Entgelt durchführt. Nach Erledigung der Arbeiten verlangt D von A die Bezahlung der vereinbarten Vergütung. A meint, er sei nicht zur Zahlung verpflichtet. Außerdem sei das Dach mangelhaft gedeckt. Tatsächlich weist das Dach etliche undichte Stellen auf.

Ansprüche des D gegen A?

I. Einordnung

Wie auch bei anderen Verträgen richtet sich das Zustandekommen bzw. die Wirksamkeit des Werkvertrages nach den allgemeinen Regeln (§§ 134, 138, 145 ff. BGB). Wird ein Werkvertrag über eine **nach dem Schwarzarbeitsgesetz** (SchwArbG) **verbotene Tätigkeit** geschlossen, so ist der Werkvertrag gem. § 134 BGB nichtig, wenn ein beiderseitiger Verstoß gegeben ist. Dann hat der Schwarzarbeiter keinen vertraglichen Anspruch auf Bezahlung des Werklohnes.

Allerdings ist fraglich, ob nicht **auf anderem Wege ein Ausgleich** erreicht werden kann, wenn der Schwarzarbeiter seine Leistung bereits erbracht hat. Denn sonst wäre der Schwarzarbeiter, der grundsätzlich vorleistet, schutzlos gestellt. Er müsste allein die Folgen des Verstoßes gegen das SchwArbG tragen, während der Auftraggeber privilegiert würde.

II. Gliederung

Ansprüche des D gegen A

A. **Anspruch auf Bezahlung des Werklohnes aus § 631 I BGB**

1. Werkvertrag zwischen A und D geschlossen (§ 631 BGB).

2. Wirksamkeit?
   Evtl. Nichtigkeit nach § 134 BGB

   a) Verstoß gegen SchwArbG (+);

   ⇨ D verstößt gegen § 1 II SchwArbG, da illegale Erbringung von Werkleistungen in erheblichem Umfang; Auftraggeber A verstößt auch gegen § 1 II SchwArbG.

   b) Nichtigkeit als Folge des Verstoßes?
   (+); Schutzweck des Gesetzes (Schutz des Handwerks, der Sozialversicherungsträger und des Fiskus) erfordert Nichtigkeit des zivilrechtlichen Vertrages;
   Vor. nach der Rspr. allerdings beiderseitiger Verstoß; hier verstießen A und D gegen SchwArbG (s.o.); Werkvertrag somit nichtig; Anspruch aus § 631 I BGB (-).

B. Anspruch aus §§ 683, 670 BGB

1. Fremdes Geschäft mit Fremdgeschäftsführungswillen geführt?
   ⇨ BGH: „auch fremdes" Geschäft, Fremdgeschäftsführungswille vermutet;
   ⇨ h.L. verneint Willen FGW, da eigentlich nur Handeln im Eigeninteresse; nichtige Verträge nach Bereicherungsrecht abzuwickeln (§§ 812 ff. BGB).
2. Streit i.E. egal, da nach Rspr. D die **Aufwendungen** wegen § 134 BGB **nicht für erforderlich halten** durfte (§ 670 BGB); Anspruch (-).

C. Anspruch aus § 812 I 1 Alt. 1 BGB

1. A erlangte Werk durch Leistung des D; Rechtsgrund wegen § 134 BGB (-); s.o.
2. Ausschluss des Anspruches durch § 814 BGB (-); keine positive Kenntnis des D.
3. Ausschluss gem. § 817 S. 2 BGB?
   a) § 817 S. 2 BGB auf alle Fälle der Leistungskondiktion anwendbar (Wortlaut).
   b) Verstoß des Leistenden gegen gesetzliches Verbot (+) (s.o.); folglich Anspruch aus § 812 I 1 Alt. 1 BGB eigentlich (-).
   c) Aber: **Einschränkung des § 817 S. 2 BGB über § 242 BGB?**
   Schwarzarbeiter müsste sonst allein Folgen des Verstoßes gegen SchwArbG tragen; Auftraggeber, dem ebenso Verstoß zur Last fällt, könnte die Werkleistung behalten und müsste keinen Ausgleich zahlen.
   Daher: Einschränkung geboten; allerdings fraglich, ob Schutzzweck des SchwArbG Bereicherungsausgleich entgegensteht.
   Ausschluss des Bereicherungsausgleichs ordnungspolitisch nicht geboten.

Daher: Einschränkung des § 817 S. 2 BGB (+) (§ 242 BGB).

d) A hat somit **Wertersatz zu leisten** (§ 818 II BGB). Orientierung an Marktpreis; jedoch Abzüge wegen fehlender Gewährleistungsansprüche des Bestellers; Obergrenze ist vereinbartes Entgelt (sonst Rechtsmissbrauch); sind Mängel vorhanden, so sind diese darüber hinaus zu berücksichtigen.

D. Ergebnis

Anspruch aus §§ 812 I 1, Alt. 1, 818 II BGB auf Wertersatz (+); außerdem § 817 S. 1 BGB.

III. Lösung

Ansprüche des D gegen A

A. Anspruch auf Bezahlung des Werklohnes aus § 631 I BGB

Der Anspruch aus § 631 I BGB setzt einen wirksamen Werkvertrag voraus.

1. A und D einigten sich darüber, dass D das Dach des A gegen Entgelt neu eindeckte. Bei dieser Vereinbarung sollte nach dem Parteiwillen die Erstellung des Werkes, also ein Arbeitserfolg, geschuldet sein.

Somit handelt es sich um einen Werkvertrag (§ 631 BGB).

Anmerkung: Die typologische Einordnung des Vertrages spielt hier eigentlich keine Rolle, da es nur um die Zahlungspflicht geht, die sich unmittelbar aus der Vereinbarung zwischen A und D ergibt.

2. Der Vertrag könnte aber unwirksam sein. In Betracht kommt eine Nichtigkeit gem. § 134 BGB. Dann müsste die Absprache gegen ein gesetzliches Verbot verstoßen, welches die Nichtigkeit des zivilrechtlichen Vertrages verlangt.

a) Der Vertrag steht mit dem Schwarzarbeitsgesetz (SchwArbG) nicht in Einklang. Erfüllt D seine Vertragspflicht, so verstößt er gegen § 1 II SchwArbG, weil er illegal Werkleistungen in erheblichem Umfang zu erbringen hat. Auftraggeber A verstößt ebenfalls gegen § 1 II SchwArbG.

b) Weiterhin müsste der Verstoß die Nichtigkeit des zivilrechtlichen Vertrages nach sich ziehen. Dies ist durch Auslegung der Verbotsnorm zu ermitteln. Zweck der Norm ist, das Handwerk, die Sozialversicherungsträger sowie den Fiskus zu schützen. Dieser Zweck wird nur dann effektiv erreicht, wenn das Verbot auf die zivilrechtliche Ebene durchschlägt. Die Schwarzarbeit lässt sich nur dann wirksam bekämpfen, wenn dem Schwarzarbeiter keine vertraglichen Lohansprüche und dem Auftraggeber keine Gewährleistungsrechte zustehen. Die Rechtsprechung geht allerdings nur dann von einer Nichtigkeit des Vertrages aus, wenn ein beiderseitiger Verstoß vorliegt. Sowohl D als auch A vestießen gegen das SchwArbG (s.o.). Folglich ist der Werkvertrag gem. § 134 BGB nichtig. Der Anspruch aus § 631 I BGB besteht deshalb nicht.

B. Anspruch aus §§ 683, 670 BGB

1. Die echte Geschäftsführung ohne Auftrag erfordert zunächst, dass D ein fremdes Geschäft mit Fremdgeschäftsführungswillen führte.

Nach der Rechtsprechung ist hier ein sogenanntes „auch fremdes Geschäft" gegeben, bei dem der Fremdgeschäftsführungswille vermutet wird.

Die herrschende Literatur hingegen lehnt die Vermutung des Fremdgeschäftsführungswillens in der gegebenen Konstellation ab.

Nach dieser Ansicht deckte D das Dach ausschließlich, um seine vermeintliche Vertragspflicht zu erfüllen und seinen Werklohn zu erhalten. Er handelte rein in eigenem Interesse. Dafür spricht, dass das Bereicherungsrecht, das ursprünglich die Rückabwicklung nichtiger Verträge regelt, nicht durch die Anwendung der §§ 677 ff. BGB umgangen werden darf.

2. Dieser Streit ist jedoch nicht abschließend zu entscheiden, da nach der Rechtsprechung D die Aufwendungen wegen der Nichtigkeit des Werkvertrages gem. § 134 BGB nicht für erforderlich halten durfte (§ 670 BGB). D hat damit keinen Anspruch aus §§ 683, 670 BGB.

C. Anspruch aus § 812 I 1 Alt. 1 BGB

1. A erlangte das Werk durch bewusste und zweckgerichtete Förderung seines Vermögens durch D, mithin durch Leistung des D. Der Werkvertrag ist gem. § 134 BGB nichtig (s.o.), so dass ein Rechtsgrund für die Leistung nicht besteht.

2. D hatte außerdem keine positive Kenntnis von der Nichtigkeit des Vertrags. Deshalb ist der Anspruch nicht nach § 814 BGB ausgeschlossen.

3. Allerdings könnte der Anspruchsausschluss aus § 817 S. 2 BGB greifen.

a) § 817 S. 2 BGB ist zunächst ausweislich des Wortlauts der Vorschrift und wegen deren Zweck auf alle Fälle der Leistungskondiktion anwendbar.

b) Der Leistende (D) verstößt gegen ein gesetzliches Verbot des SchwArbG (s.o.).

Anmerkung: Entgegen dem Wortlaut der Norm ist es auf Grund eines Erst-Recht-Schlusses nicht erforderlich, dass auch der Leistungsempfänger gegen ein gesetzliches Verbot oder die guten Sitten verstößt.

Daher ist der Anspruch aus § 812 I 1 Alt. 1 BGB eigentlich gem. § 817 S. 2 BGB ausgeschlossen.

c) § 817 S. 2 BGB könnte aber nach Treu und Glauben (§ 242 BGB) einzuschränken sein. Würde kein Bereicherungsausgleich stattfinden, so müsste der Schwarzarbeiter, der grundsätzlich vorleistet, die Folgen des Verstoßes gegen das SchwArbG alleine tragen, obwohl dem Auftraggeber ebenfalls ein Verstoß vorzuwerfen ist. Der Besteller könnte das Werk behalten und müsste keinen Wertersatz leisten. Dies wäre insbesondere in Anbetracht der Tatsachen, dass der Auftraggeber meist wirtschaftlich stärker ist und zudem häufig den Handwerker zur Schwarzarbeit überredet, unbillig. Eine Korrektur des § 817 S. 2 BGB über § 242 BGB käme aber dann nicht in Betracht, wenn der Schutzzweck des SchwArbG entgegenstünde. Das Gesetz dient der Verhinderung von Schwarzarbeit, um das Handwerk und die Sozialversicherungsträger zu schützen und um Steuerausfälle zu vermeiden. Diese ordnungspolitischen Ziele werden jedoch durch den Ausschluss vertraglicher Ansprüche, die Gefahr einer Strafverfolgung sowie durch die Pflicht zur Nachzahlung von Steuern und Sozialabgaben ausreichend gewährleistet. Ein Ausschluss der bereicherungsrechtlichen Rückabwicklung ist also nicht geboten.

Folglich greift der Ausschluss des § 817 S. 2 BGB wegen § 242 BGB nicht ein.

d) Somit hat A gem. § 818 II BGB den Wert der Werkleistung zu ersetzen. Bei der Bemessung des Wertes erfolgt eine Orientierung am Marktpreis. Allerdings ist mindernd zu berücksichtigen, dass dem Auftraggeber wegen der Nichtigkeit des Vertrags keine Gewährleistungsrechte zustehen. In jedem Fall ist die vertraglich vereinbarte Vergütung die Obergrenze, da es rechtsmissbräuchlich wäre, wenn dem Schwarzarbeiter wegen der Nichtigkeit des Vertrages ein höherer Anspruch zustehen würde. Haben sich schon Mängel gezeigt, so sind diese darüber hinaus in die Wertermittlung mit einzubeziehen. Dadurch wird ein Ergebnis erzielt, das faktisch einer gewährleistungsrechtlichen Minderung entspricht.

D. Ergebnis

D hat gegen A einen Anspruch auf Wertersatz gem. §§ 812 I 1, Alt. 1, 818 II BGB. Der Bereicherungsanspruch lässt sich zudem auf § 817 S. 1 BGB stützen.

IV. Zusammenfassung

Sound: Verstoßen beide Parteien eines Vertrages gegen das Schwarzarbeitsgesetz, so ist der Vertrag gem. § 134 BGB nichtig. Hat der Schwarzarbeiter vorgeleistet, so sind die bereicherungsrechtlichen Ansprüche gegen den Auftraggeber jedoch nicht gem. § 817 S. 2 BGB ausgeschlossen, da sonst der Schwarzarbeiter im Verhältnis zum Auftraggeber unbillig belastet würde (§ 242 BGB). Der Auftraggeber hat grundsätzlich den Wert der Werkleistung zu ersetzen (§§ 812 I 1 Alt. 1, 818 II BGB).

hemmer-Methode: Mit einer entsprechenden Argumentation ließe sich hier wohl auch vertreten, dass der Schutzzweck des SchwArbG gebietet, den Ausschluss der Bereicherungsansprüche gem. § 817 S. 2 BGB durchgreifen zu lassen. Denn der Bereicherungsausgleich führt zu einer quasi-vertraglichen Konstellation. Der Auftraggeber erhält die Werkleistung und der Schwarzarbeiter deren Wert. Könnte der Schwarzarbeiter keinen Wertersatz verlangen, so wäre die Präventivwirkung des SchwArbG ohne Zweifel beträchtlicher.

V. Zur Vertiefung

- Hemmer/Wüst, BGB AT II, Rn. 114 ff.
- Hemmer/Wüst, SchuldR BT I, Karteikarte 77.

Kapitel IX: Allgemeine Leistungsstörungen beim Werkvertrag

Fall 40: Schuldnerverzug des Bestellers

Sachverhalt:

B möchte für sich und seine Familie ein Eigenheim errichten. Er beauftragt Architekt A, ein Haus nach seinen Wünschen zu planen. Eine Vergütung wird nicht vereinbart. Zwei Monate später benachrichtigt A den B, dass die Pläne fertig gestellt seien. B, der mittlerweile in finanzielle Schwierigkeiten geraten ist und das Haus jetzt nicht mehr finanzieren kann, erklärt dem A, die ganze Sache sei hinfällig. Daraufhin setzt A dem B eine vierzehntägige Frist zur Abnahme der Pläne. Als diese fruchtlos verstrichen ist, schickt A dem B am 16.04.2009 eine Aufforderung zur Zahlung seines Honorars. B meint, es sei weder ein Entgelt vereinbart worden noch habe er die Entwürfe abgenommen. A fordert nun neben seinem Honorar Verzugszinsen ab dem 16.04.2009.

Bestehen die Ansprüche des A?

I. Einordnung

Wird bei einem Vertrag, der die Herstellung eines Werkes zum Gegenstand hat, keine Vergütung vereinbart, so kann sich die Vergütungspflicht des Bestellers aus der Fiktion des § 632 BGB ergeben. Nach § 632 I BGB gilt eine Vergütung als stillschweigend vereinbart, wenn nach den Umständen eine Entgeltlichkeit des Vertrages zu erwarten ist. Es kann somit ein wirksamer Werkvertrag zu Stande kommen, ohne dass eine Vereinbarung über sämtliche essentialia negotii, zu denen der Lohn als Hauptleistungspflicht des Bestellers gehört, getroffen wurde. Einigen sich die Parteien dagegen über die Unentgeltlichkeit des Vertrages, so ist ein Auftrag (§ 662 BGB) gegeben.

Beim Werkvertrag wird die **Vergütung mit der Abnahme des Werkes fällig** (§ 641 BGB). Die Abnahme (§ 640 BGB) ist die körperliche Hinnahme des Werkes und dessen Akzeptanz als grundsätzlich geschuldete Leistung.

Der Besteller ist zur Abnahme des vertragsgemäßen Werkes nach Maßgabe des § 640 I 1, 2 BGB verpflichtet. Die §§ 640 I 3 und 641 a I BGB regeln Abnahmefiktionen.

Ist die Abnahme wegen der Beschaffenheit des Werkes nicht möglich, weil es unkörperlich bleibt, so tritt gem. § 646 BGB die Vollendung an die Stelle der Abnahme.

II. Gliederung

Ansprüche des A gegen B auf Werklohn und Verzugszinsen

A. Anspruch auf Werklohn aus § 631 I BGB

1. Werkvertrag (§ 631 BGB)?

a) Pflicht des A Erstellung der Pläne; nach Parteiwille Erfolg und nicht bloße Tätigkeit geschuldet; A hat somit ein Werk i.S.d. § 631 I BGB herzustellen.

b) Entgeltlichkeit?
Keine ausdrückliche Vereinbarung über Vergütung; allerdings Fiktion des § 632 I BGB; A durfte kaum erwarten, dass Architekt ohne finanzielle Gegenleistung tätig wird; folglich Vergütung stillschweigend vereinbart.
Daher: Werkvertrag (§ 631 BGB) (+).

2. Fälligkeit des Vergütungsanspruchs aus § 631 I BGB?
Vergütung bei Abnahme fällig (§ 641 I 1 BGB).

a) Körperliche Hinnahme des Werkes und Anerkennung als geschuldete Leistung (Abnahme, § 640 I 1 BGB) nicht erfolgt.

b) Aber: Fiktion des § 640 I 3 BGB (+); fruchtloser Ablauf der durch A gesetzten Frist; 14 Tage auch angemessen; zudem Verpflichtung zur Abnahme, da Werk wohl vertragsgemäß und abnahmefähig (§ 640 I 1, 2 BGB).

Somit fälliger Anspruch des A auf Werklohn (taxmäßige Vergütung, § 632 II BGB).

B. Anspruch auf Verzugszinsen (§ 288 BGB)

1. Verzug des B (§ 286 BGB)?

a) Fälliger und einredefreier Anspruch des A (+); s.o.

b) Mahnung nach Eintritt der Fälligkeit (+), da Leistungsaufforderung nach Fristablauf, welcher Fälligkeit begründet (s.o.).

c) Vertretenmüssen (§§ 286 IV, 276 BGB) (+); vorsätzliche Nichtleistung.

⇨ Verzug des B (+).

2. Werklohnanspruch des A ab Eintritt des Verzugs durch Mahnung am 16.04.2009 (§ 286 I 1 BGB) zu verzinsen; Zinssatz beträgt gem. § 288 I BGB 5 Prozentpunkte über Basiszinssatz (§ 247 BGB), da B Verbraucher (§ 13 BGB; vgl. § 288 II BGB).

III. Lösung

Ansprüche des A gegen B auf Werklohn und Verzugszinsen

A. Anspruch auf Werklohn aus § 631 I BGB

1. Der Anspruch setzt voraus, dass zwischen den Parteien ein Werkvertrag (§ 631 BGB) zu Stande kam. Ein Werkvertrag liegt vor, wenn der eine Teil die Herstellung eines Werkes und der andere Teil als Gegenleistung eine Vergütung schuldet.

a) Vertragspflicht des A ist die Erstellung von Plänen für ein Haus.

Diese Pflicht ist nach dem Parteiwillen dahingehend auszulegen, dass ein Arbeitserfolg (Plan) und nicht nur die bloße Tätigkeit des Planens geschuldet ist. Somit hat A ein Werk i.S.d. § 631 I, II BGB herzustellen.

b) Zudem müsste der Vertrag entgeltlich sein. A und B trafen keine Vereinbarung über eine Vergütung. Allerdings könnte die Fiktion des § 632 I BGB greifen. Demnach gilt eine Vergütung als stillschweigend vereinbart, wenn sie den Umständen nach zu erwarten ist. B durfte hier nicht davon ausgehen, dass A die Pläne ohne Gegenleistung erstellte. Architekten finanzieren sich bekanntermaßen über ihre Auftraggeber.

Daher ist die taxmäßige Vergütung, die der Gebührenordnung für Architekten zu entnehmen ist, als verabredet anzusehen (§ 632 I, II BGB). Ein Werkvertrag kam also zu Stande. Der Anspruch auf Werklohn ist damit entstanden.

2. Der Anspruch aus § 631 I BGB müsste auch fällig sein. Die Vergütung wird bei Abnahme des Werkes fällig (§ 641 I 1 BGB).

a) Eine Abnahme (§ 640 BGB) ist die körperliche Hinnahme des Werkes und dessen Annahme als geschuldete Leistung. B nahm die Pläne weder entgegen noch akzeptierte er sie. Eine Abnahme erfolgte somit nicht.

b) Jedoch könnte die Abnahmefiktion des § 640 I 3 BGB einschlägig sein. A setzte dem B erfolglos eine Frist zur Abnahme. Die vierzehntägige Frist ist auch angemessen. Weiterhin müsste B zur Abnahme verpflichtet gewesen sein. Dies richtet sich nach § 640 I 1, 2 BGB. Die Pläne sind wohl sowohl vertragsgemäß als auch von der Beschaffenheit her der Abnahme fähig. Das Werk gilt also als abgenommen. Folglich ist der Werklohnanspruch des A fällig. Er kann die taxmäßige Vergütung nach §§ 631 I, 632 I, II BGB verlangen.

B. Anspruch auf Verzugszinsen (§ 288 BGB)

1. B müsste zunächst in Verzug sein (§ 286 BGB).

a) Der Werklohnanspruch des A gegen B besteht. Er ist fällig und einredefrei (s.o.).

b) Zudem müsste A den B nach Fälligkeit gemahnt haben. Die Fälligkeit trat mit Ablauf der Abnahmefrist ein (s.o.). Danach schickte A dem B eine Leistungsaufforderung (Mahnung). Eine Mahnung nach Fälligkeit liegt demnach vor.

c) B hat die Nichtleistung auch zu vertreten (§§ 286 IV, 276 BGB). Er bezahlte absichtlich nicht. B ist somit in Verzug.

2. Der Anspruch des A aus § 631 I BGB ist ab Eintritt des Verzugs durch die Mahnung am 16.04.2009 (§ 286 I 1 BGB) zu verzinsen (§ 288 BGB). Der Zinssatz beträgt gem. § 288 I BGB 5 Prozentpunkte über dem Basiszinssatz (§ 247 BGB). § 288 II BGB kommt nicht zur Anwendung, weil B Verbraucher ist (§ 13 BGB).

IV. Zusammenfassung

Sound: Haben die Parteien keine Vereinbarung über die Vergütung einer Werkleistung getroffen, so gilt die Vergütung als stillschweigend vereinbart, wenn den Umständen nach keine unentgeltliche Leistung erwartet werden kann (§ 632 BGB). Soll die Werkleistung nach dem Willen der Vertragspartner gleichwohl ohne Gegenleistung erfolgen, so ist eine deutlich ausdrückliche oder konkludente Einigung über die Unentgeltlichkeit erforderlich. Dann ist ein Auftrag gegeben (§ 662 BGB).

hemmer-Methode: Vergegenwärtigen Sie sich noch einmal die Zusammenhänge. Da der Vergütungsanspruch des Werkunternehmers erst mit der Abnahme des Werkes fällig wird (§ 641 I 1 BGB), gehört auch die Abnahme neben der Vergütung zu den Hauptpflichten des Bestellers. Damit der Werkunternehmer aber nicht erst auf Abnahme klagen muss, um seinen Anspruch auf Lohnzahlung durchsetzen zu können, regelt § 640 I 3 BGB eine Abnahmefiktion. Es bedarf lediglich der Bestimmung einer angemessenen Frist zur Abnahme. Läuft diese ab und besteht die Abnahmepflicht des Auftraggebers tatsächlich (§ 640 I 1, 2 BGB), so wird der Vergütungsanspruch mit Ablauf fällig.

V. Zur Vertiefung

- Hemmer/Wüst, SchuldR II, Rn. 486 ff., 503 ff.
- Hemmer/Wüst, SchuldR BT I, Karteikarte 78.

Fall 41: Die Gefahrtragung, §§ 644 f. BGB

Sachverhalt:

A lässt sein Auto in der Kfz-Werkstatt des W reparieren. Als die Reparaturen ausgeführt sind, benachrichtigt W den A, dass er seinen Wagen abholen kann. A, der meist öffentliche Verkehrsmittel benutzt und auf sein Auto ganz gut verzichten kann, lässt sich mit der Abholung Zeit. Fünf Tage nach der Mitteilung des W wird die Werkstatt und mit ihr das Fahrzeug des A durch eine Gasexplosion, die W nicht zu vertreten hat, zerstört. W verlangt von A die Vergütung der durchgeführten Reparaturen.

Besteht der Anspruch des W?

I. Einordnung

Die §§ 644 f. BGB stellen **besondere Gefahrtragungsregeln für den Werkvertrag** auf. Die Frage der Gefahrtragung ist relevant, wenn das Werk vor der Erfüllung des Vertrages (§ 362 I BGB) untergeht oder sich verschlechtert. Dann ist zu klären, ob der Werkunternehmer zur (Neu)-Herstellung verpflichtet bleibt (Leistungsgefahr), ob er die vereinbarte Vergütung verlangen kann (Gegenleistungsgefahr) und wer für den entstandenen Schaden haftet (Sachgefahr).

Die §§ 644 f. BGB regeln unmittelbar nur die **Gegenleistungsgefahr (oder auch Preisgefahr, Vergütungsgefahr)**, nicht aber die Leistungsgefahr. Vor der Abnahme des Werkes (§ 640 BGB) trägt grds. der Werkunternehmer die Preisgefahr (§ 644 I 1 BGB). Daraus folgt, dass diese mit der Abnahme auf den Besteller übergeht. Gerät der Auftraggeber mit der Annahme des Werkes in Verzug, so findet gem. § 644 I 2 BGB, der inhaltlich § 326 II 1 Alt. 2 BGB entspricht, ebenfalls ein Übergang der Vergütungsgefahr statt. § 644 II BGB erklärt beim Versendungskauf § 447 BGB für entsprechend anwendbar. Geht das Werk vor der Abnahme infolge eines Mangels des vom Besteller gelieferten Stoffes oder einer fehlerhaften Anweisung des Bestellers unter, so gilt § 645 BGB.

Die **Leistungsgefahr** richtet sich dagegen nach § 275 BGB. Darüber hinaus trägt der Besteller die Leistungsgefahr, wenn die Gegenleistungsgefahr auf ihn übergegangen ist (§§ 644 f. BGB).

Denn erhält der Werkunternehmer seine Vergütung trotz des Untergangs oder der Verschlechterung des Werkes, so kann er sinnvollerweise auch nicht mehr zur Neuherstellung verpflichtet sein. Leistungs- und Gegenleistungsgefahr fallen also beim Auftraggeber denknotwendig zusammen.

§ 644 I 3 BGB betrifft die **Sachgefahr**. Der Unternehmer haftet nicht für zufällige Beeinträchtigungen des vom Besteller gelieferten Stoffes.

II. Gliederung

> **Werklohnanspruch des W aus § 631 I BGB**
>
> **A. Entstehung des Anspruchs**
>
> Wirksamer Werkvertrag (§ 631 BGB) (+); entgeltliche Reparatur des Kfz geschuldet.

B. Erlöschen des Anspruchs
1. Erlöschen gem. § 362 I BGB (-)
2. Erlöschen gem. § 326 I 1 BGB?
a) Unmöglichkeit der Leistung gem. § 275 I BGB (+); W kann Auto nicht mehr abliefern.
b) Vergütung ist Gegenleistung für Werk i.S.d. § 326 I 1 BGB, da synallagmatisch verknüpft.
c) Jedoch kein Erlöschen des Anspruches auf Werklohn, wenn Preisgefahr bereits auf A übergegangen (§§ 644 f. BGB).
aa) Gefahrübergang gem. § 644 I 1 BGB?
(1) Abnahme (körperliche Hinnahme und Akzeptanz als grds. geschuldetes Werk) gem. § 640 I 1 BGB (-).
(2) Fiktion des § 640 I 3 BGB (-); keine Frist gesetzt. Abnahme daher (-); § 644 I 1 BGB (-).
bb) Übergang der Preisgefahr nach **§ 644 I 2 BGB**?
Annahmeverzug des A (§§ 293 ff. BGB)?
(1) Wirksamer und erfüllbarer Anspruch des A auf Werkleistung (+).
(2) Wörtliches Angebot durch W (+); genügt, da A Werk abzuholen hat (§ 295 S. 1 a.E. BGB); Abholung durch A (-).
(3) § 297 BGB (-), da W zur Zeit des Angebots Leistung erbringen konnte.
(4) Vorübergehende Annahmeverhinderung (§ 299 BGB) (-); fünf Tage verstrichen und A hätte genug Gelegenheit gehabt, Fahrzeug abzuholen.
Annahmeverzug des A (§ 293 BGB) (+); Gegenleistungsgefahr übergegangen

(§ 644 I 2 BGB); Vergütungsanspruch des W nicht erloschen.
C. Ergebnis
Der Vergütungsanspruch des W aus § 631 I BGB besteht.

III. Lösung

Werklohnanspruch des W gegen A aus § 631 I BGB

A. Entstehung des Anspruchs

W und A schlossen einen wirksamen Werkvertrag (§ 631 BGB) ab. Denn nach ihrem Willen sollte die entgeltliche Reparatur des Fahrzeugs des A, also die Herstellung eines Werkes, geschuldet sein. Der Anspruch auf Vergütung ist damit entstanden.

B. Erlöschen des Anspruchs

Der Anspruch dürfte aber nicht erloschen sein.
1. Mangels Bezahlung des Werklohns ist der Anspruch nicht durch Erfüllung gem. § 362 I BGB erloschen.
2. In Betracht kommt jedoch ein Erlöschen gem. § 326 I 1 BGB.
a) Dann müsste W gem. § 275 I bis III BGB nicht zu leisten brauchen. Voraussetzung nach § 275 I BGB ist Unmöglichkeit der Leistung. Unmöglichkeit definiert man als die dauerhafte Nichterbringbarkeit des Leistungserfolges durch den Schuldner. Wegen der Zerstörung des Fahrzeugs ist die Ablieferung für jedermann dauerhaft nicht erbringbar, womit die Werkleistung des W nach § 275 I Alt. 2 BGB objektiv unmöglich geworden ist.

b) Weiterhin ist die Vergütung auch Gegenleistung i.S.d. § 326 I 1 BGB für die Erstellung des Werkes. Die Pflichten sind synallagmatisch verknüpft.

c) Der Werklohnanspruch wäre jedoch nicht erloschen, wenn die Gegenleistungsgefahr bereits auf A übergegangen wäre (§§ 644 f. BGB).

hemmer-Methode. Merken Sie sich die §§ 446 f. BGB und §§ 644 f. BGB bei § 326 I BGB.

aa) Zunächst könnte ein Gefahrübergang gem. § 644 I 1 BGB stattgefunden haben. Dies setzt die Abnahme des Werkes durch A voraus.

(1) Eine Abnahme (§ 640 I 1 BGB) ist die körperliche Hinnahme des Werkes und dessen Akzeptanz als grundsätzlich geschuldete Leistung. A holte das reparierte Fahrzeug nicht ab. Eine Abnahme gem. § 640 I 1 BGB ist also nicht gegeben.

(2) Auch die Abnahmefiktion des § 640 I 3 BGB greift nicht. W setzte dem A keine Frist zur Abnahme. Somit ist die Preisgefahr nicht gem. § 644 I 1 BGB auf A übergegangen.

bb) Allerdings wäre ein Gefahrübergang erfolgt, wenn A in Annahmeverzug (§§ 293 ff. BGB) geraten wäre (§ 644 I 2 BGB).

(1) Ein wirksamer und erfüllbarer Anspruch des A auf Werkleistung bestand zunächst (s.o.).

(2) Zudem müsste W dem A die Leistung angeboten haben. Hier genügte ein wörtliches Angebot (§ 295 S. 1 BGB), weil A das Werk nach der Parteivereinbarung abzuholen hatte. Ein solches Angebot liegt in der Aufforderung des W gegenüber A, sein Auto wieder entgegenzunehmen (§ 295 S. 2 BGB).

Dieser Aufforderung kam A nicht nach (§ 293 BGB).

(3) Das Auto war in diesem Zeitpunkt noch nicht zerstört. Daher war A zur Zeit der Aufforderung auch nicht außerstande die Werkleistung zu erbringen, § 297 BGB.

(4) Schließlich lagen die Voraussetzungen der vorübergehenden Annahmeverhinderung (§ 299 BGB), die den Verzug ausschließen, nicht vor. A hatte fünf Tage Zeit und genug Gelegenheit dazu, sein Fahrzeug abzuholen.

Folglich kam A mit der Annahme der Werkleistung in Verzug (§ 293 BGB). Die Gegenleistungsgefahr ging gem. § 644 I 2 BGB auf A über. Der Vergütungsanspruch des W ist somit nicht gem. § 326 I 1 BGB erloschen.

Anmerkung: Über § 326 II 1 Alt. 2 BGB gelangt man zum selben Ergebnis. Die Regelung ist mit § 644 I 2 BGB inhaltsgleich. Diese geht als lex spezialies indes vor. Beachten Sie aber, dass § 644 I S. 2 BGB im Falle der Unmöglichkeit der Leistung zu ergänzen ist. Entsprechend § 326 II Alt. 2 BGB darf der Werkunternehmer den Untergang des Werkes nicht zu vertreten haben. Andernfalls hätte W hier im Annahmeverzug den Wagen schuldhaft zerstören können und trotzdem Bezahlung verlangen können.

C. Ergebnis

Der Vergütungsanspruch des W aus § 631 I BGB besteht.

IV. Zusammenfassung

Sound: Grundsätzlich trägt der Werkunternehmer die Gegenleistungsgefahr bis zur Abnahme des Werkes (§ 644 I 1 BGB). Geht das Werk unter oder verschlechtert es sich, so kann er keine Vergütung verlangen. Gerät der Besteller jedoch mit der Annahme des Werks in Verzug, so geht die Preisgefahr bereits vor der Abnahme auf ihn über (§ 644 I 2 BGB).

Er muss den Werklohn entrichten, wenn das Werk nach Eintritt des Verzugs beschädigt oder zerstört wird. Der Werkunternehmer dagegen ist nicht zur Neuherstellung verpflichtet, da Leistungs- und Gegenleistungsgefahr beim Auftraggeber denknotwendig zusammenfallen.

hemmer-Methode: Andere Fälle des Gefahrübergangs vor der Abnahme regeln die §§ 644 II, 645 BGB. Zu beachten ist, dass - anders als im Kaufrecht - durch § 644 II BGB, der auf § 447 BGB verweist, auch dann der Gefahrübergang vorverlagert wird, wenn der Besteller Verbraucher ist (§ 13 BGB). Denn das Werkvertragsrecht kennt keine dem § 474 II BGB entsprechende Regelung. Ist jedoch über § 651 BGB Kaufrecht anwendbar, so gilt selbstverständlich auch § 474 II BGB.

V. Zur Vertiefung

- Hemmer/Wüst, SchuldR I, Rn. 113 ff.
- Hemmer/Wüst, SchuldR II, Rn. 499 ff.
- Hemmer/Wüst, SchuldR BT I, Karteikarten 83 – 85.

Fall 42: Die Analogiefähigkeit des § 645 BGB

Sachverhalt *(nach BGHZ 40, 71 ff.):*
Bauer B will auf seinem Hof eine Scheune errichten. Er beauftragt Bauunternehmer U mit dem Bau. Noch vor dem Abschluss der Baumaßnahmen bringt B Heu in die Scheune ein. Kurz darauf kommt es auf Grund einer Selbstentzündung des eingebrachten Heus zu einem Brand, bei dem die Scheune zerstört wird. U verlangt Vergütung der vorgenommenen Arbeiten.

Ansprüche des U?

I. Einordnung

Wird das Werk vor der Abnahme infolge eines Mangels des vom Besteller gelieferten Stoffes oder wegen einer fehlerhaften Anweisung des Bestellers beschädigt, zerstört oder unausführbar, ohne dass ein (Mit)-Verschulden des Unternehmers vorliegt, so bewirkt die Billigkeitsregel des § 645 S. 1 BGB, dass der Werkunternehmer einen seiner geleisteten Arbeit entsprechenden Teil der Vergütung verlangen kann. Somit stellt § 645 BGB eine Ausnahme zu dem Grundsatz dar, dass der Unternehmer die Preisgefahr bis zur Abnahme des Werkes trägt (§ 644 I 1 BGB). Die Norm ist jedoch relativ eng gefasst. Bewirken andere als die erwähnten aus der Sphäre des Bestellers herrührenden Umstände den Untergang oder die Verschlechterung des Werks, so ist § 645 BGB nicht einschlägig. Allerdings könnte die Vorschrift dann analog anwendbar sein.

II. Gliederung

Ansprüche des U gegen B

A. Anspruch auf Vergütung gem. § 631 I BGB

1. **Entstehung des Anspruchs**
   Wirksamer Werkvertrag (§ 631 BGB) über Errichtung der Scheune zwischen B und U (+); falls keine ausdrückliche Vergütungsvereinbarung getroffen wurde, so ist Vergütung gem. § 632 I, II BGB stillschweigend vereinbart; Anspruch entstanden.

2. **Kein Erlöschen des Anspruchs**
   Erlöschen gem. § 326 I 1 BGB (-), da U nicht gem. § 275 I bis III BGB von seiner Leistungspflicht frei wurde; Neuherstellung der Scheune möglich und zumutbar; Anspruch auf Vergütung nicht erloschen.

3. **Fälligkeit des Anspruchs**
   Anspruch aus § 631 I BGB gem. § 641 I 1 BGB mit Abnahme (§ 640 BGB) fällig;
   Abnahme ist körperliche Hinnahme und Akzeptanz als geschuldete Leistung.
   Ist wegen Beschaffenheit des Werkes jedoch körperliche Entgegennahme nicht möglich, genügt Billigung nach Vollendung des Werkes; Billigung könnte hier in Einbringen des Heus gesehen werden; Scheune jedoch nicht fertig gestellt; Abnahme (-);
   Anspruch aus § 631 I BGB nicht fällig.

4. **Ergebnis:** Kein Anspruch des U gegen B aus § 631 I BGB.

B. Anspruch auf Teilvergütung aus § 645 I 1 BGB

1. Direkte Anwendbarkeit (-); weder Mangel des vom Besteller gelieferten Stoffes noch fehlerhafte Anweisung.

2. Analogie?

Vor.: Planwidrige Regelungslücke und Vergleichbarkeit der Sachverhalte.

a) **Regelungslücke** (+), da keine Regelung über Teilvergütung, wenn Untergang auf gefahrbegründender Handlung des Bestellers (Einbringen des Heus) beruht.

b) **Planwidrigkeit** allerdings **fraglich**, da § 645 BGB recht detailliert Verantwortlichkeit des Auftraggebers regelt.

⇨ Nach h.M. jedoch im Einzelfall Analogie möglich, wenn Untergang auf gefahrbegründende oder -erhöhende Handlung des Bestellers zurückzuführen ist oder wenn die Gründe für den Untergang in der Person des Bestellers liegen. Dann wäre es unbillig, wenn Werkunternehmer leer ausginge; Analogie gerechtfertigt, da Risikolagen mit denen des § 645 BGB vergleichbar; Besteller steht Gefahr näher als Werkunternehmer.

Hier: Analogie (+)

3. Ergebnis

U kann gem. § 645 I 1 BGB analog einen seiner bisher erbrachten Werkleistung entsprechenden Teil der Vergütung verlangen.

III. Lösung

Ansprüche des U gegen B

A. Anspruch auf Vergütung gem. § 631 I BGB

U könnte gegenüber B einen Vergütungsanspruch gem. § 631 I BGB haben. Dazu müsste der Anspruch entstanden, noch nicht erloschen und bereits fällig sein.

1. Entstehung des Anspruchs

Zwischen B und U kam ein wirksamer Werkvertrag über die Errichtung der Scheune zu Stande (§ 631 BGB). Sollte keine ausdrückliche Vereinbarung über die Gegenleistung getroffen worden sein, so würde die Vergütung gem. § 632 I, II BGB als stillschweigend vereinbart gelten, weil die Werkleistung den Umständen nach kaum unentgeltlich erwartet werden durfte. Es wäre die übliche Vergütung als vereinbart anzusehen. Der Anspruch ist damit entstanden.

2. Kein Erlöschen des Anspruchs

Der Werklohnanspruch könnte gem. § 326 I 1 BGB erloschen sein.

Das setzt voraus, dass U die Werkleistung gem. § 275 I bis III BGB nicht zu erbringen braucht. Eine Neuerrichtung der Scheune (Erbringung des Leistungserfolges) ist auch nach dem Brand weiterhin möglich. Unmöglichkeit (§ 275 I BGB) ist damit nicht gegeben. Die Neuerrichtung ist dem U auch nicht unzumutbar (§ 275 II BGB).

Da U demnach nicht von seiner Leistungspflicht gem. § 275 I bis III BGB frei wurde, ist der Anspruch auf Vergütung nicht gem. § 326 I 1 BGB erloschen.

3. Fälligkeit des Anspruchs

Fraglich ist, ob der Anspruch des U bereits fällig ist. Der Vergütungsanspruch aus § 631 I BGB wird gem. § 641 I 1 BGB erst mit der Abnahme des Werkes (§ 640 BGB) fällig. Eine Abnahme ist die körperliche Hinnahme des Werkes und dessen Annahme als geschuldete Leistung. Ist eine körperliche Entgegennahme wegen der Art der Werkleistung nicht möglich, weil z.B. Arbeiten am Grundstück des Bestellers ausgeführt wurden, so besteht die Abnahme nur in der Billigung des Werks nach dessen Vollendung. Die Scheune befand sich auf dem Grundstück des B. Es bedurfte also keiner körperlichen Hinnahme. Eine Annahme als geschuldete Leistung könnte darin zu sehen sein, dass der B das Heu in die Scheune einbrachte und diese dadurch dem bestimmungsgemäßen Gebrauch zuführte. Zu diesem Zeitpunkt war die Scheune aber noch nicht fertig gestellt. B hat das Werk damit nicht abgenommen. Der Anspruch aus § 631 I BGB ist folglich nicht fällig.

4. Ergebnis:

U kann daher keine Vergütung gem. § 631 I BGB verlangen.

B. Anspruch auf Teilvergütung aus § 645 I 1 BGB

U könnte aber ein Anspruch auf Teilvergütung aus § 645 I 1 BGB zustehen.

Nach dieser Ausnahmeregelung ist ein fälliger anteiliger Vergütungsanspruch auch dann möglich, wenn es nicht zur Abnahme des Werkes kommt.

1. § 645 I 1 BGB ist nicht direkt anwendbar, weil die Zerstörung der Scheune weder auf einen Mangel des vom Besteller gelieferten Stoffes noch auf eine fehlerhafte Anweisung des Bestellers zurückzuführen ist. Die Scheune verbrannte, weil sich das von B eingebrachte Heu entzündete.

2. Allerdings könnte § 645 I 1 BGB analog heranzuziehen sein. Eine Analogie setzt das Bestehen einer planwidrigen Regelungslücke sowie eine Vergleichbarkeit der Sachverhalte voraus.

a) Eine Regelungslücke ist gegeben. Der Untergang des Werkes beruht darauf, dass B das Heu in die Scheune einbrachte, also auf einer gefahrbegründenden Handlung des Bestellers. Für diesen Fall ist kein gesetzlicher Anspruch des Werkunternehmers auf (Teil)-Vergütung vorgesehen.

b) Allerdings ist die Planwidrigkeit der Regelungslücke fraglich. § 645 BGB könnte den Teilvergütungsanspruch bei Verantwortlichkeit des Bestellers abschließend regeln. Dafür spricht, dass die Norm relativ detailliert ist. Nach der h.M. hingegen ist eine Analogie im Einzelfall möglich, wenn die Gründe für den Untergang des Werkes in der Person des Auftraggebers liegen oder durch dessen gefahrbegründende oder -erhöhende Handlungen verursacht werden.

Dann wäre es für den Werkunternehmer eine unbillige Härte, wenn er nicht anteilig den Werklohn verlangen könnte.

Denn der Besteller steht der selbstverursachten Gefahr hier deutlich näher als der Unternehmer.

Die Risikolagen sind mit denen des § 645 BGB durchaus vergleichbar. Da B den Brand im vorliegenden Fall - wenn auch möglicherweise schuldlos - verursacht hat, sind die Voraussetzungen der Analogie zu § 645 I 1 BGB erfüllt.

3. Ergebnis: U kann gem. § 645 I 1 BGB analog einen seiner bisher erbrachten Werkleistung entsprechenden Teil der Vergütung verlangen.

IV. Zusammenfassung

Sound: § 645 BGB ist dann analog anwendbar, wenn der Untergang, die Verschlechterung oder die Unausführbarkeit des Werkes vor der Abnahme auf Umständen beruhen, die in der Person des Bestellers liegen oder auf dessen gefahrbegründende oder -erhöhende Handlungen zurückzuführen sind. Die Risikolagen sind in diesen Fällen mit denen des § 645 BGB vergleichbar. Der Werkunternehmer kann anteilige Vergütung verlangen.

hemmer-Methode: Dagegen ist eine Analogie zu § 645 BGB nicht – wie teilweise in der Literatur angenommen – schon dann möglich bzw. geboten, wenn vor der Abnahme des Werkes ein Leistungshindernis besteht, das aus dem Gefahrenbereich, also der Sphäre des Bestellers stammt (Sphärentheorie). Sonst würde eine allgemeine Gefährdungshaftung des Auftraggebers geschaffen. Eine solch weitreichende Risikoverlagerung ist dem Gedanken der §§ 644 f. BGB nicht zu entnehmen und wäre nicht sachgerecht. Eine Analogie kommt also tatsächlich nur unter den engen oben genannten Voraussetzungen in Betracht.

V. Zur Vertiefung

- Hemmer/Wüst, SchuldR I, Rn. 114.
- Hemmer/Wüst, SchuldR II, Rn. 501 f.
- Hemmer/Wüst, SchuldR BT I, Karteikarten 86 ff.

Kapitel X: Die Mängelgewährleistung beim Werkvertrag

Fall 43: Der Nacherfüllungsanspruch des Bestellers, §§ 634 Nr. 1, 635 BGB

Sachverhalt:

A beauftragt Klavierbauer B, die nicht mehr funktionierende Mechanik seines alten Konzertflügels gegen eine neue zu ersetzen. B nimmt den Auftrag an und tauscht die Mechanik aus. A, für den der Flügel eigentlich eher ein Möbelstück als ein Musikinstrument darstellt, setzt sich erst zweieinhalb Jahre nach der Reparatur wieder an das Instrument. Dabei bemerkt er, dass etliche Tasten nach wie vor nicht spielbar sind. Dies ist auf die schlampige Arbeit des B zurückzuführen. A verlangt von B, die komplette Mechanik erneut auszutauschen. B möchte dagegen – wenn überhaupt – lieber die bereits eingesetzte Mechanik reparieren. Er ist aber der Ansicht, dass A nach so langer Zeit keine Rechte mehr zustehen.

Kann A den erneuten Austausch der Mechanik verlangen?

I. Einordnung

Das werkvertragliche Mängelgewährleistungsrecht wurde im Wege der Schuldrechtsreform – ebenso wie das kaufvertragliche - an das allgemeine Leistungsstörungsrecht angeglichen. Der Werkunternehmer ist gem. § 633 I BGB verpflichtet, dem Besteller das Werk frei von Sach- und Rechtsmängeln zu verschaffen. Ein **mangelhaftes Werk** (§ 633 II, III BGB) ist **nicht erfüllungstauglich**.

Der Besteller kann bei Lieferung eines mangelhaften Werkes zunächst gem. **§§ 634 Nr. 1, 635 BGB Nacherfüllung** verlangen. Kommt der Unternehmer dem Anspruch innerhalb einer zu setzenden angemessenen Frist nicht nach, so kann der Besteller die **übrigen Rechte aus § 634 BGB** unter den jeweiligen besonderen Voraussetzungen geltend machen. Ausnahmsweise ist die Fristsetzung entbehrlich (§§ 281 II, 323 II, 636, 637 II BGB).

Dann besteht kein Vorrang der Nacherfüllung. Die Abgrenzung zwischen dem allgemeinen Leistungsstörungsrecht und den §§ 633 ff. BGB erfolgt wie beim Kaufvertrag i.d.R. über das Kriterium des Gefahrübergangs (§ 644 BGB).

Nach Übergang der Gefahr werden die allgemeinen Vorschriften durch die §§ 633 ff. BGB modifiziert.

Insgesamt lässt sich feststellen, dass die Systematik der §§ 633 ff. BGB mit der der §§ 434 ff. BGB weitestgehend übereinstimmt. Wenn Sie die Ausführungen zum Kaufrecht verstanden haben, dann dürfte Ihnen dieses Kapitel keine besonderen Schwierigkeiten bereiten.

II. Gliederung

A. Anspruch des A auf Austausch der Mechanik aus § 631 I BGB

1. **Wirksamer Werkvertrag** (§ 631 BGB) (+); nach Parteiwillen Erfolg (Erneuerung der Mechanik) gegen Vergütung geschuldet.
2. **Erlöschen des Anspruchs durch Erfüllung** (§ 362 I BGB)?
   Geschuldet ist von Sach- u. Rechtsmängeln freies Werk (§ 633 I BGB); hier evtl. Sachmangel (§ 633 II BGB), maßgeblicher Zeitpunkt für Beurteilung ist Gefahrübergang (§ 644 BGB).
   Werk wies bei Gefahrübergang (Abnahme, § 644 I 1 BGB) nicht die vereinbarte Beschaffenheit auf (§ 633 II 1 BGB), weil etliche Tasten nicht funktionierten und eine funktionsfähige Mechanik geschuldet war.
   Daher: Werk nicht erfüllungstauglich; Anspruch nicht gem. § 362 I BGB erloschen.
3. Anspruch aus § 631 I BGB wird jedoch **ab Gefahrübergang durch die §§ 633 ff. BGB verdrängt**; Gefahr durch Abnahme des Werks übergegangen (§ 644 I 1 BGB; s.o.); ursprünglicher Erfüllungsanspruch besteht nicht mehr.

B. Anspruch aus §§ 634 Nr. 1, 635 BGB

1. **Wirksamer Werkvertrag** (§ 631 BGB) (+); s.o.
2. **Sachmangel bei Gefahrübergang** (§ 633 II BGB) (+); s.o.
3. Aber: Gem. § 635 I BGB **Wahlrecht des Unternehmers**, ob Neuherstellung des Werks oder Nachbesserung;

A kann somit, wenn überhaupt, nur Nacherfüllung, nicht aber konkret den erneuten Austausch der Mechanik fordern.

4. Zudem: **Verjährung** des Anspruchs gem. § 634 a I Nr. 1, II BGB in zwei Jahren ab Abnahme; Frist verstrichen; Anspruch nicht durchsetzbar (§ 214 I BGB).

C. Ergebnis
A hat keinen Anspruch auf eine konkrete Art der Nacherfüllung. Außerdem ist der Nacherfüllungsanspruch verjährt und daher nicht durchsetzbar (§ 214 I BGB).

III. Lösung

A. Anspruch des A auf Austausch der Mechanik aus § 631 I BGB

1. Der Anspruch setzt zunächst einen wirksamen Werkvertrag voraus (§ 631 BGB). A und B vereinbarten den entgeltlichen Austausch der Mechanik des Flügels des A. Nach dem Parteiwillen sollte ein in der Herstellung des Werkes bestehender Erfolg und nicht eine bloße Tätigkeit geschuldet sein.

Ein wirksamer Werkvertrag kam damit zu Stande. Folglich ist ein Anspruch des A auf Herstellung des versprochenen Werkes aus § 631 I BGB entstanden.

2. Der Anspruch könnte aber durch Erfüllung erloschen sein (§ 362 I BGB). Dann müsste die geschuldete Leistung bewirkt worden sein. B schuldet gem. § 633 I BGB die Verschaffung des Werkes frei von Sach- und Rechtsmängeln. Das Werk könnte hier jedoch gem. § 633 II BGB sachmangelhaft sein.

Maßgeblicher Beurteilungszeitpunkt ist der des Gefahrübergangs (§ 644 BGB). Die Gefahr ging hier mit der Abnahme des Werks durch A über (§ 644 I 1 BGB). Zu dieser Zeit wies das Werk nicht die vereinbarte Beschaffenheit auf. Vereinbart war, die defekte Mechanik durch eine funktionsfähige zu ersetzen. Die neue Mechanik funktionierte jedoch nicht vollständig, da einige Tasten nicht spielbar waren. Das Werk war somit mangelhaft nach § 633 II 1 BGB. Folglich wurde nicht die geschuldete Leistung bewirkt. Der Anspruch des A aus § 631 I BGB ist nicht gem. § 362 I BGB erloschen.

Anmerkung: Wie im Kaufrecht kommt es auch im Werkvertragsrecht bei der Beurteilung der Sachmangelhaftigkeit in erster Linie auf die vereinbarte Beschaffenheit an (§ 633 II 1 BGB). Ist keine Beschaffenheitsvereinbarung gegeben, so ist die Eignung für die vertraglich vorausgesetzte Verwendung ausschlaggebend (§ 633 II 2 Nr. 1 BGB). Nur wenn auch keine bestimmte Verwendung vertraglich vorausgesetzt wurde, ist die Eignung für die gewöhnliche Verwendung relevant (§ 633 II 2 Nr. 2 BGB).

3. Allerdings wird der originäre Erfüllungsanspruch aus § 631 I BGB ab Gefahrübergang (§ 644 BGB) durch die spezielleren §§ 633 ff. BGB verdrängt. Die Gefahr ging hier durch die Abnahme des Werkes über (§ 644 I 1 BGB; s.o.). Der ursprüngliche Erfüllungsanspruch besteht damit nicht mehr.

B. Anspruch aus §§ 634 Nr. 1, 635 BGB

Haben die Parteien einen Werkvertrag geschlossen und ist das Werk mangelhaft, so kann der Besteller gem. §§ 634 Nr. 1, 635 BGB Nacherfüllung verlangen.

1. Zwischen A und B kam ein wirksamer Werkvertrag über den Austausch der Mechanik des Flügels des A zu Stande (§ 631 BGB, s.o.).
2. Ein Sachmangel bei Gefahrübergang liegt vor (§ 633 II 1 BGB, s.o.).
3. Somit kann A gem. § 635 BGB Nacherfüllung verlangen. Es kommt nach § 635 I Alt. 1 BGB die Beseitigung des Mangels (Reparatur der eingesetzten Mechanik) oder nach § 635 I Alt. 2 BGB die Herstellung eines neuen Werkes (erneuter Austausch der Mechanik) in Betracht. Zu beachten ist, dass dem Werkunternehmer und nicht dem Besteller das Recht zusteht, zwischen den beiden Alternativen der Nacherfüllung zu wählen (§ 635 I BGB). A kann demnach nicht konkret den Austausch der Mechanik, sondern nur allgemein Nacherfüllung verlangen. Ein Anspruch auf die von A bezeichnete Art der Nacherfüllung besteht also nicht.
4. Darüber hinaus könnte der Anspruch des A aus §§ 634 Nr. 1, 635 BGB verjährt sein. Der Nacherfüllungsanspruch verjährt hier nach § 634 a I Nr. 1, II BGB in zwei Jahren ab Abnahme des Werkes. Zweieinhalb Jahre sind vorliegend bereits vergangen, so dass die Frist verstrichen ist. Folglich ist der Nacherfüllungsanspruch des A nicht durchsetzbar (§ 214 I BGB).

C. Ergebnis

A hat keinen Anspruch auf eine konkrete Art der Nacherfüllung. Außerdem ist der Nacherfüllungsanspruch verjährt und daher nicht durchsetzbar (§ 214 I BGB).

IV. Zusammenfassung

Sound: I.R.d. werkvertraglichen Nacherfüllung ist der Werkunternehmer berechtigt, zwischen der Neuherstellung des Werkes und Beseitigung des Mangels zu wählen (§ 635 I BGB). Beim Kaufvertrag dagegen hat der Käufer die Wahl zwischen den beiden Alternativen der Nacherfüllung (Nachbesserung und Nachlieferung, § 439 I BGB).

Grund für die Unterscheidung ist, dass der Werkunternehmer im Gegensatz zum Verkäufer das Werk selbst herstellt und daher am ehesten entscheiden kann, welche Art der Nacherfüllung die meist geeignete bzw. die kostengünstigste ist.

hemmer-Methode: Unterschiede zwischen Kauf- und Werkvertragsrecht ergeben sich auch im Hinblick auf das Erlöschen des Wahlrechts. Die Ausübung der Wahl erfolgt durch Erklärung gegenüber dem Vertragspartner (§ 263 I BGB analog). Beim Kaufvertrag endet das Wahlrecht nach der h.M. mit der Erklärung. Denn es wäre unbillig, dem Verkäufer das Risiko eines späteren Sinneswandels des Käufers aufzuerlegen. Der Werkunternehmer kann seine Wahl dagegen auch noch nach der Erklärung gegenüber dem anderen Teil ändern. Dies folgt daraus, dass der Besteller – anders als der Verkäufer – keine Dispositionen im Vertrauen auf die Wahl zu treffen hat. Außerdem kann es durchaus sein, dass sich erst später herausstellt, welche Alternative am kostengünstigsten ist. Schließlich muss der Werkunternehmer die Mehrkosten tragen (§ 635 II BGB). Zur Unverhältnismäßigkeit der Kosten gem. § 635 III BGB vgl. BGH Life&Law 2008, 441 ff.

V. Zur Vertiefung

- Hemmer/Wüst, SchuldR II, Rn. 509 ff.
- Hemmer/Wüst, SchuldR BT I, Karteikarte 90.

Fall 44: Die Selbstvornahme, §§ 634 Nr. 2, 637 BGB

Sachverhalt:

Jurastudent J bringt seinen VW Golf in die Werkstatt des W, um sein neu erworbenes Autoradio einbauen zu lassen. Er wollte den Einbau anfangs selbst vornehmen und musste dann aber feststellen, dass seine technischen Fähigkeiten dazu nicht ausreichen. W baut das Gerät ein. Kurz nach der Abholung des Fahrzeugs bemerkt J, dass W die Boxen nicht richtig angeschlossen hat. Er begibt sich daraufhin sofort zurück zur Werkstatt und verlangt, den Fehler zu beheben. W verspricht, sich darum zu kümmern. Als J das Fahrzeug wieder in Empfang nimmt, ist der Fehler jedoch immer noch vorhanden. Er gibt das Auto wiederum in der Werkstatt ab. Auch diesmal ist das Radio bei der Abholung des Fahrzeugs nicht ordnungsgemäß angeschlossen. Nun hat J genug. Als er seinem Bruder B sein Leid klagt, bietet dieser ihm an, die Anschlüsse des Radios zu überprüfen. Er findet den Fehler und beseitigt ihn. Dies nimmt zwei Stunden seiner Zeit in Anspruch. J fragt sich, ob er trotz der Unentgeltlichkeit der Leistungen seines Bruders von W Aufwendungsersatz verlangen kann.

Aufwendungsersatzanspruch des J?

I. Einordnung

Sind die Voraussetzungen der §§ 634 Nr. 2, 637 BGB erfüllt, kann der Besteller den **Mangel selbst beseitigen und Ersatz der erforderlichen Aufwendungen verlangen**. Vergleichbare Rechte sind im Kaufrecht nicht normiert. Die Selbstvornahme setzt grundsätzlich – wie auch Rücktritt, Minderung und Schadensersatz statt der Leistung – den erfolglosen Ablauf einer angemessenen Frist zur Nacherfüllung voraus. Die §§ 634 Nr. 2, 637 BGB sind also ebenfalls gegenüber der Nacherfüllung nachrangig. Die Fristsetzung ist jedoch gem. § 637 II 1 BGB, der auf § 323 II BGB verweist, sowie nach § 637 II 2 BGB entbehrlich. Verweigert der Unternehmer berechtigt die Nacherfüllung (§ 635 III BGB), so steht dem Besteller kein Recht zur Selbstvornahme bzw. kein Aufwendungsersatzanspruch zu (§ 637 I a.E. BGB).

Das ist sachgerecht, da sonst der Werkunternehmer über § 637 BGB doch die unverhältnismäßig hohen Nacherfüllungskosten zu tragen hätte. Das Leistungsverweigerungsrecht (§ 635 III BGB) würde ausgehöhlt. Besteht das Recht zur Selbstvornahme, so gewährt § 637 III BGB dem Besteller einen Vorschussanspruch.

Dadurch wird sichergestellt, dass der Besteller finanziell dazu in der Lage ist, die Selbstvornahme ordentlich durchzuführen.

Der Vorschuss wird später mit dem Aufwendungsersatzanspruch verrechnet. Hat der Werkunternehmer zu viel bezahlt, so ist der Überschuss nach den §§ 812 ff. BGB herauszugeben.

II. Gliederung

Aufwendungsersatzanspruch des J gegen W aus §§ 634 Nr. 2, 637 BGB

1. **Wirksamer Werkvertrag** (§ 631 BGB) über Einbau des Radios (+); Erfolg geschuldet.
2. **Werk sachmangelhaft** i.S.d. § 633 II 2 Nr. 2 BGB, da Boxen nicht richtig angeschlossen wurden und J erwarten durfte, dass Radio ordnungsgemäß eingebaut wird.
3. **Besondere Voraussetzungen der Selbstvornahme** (§ 637 BGB)
   a) Grds. gem. § 637 I BGB Setzung einer Frist zur Nacherfüllung erforderlich; Frist wurde nicht bestimmt.
   b) Entbehrlichkeit gem. § 637 II BGB? Evtl. Fehlschlag der Nacherfüllung (§ 637 II 2 BGB); Fehlschlag bedeutet, dass Mangel auch bei ggf. wiederholter Nacherfüllung nicht behoben werden konnte;
   § 440 S. 2 BGB nicht ohne Weiteres übertragbar, gibt aber i.d.R. Anhaltspunkt;
   Nacherfüllung durch W zweimal erfolglos; Fehlschlag (+); Frist daher entbehrlich.
   c) Selbstbeseitigung des Mangels (+); setzt nicht eigenhändiges Handeln voraus; es können auch Dritte beauftragt werden (z.B. andere Werkunternehmer); hier Bruder B.
   d) Aufwendungen zur Beseitigung getätigt?
   (P) Unentgeltliche Arbeitsleistung von Familienangehörigen unter Aufwendungsbegriff des § 637 BGB.
   ⇨ Nach BGH (+), da Kosteneinsparung Unternehmer nicht zu Gute kommen darf.

Wert nach Verdienst eines in beruflich abhängiger Stellung Tätigen zu bemessen.

e) Anspruch nicht gem. § 637 I a.E. BGB ausgeschlossen.

4. **Ergebnis**
   Aufwendungsersatzanspruch für die zwei Stunden Arbeit des B aus §§ 634 Nr. 2, 637 BGB (+).

III. Lösung

Aufwendungsersatzanspruch des J gegen W aus §§ 634 Nr. 2, 637 BGB

J könnte ein Aufwendungsersatzanspruch aus dem Recht zur Selbstvornahme (§§ 634 Nr. 2, 637 BGB) zukommen. Die Geltendmachung der Rechte aus § 634 BGB setzt in jedem Fall einen wirksamen Werkvertrag sowie einen Mangel des Werkes voraus.

1. W und J schlossen zunächst einen wirksamen Werkvertrag über den Einbau des Radios ab (§ 631 BGB). Es sollte der Erfolg des Einbaus und nicht die bloße Tätigkeit gegen eine Vergütung geschuldet sein.

2. Weiterhin müsste das Werk mangelhaft sein. W schloss die Boxen nicht richtig an.

J durfte hingegen erwarten, dass W das Radio ordnungsgemäß anschließt.

Außerdem lässt sich das Radio so nur eingeschränkt nutzen. Damit ist der Einbau mangelhaft i.S.d. § 633 II 2 Nr. 2 BGB.

3. Zudem müssten die besonderen Voraussetzungen der Selbstvornahme (§ 637 BGB) erfüllt sein.

a) Grundsätzlich besteht das Recht zur Selbstvornahme und der damit verbundene Aufwendungsersatzanspruch erst nach dem erfolglosen Ablauf einer angemessenen Frist zur Nacherfüllung (Vorrang der Nacherfüllung; § 637 I BGB). J setzte dem W jedoch keine Frist.

b) Die Fristsetzung könnte jedoch gem. § 637 II BGB entbehrlich sein. Es kommt ein Fehlschlagen der Nacherfüllung in Betracht (§ 637 II 2 BGB). Die Nacherfüllung ist fehlgeschlagen, wenn ein Mangel auch bei gegebenenfalls wiederholter Nacherfüllung nicht behoben werden konnte. § 440 S. 2 BGB stellt den Grundsatz auf, dass die Nachbesserung nach dem zweiten erfolglosen Versuch als fehlgeschlagen gilt. Diese Regel aus dem Kaufrecht ist auf das Werkvertragsrecht wegen der Vielzahl der werkvertraglichen Gestaltungsmöglichkeiten nicht uneingeschränkt übertragbar. Sie kann jedoch als Anhaltspunkt dienen. W war trotz zweimaliger Gelegenheit zur Nacherfüllung nicht dazu in der Lage, den Mangel zu beheben. Es ist auch kein Grund ersichtlich, aus dem W ein weiterer Versuch eingeräumt werden sollte. Insbesondere ist der ordnungsgemäße Einbau des Radios wohl nicht mit besonderen Schwierigkeiten verbunden. Die Nacherfüllung ist folglich fehlgeschlagen. Einer Fristsetzung bedurfte es damit nicht.

c) Weiterhin müsste J den Mangel „selbst beseitigt" haben (§ 637 I BGB). Dies erfordert jedoch keine eigenhändige Vornahme der Arbeiten durch J. Vielmehr kommt auch eine Beauftragung Dritter in Betracht. Die Mängel wurden durch den Bruder B des J behoben.

d) Zur Beseitigung des Mangels müssten außerdem Aufwendungen erforderlich gewesen sein. Aufwendungen sind freiwillige Vermögensopfer im Interesse eines anderen. J entstanden durch die Behebung des Mangels keine finanziellen Einbußen, da B unentgeltlich handelte.

Allerdings könnten unentgeltliche Arbeitsleistungen von Familienangehörigen auch unter den Aufwendungsbegriff des § 637 BGB fallen. Dafür spricht, dass dem Werkunternehmer kein Vorteil dadurch entstehen darf, dass der Besteller den Mangel selbst oder unter Hinzuziehung seiner Familienangehörigen kostengünstig beseitigt. Es wäre unbillig, wenn der Unternehmer, den grundsätzlich die Kosten der Mängelbeseitigung treffen, nur dann Ersatz zu leisten hätte, wenn der Besteller den Mangel durch einen entgeltlich handelnden Dritten beheben lässt. Daher hat der Werkunternehmer den Wert der Arbeitsleistung zu ersetzen, die der Auftraggeber oder ein Angehöriger seiner Familie zur Nachbesserung erbringt. Bei der Bemessung des Wertes (§ 287 ZPO) ist als Anhaltspunkt der Lohn heranzuziehen, den ein in beruflich abhängiger Stellung Tätiger erhalten würde (BGHZ 59, 328 ff.).

e) Der Aufwendungsersatzanspruch ist auch nicht gem. § 637 I a. E. BGB ausgeschlossen.

4. Ergebnis:

J kann Aufwendungsersatz für die zwei Stunden Arbeit des B aus §§ 634 Nr. 2, 637 BGB verlangen. W hat den Wert der Arbeitsleistung zu ersetzen.

IV. Zusammenfassung

Sound: Besteht das Recht zur Selbstvornahme und beseitigt der Besteller den Mangel selbst oder unter Hinzuziehung eines Familienangehörigen, so hat der Unternehmer den Wert der Arbeitsleistung gem. §§ 634 Nr. 2, 637 BGB (Aufwendungsersatz) zu ersetzen. Anhaltspunkt für die Wertermittlung ist der Lohn eines Arbeitnehmers in der jeweiligen Branche.

hemmer-Methode: Liegen die Voraussetzungen der Selbstvornahme gem. §§ 634 Nr. 2, 637 BGB nicht vor, so kann sich ein Aufwendungsersatzanspruch des Bestellers auch nicht aus den §§ 677, 683, 670 BGB oder aus den §§ 812 ff. BGB ergeben. § 637 BGB stellt insoweit eine abschließende Sonderregelung dar. Ansonsten könnte der Vorrang der Nacherfüllung umgangen werden.
Sehr stark umstritten ist die Frage, ob auch im Kaufrecht ein Aufwendungsersatzanspruch besteht, wenn der Käufer den Mangel selbst beseitigt. Das wird von der überzeugenden Ansicht für den Fall der Beseitigung *vor* Fristablauf (*danach* wäre ein Schadensersatzanspruch gem. §§ 437 Nr. 3, 281 BGB gegeben) von der herrschenden Ansicht verneint, da es an einer dem § 637 BGB vergleichbaren Interessenlage fehle. Der BGH hat dies mittlerweile mehrfach bestätigt, vgl. nur BGH Life&Law 2005, 351 ff; 2006, 1 ff., sowie den Aufsatz von Tyroller, Life&Law 2005, 70 ff. Vgl. zu diesem sehr klausurträchtigen Thema Hemmer/Wüst, Schuldrecht II, Rn. 171 ff.; vgl. zusammenfassend auch Life&Law 2007, 219 ff.

V. Zur Vertiefung

- Hemmer/Wüst, SchuldR II, Rn. 525 ff.
- Hemmer/Wüst, SchuldR BT I, Karteikarte 91.

Fall 45: Die sonstigen Rechte des Bestellers bei Mängeln gem. § 634 BGB

Sachverhalt:

A beauftragt Malermeister M, sein Haus neu anzustreichen. M führt die Arbeiten aus. Einige Tage später muss A feststellen, dass an einer Hauswand an mehreren Stellen großflächige helle Flecken vorhanden sind. Er teilt dem M daraufhin mit, dass er ihm sieben Tage Zeit gebe, die Stellen auszubessern. Nach Ablauf der Frist habe er kein Interesse mehr an der Leistung des M. M, der ziemlich ausgelastet ist, lässt die Frist verstreichen. A fragt sich, welche Rechte er geltend machen kann.

Rechte des A?

I. Einordnung

Ist das Werk mit einem Sach- oder Rechtsmangel behaftet (§ 633 II, III BGB), so stehen dem Besteller die Rechte aus § 634 BGB zu. Er kann primär Nacherfüllung verlangen (§§ 634 Nr. 1, 635 BGB). Erst dann folgen auf zweiter Stufe die Selbstvornahme (§ 634 Nr. 2 BGB), Rücktritt oder Minderung (§ 634 Nr. 3 BGB) und Schadens- bzw. Aufwendungsersatz (§ 634 Nr. 4 BGB).

Diese sekundären Rechte setzen grundsätzlich den **erfolglosen Ablauf einer angemessenen Frist zur Nacherfüllung** voraus. Aus dieser Systematik ergibt sich der Vorrang der Nacherfüllung nach § 634 Nr. 1 BGB. Ist die Frist fruchtlos abgelaufen oder entbehrlich, so muss sich der Besteller entscheiden, wie er vorgehen möchte. Will er das Werk in mangelfreiem Zustand behalten, so führt die Selbstvornahme zum Ziel. Möchte er dagegen den Mangel nicht beheben, so bieten sich Minderung und Schadensersatz statt der Leistung (kleiner Schadensersatz) an. Er kann aber auch über den Rücktritt oder den Schadensersatz statt der ganzen Leistung eine Rückabwicklung des Vertrages bewirken.

Dies erfordert jedoch, dass die Pflichtverletzung nicht unerheblich ist (§§ 281 I 3, 323 V 2 BGB). Schadensersatz und Rücktritt stehen gem. § 325 BGB nebeneinander. Fraglich ist, ob der Besteller nach Fristablauf auf die Rechte aus § 634 Nr. 2 bis 4 BGB beschränkt ist oder ob er nach wie vor den Nacherfüllungsanspruch aus §§ 634 Nr. 1, 635 BGB geltend machen kann.

II. Gliederung

Rechte des A aus § 634 BGB

1. **Wirksamer Werkvertrag** über Anstreichen des Hauses gegen Entgelt (§ 631 BGB) (+); Erfolg geschuldet.

2. **Werkmangel** (§ 633 II 2 Nr. 2 BGB) (+); keine übliche Beschaffenheit; A durfte erwarten, dass Anstrich keine Flecken aufweist.

3. Einzelne Rechte des A aus § 634 BGB

a) **Selbstvornahme** (§§ 634 Nr. 2, 637 BGB)

aa) Fruchtloser Ablauf einer angemessenen **Frist zur Nacherfüllung**?

(1) Ablauf der von A gesetzten Frist ohne Nacherfüllung des M (+)

(2) Angemessenheit der Frist? Berücksichtigung der Umstände des Einzelfalls; Angemessenheit (+).

bb) Somit Recht zur Selbstvornahme und **Aufwendungsersatzanspruch** (§ 637 I BGB); A kann zudem gem. § 637 III BGB Vorschuss verlangen.

b) Rücktritt
(§§ 634 Nr. 3 Alt. 1, 323 BGB) (+), da Fristablauf (s.o.) und Pflichtverletzung auf Grund der Großflächigkeit der Flecken nicht unerheblich (§ 323 V 2 BGB). Wert der Werkleistung im Zuge der Rückabwicklung herauszugeben (§ 346 II 1 Nr. 1 BGB).

c) Minderung
(§§ 634 Nr. 3 Alt. 2, 638 BGB) (+), Rücktrittsvoraussetzungen gegeben (s.o.); auf Erheblichkeit der Pflichtverletzung kommt es nicht an (§ 638 I 2 BGB); Vergütung dann nach § 638 III BGB herabzusetzen.

d) Schadensersatz
(§§ 634 Nr. 4 Alt. 1, 280 I, III, 281 BGB)
Schadensersatz statt der Leistung (Mangelschaden) gem. §§ 280 I, III, 281 I 1 BGB (+); Vertretenmüssen vermutet (§ 280 I 2 BGB); Frist zur Nacherfüllung verstrichen (s.o.).
Außerdem Schadensersatz statt der ganzen Leistung („**großer Schadensersatz**") möglich, weil Pflichtverletzung nicht unerheblich (§ 281 I 3 BGB; s.o.). Dann Wert der Werkleistung zu erstatten (§§ 281 V, 346 II 1 Nr. 1 BGB).

e) Nacherfüllung
(§§ 634 Nr. 1, 635 BGB)?
Nach *alter* Rechtslage (§ 634 I 3 BGB a.F.) Anspruch auf Grund des Fristablaufs und der Ablehnungsandrohung erloschen.

Nach *neuem* Recht keine dem § 634 I 3 BGB a.F. entsprechende Regelung; außerdem Erlöschen des Nacherfüllungsanspruchs in § 281 IV BGB ausdrücklich an Geltendmachung des Schadensersatzanspruchs geknüpft; Anspruch aus §§ 634 Nr. 1, 635 BGB (+).

4. Ergebnis
A kann je nach Interesse alternativ die Rechte aus § 634 BGB geltend machen. Rücktritt und Schadensersatz stehen nebeneinander (§ 325 BGB).

III. Lösung

Rechte des A aus § 634 BGB

A können von vornherein nur dann Rechte aus § 634 BGB zustehen, wenn zwischen A und M ein wirksamer Werkvertrag besteht und das Werk mangelhaft ist.

1. A und M schlossen einen wirksamen Vertrag über das entgeltliche Anstreichen des Hauses des A ab.

Bei dieser Vereinbarung sollte ein neuer Anstrich, also ein Erfolg und nicht die bloße Tätigkeit des Anstreichens, geschuldet sein. Deshalb handelt es sich um einen Werkvertrag (§ 631 BGB).

2. Das Werk wies wegen der hellen Flecken an der Wand nicht die übliche Beschaffenheit auf. Auch durfte A erwarten, dass der Anstrich einheitlich wird. Das Werk war somit sachmangelhaft nach § 633 II 2 Nr. 2 BGB.

3. Daher kann A die Rechte aus § 634 BGB unter den jeweiligen besonderen Voraussetzungen gelten machen.

a) Selbstvornahme, §§ 634 Nr. 2, 637 BGB

aa) Das Recht zur Selbstvornahme mit dem damit verbundenen Aufwendungsersatzanspruch kommt nur dann in Betracht, wenn der Besteller dem Werkunternehmer erfolglos eine angemessene Frist zur Nacherfüllung gesetzt hat.

(1) A gab dem M sieben Tage Zeit, den Mangel zu beseitigen. M ließ die Frist verstreichen, ohne nachzuerfüllen.

(2) Die Frist müsste zudem angemessen sein. Die Angemessenheit ist unter Berücksichtigung der Umstände des Einzelfalls zu bestimmen. Durch die Frist muss dem Schuldner eine letzte Möglichkeit eingeräumt werden, den Mangel zu beseitigen. Die sieben Tage reichen sicherlich dazu aus, die fleckigen Stellen an der Hauswand zu übermalen. Daran ändert auch der Umstand nichts, dass M zeitlich stark ausgelastet ist. Die Nacherfüllung dürfte wohl nicht viel Zeit in Anspruch nehmen. Die Frist von sieben Tagen ist also angemessen.

Anmerkung: Setzt der Besteller eine unangemessen kurze Frist, so ist die Fristsetzung nicht etwa unwirksam. Vielmehr wird die angemessene Frist in Lauf gesetzt.

bb) Folglich kann A den Mangel selbst beseitigen und Ersatz der dazu erforderlichen Aufwendungen verlangen (§ 637 I BGB).
Zudem hat er einen Anspruch auf Vorschuss (§ 637 III BGB).

b) Rücktritt, §§ 634 Nr. 3 Alt. 1, 323 BGB

A könnte ein Rücktrittsrecht aus §§ 634 Nr. 3 Alt. 1, 323 BGB haben.

Die angemessene Frist zur Nacherfüllung verstrich ohne Erfolg (§ 323 I BGB; s.o.). Die Pflichtverletzung des M ist zudem auf Grund der Großflächigkeit der hellen Stellen an der Hauswand nicht unerheblich (§ 323 V 2 BGB). A kann also auch vom Vertrag zurücktreten. Tritt A zurück, so hat er im Zuge der Rückabwicklung den Wert der Werkleistung herauszugeben (§ 346 II 1 Nr. 1 BGB).

c) Minderung, §§ 634 Nr. 3 Alt. 2, 638 BGB

Die Rücktrittsvoraussetzungen sind gegeben, so dass dem A das Recht zur Minderung zusteht (§ 638 I 1 BGB). Auf die Erheblichkeit der Pflichtverletzung kommt es hier nicht an (§ 638 I 2 BGB). Die Minderung führt nach Maßgabe des § 638 III BGB zu einer Herabsetzung des Vergütungsanspruchs des Werkunternehmers.

d) Schadensersatz, §§ 634 Nr. 4 Alt. 1, 280, 281 BGB

A kann gem. §§ 280 I, III, 281 I 1 BGB Schadensersatz statt der Leistung (Mangelschaden) verlangen. Das Vertretenmüssen des M wird nach § 280 I 2 BGB vermutet. Die Nacherfüllungsfrist ist fruchtlos verstrichen (s.o.). Darüber hinaus ist die Pflichtverletzung nicht unerheblich (§ 281 I 3 BGB; s.o.), womit ein Anspruch auf Schadensersatz statt der ganzen Leistung (großer Schadensersatz) besteht. Verlangt A Schadensersatz statt der ganzen Leistung, so hat er den Wert der Werkleistung zu erstatten (§§ 281 V, 346 II 1 Nr. 1 BGB; vgl. o.).

e) Nacherfüllung, §§ 634 Nr. 1, 635 BGB

Der Nacherfüllungsanspruch des A könnte auf Grund des erfolglosen Ablaufs der Frist zur Nacherfüllung und der Erklärung des A, er habe nach Fristablauf kein Interesse mehr an der Leistung des M (Ablehnungsandrohung), erloschen sein. Dies würde der alten Rechtslage entsprechen (§ 634 I 3 BGB a.F.). A könnte dann nur noch die Rechte aus § 634 Nr. 2 bis 4 BGB ausüben. Das neue Recht hingegen enthält keine dem § 634 I 3 BGB a.F. entsprechende Regelung. Die Ablehnungsandrohung dient nur dazu, Druck auf den Schuldner auszuüben und ihn so zur Nacherfüllung anzuhalten. Sie beseitigt nicht den Nacherfüllungsanspruch. Dafür spricht insbesondere auch, dass § 281 IV BGB den Ausschluss des Nacherfüllungsanspruchs ausdrücklich an die Geltendmachung des Schadensersatzanspruchs knüpft. Der Nacherfüllungsanspruch des Bestellers besteht folglich so lange fort, bis er eines der Rechte aus § 634 Nr. 2 bis 4 BGB tatsächlich geltend macht.

Daher kann A nach wie vor gem. § 635 BGB Nacherfüllung verlangen.

4. Ergebnis: Je nach Interesse des A kann er alternativ die Rechte aus § 634 BGB geltend machen. Rücktritt und Schadensersatz stehen dabei nebeneinander (§ 325 BGB).

IV. Zusammenfassung

Sound: Verschafft der Werkunternehmer dem Besteller ein mangelhaftes Werk, so kann der Besteller primär Nacherfüllung verlangen (§§ 634 Nr. 1, 635 BGB). Die anderen Rechte aus § 634 BGB erfordern grundsätzlich den erfolglosen Ablauf einer angemessenen Frist zur Nacherfüllung und sind deswegen nachrangig. Ist die Frist fruchtlos abgelaufen, so besteht der Nacherfüllungsanspruch dennoch fort. Dies gilt selbst dann, wenn eine Ablehnungsandrohung des Auftraggebers vorliegt. Der Nacherfüllungsanspruch erlischt erst, wenn der Besteller eines der (Wahl-)Rechte aus § 634 Nr. 2 bis 4 BGB ausübt.

---

hemmer-Methode: Dieser Fall ist eigentlich ein reiner Wiederholungsfall. Die Systematik der Rechte aus § 634 BGB entspricht der der kaufrechtlichen Gewährleistungsrechte aus § 437 BGB. Allein das Recht zur Selbstvornahme (§§ 634 Nr. 2, 637 BGB) ist im Kaufrecht nicht normiert. Wenn Sie das System einmal verstanden haben, so beherrschen Sie die Gewährleistung im Kauf- sowie im Werkvertragsrecht gleichermaßen. Vergleichen Sie noch einmal die Strukturen.

V. Zur Vertiefung

- Hemmer/Wüst, SchuldR II, Rn. 517 ff.
- Hemmer/Wüst, SchuldR BT I, Karteikarte 95.

Kapitel XI: Die Anwendung des Kaufrechts, § 651 BGB

Fall 46: Die Ergänzung des Kaufrechts durch das Werkvertragsrecht i.R.d. § 651 BGB

Sachverhalt:

A erwirbt in einem Textilgeschäft einen Stoff, aus dem er sich einen Anzug schneidern lassen will. Er bringt den Stoff zum Nobelschneider S. A und S einigen sich darüber, dass S den Anzug für 500 € näht. Eine Woche später stellt A fest, dass ihm seine derzeitige finanzielle Situation eigentlich keine derart kostspielige Anschaffung erlaubt. Er erklärt deswegen gegenüber S die Kündigung des Vertrages. S meint, A könne nicht kündigen, zumal der Anzug schon zur Hälfte fertig gestellt sei. Jedenfalls will er nicht auf seine Vergütung verzichten.

Vergütungsanspruch des S?

I. Einordnung

Der Anwendungsbereich des Werkvertragsrechts (§§ 631 ff. BGB) wird durch § 651 BGB stark begrenzt. Auf Verträge über die Lieferung herzustellender oder zu erzeugender beweglicher Sachen (**Werklieferungsvertrag**) findet Kaufrecht Anwendung. Dies gilt selbst dann, wenn der Stoff, aus dem die Sache herzustellen ist, vom Auftraggeber stammt (vgl. § 651 S. 2 BGB). Grund dieser Vorschrift ist zum einen, dass die §§ 631 ff. BGB keine Regelung über die Pflicht zur Übereignung des Werkes enthalten. Eine solche Norm ist bei reinen Werkverträgen auch nicht erforderlich. Hat das Werk keine Sachqualität, so kommt eine Übereignung von vornherein nicht in Betracht. Ist dagegen eine Reparatur o.ä. vorzunehmen, so wird der Werkunternehmer nicht Eigentümer der Sache. Bei Verträgen über die Errichtung von Bauwerken erlangt der Besteller über die §§ 946, 93 f. BGB das Eigentum.

Schuldet der Werkunternehmer aber die Lieferung einer beweglichen Sache, so bedarf es einer Übereignung und daher auch einer entsprechenden Verpflichtung des Unternehmers. Dies wird durch die §§ 651 S. 1, 433 I 1 BGB gewährleistet.

Zum anderen existieren im Werkvertragsrecht keine mit den §§ 474 ff. BGB (Verbrauchsgüterkauf) vergleichbaren Verbraucherschutzvorschriften. § 651 BGB stellt sicher, dass kaufähnliche Verträge nicht aus dem Anwendungsbereich der §§ 474 ff. BGB herausfallen. Nach § 651 S. 3 BGB sind einige Normen aus dem werkvertraglichen Bereich ergänzend heranzuziehen. Sie treten neben das Kaufrecht. Die Abnahme wird durch den Zeitpunkt des Gefahrübergangs gem. §§ 446 f. BGB ersetzt.

Relevanz hat die Zuordnung sodann auch noch für die Anwendbarkeit des § 377 HGB, der nur im Kaufrecht, nicht aber im Werkvertragsrecht gilt, vgl. § 381 II HGB!

II. Gliederung

Vergütungsanspruch des S?

A. Anspruch aus § 631 I BGB
Werkvertragsrecht anwendbar?
1. Entgeltliche Herstellung des Anzuges, also Erfolg geschuldet (werkvertragliches Element).
2. Kaufrecht über § 651 BGB anzuwenden?
   Anzug bewegliche Sache (§ 90 BGB),
   S schuldet Herstellung und Lieferung (Eigentumsverschaffung; kaufvertragliches Element), § 651 S. 1 BGB (+); § 631 BGB unanwendbar.
3. Ergebnis: Vergütungsanspruch gem. § 631 BGB (-).

B. Anspruch aus §§ 651 S. 1, 433 II BGB
1. Anspruch entstanden (+); s.o.
2. Erlöschen des Anspruchs?
   Kündigung des A; fraglich, ob Recht zur Kündigung; im Kaufrecht (-); allerdings evtl. aus §§ 651 S. 3, 649 S. 1 BGB.
   Vor.:
   a) Anzug nicht vertretbare Sache? Vertretbare Sachen gem. § 91 BGB zu bestimmen.
   Maßanzug kann nur von A getragen werden; speziell für ihn gefertigt; daher keine vertretbare Sache.
   b) Somit § 649 BGB neben Kaufrecht anwendbar; Kündigungsrecht des Bestellers jederzeit bis Vollendung des Werks (§ 649 S. 1 BGB); Anzug noch nicht fertig gestellt; daher (+); durch Kündigung ist Anspruch aus §§ 651 S. 1, 433 II BGB erloschen.
3. Ergebnis: Vergütungsanspruch aus §§ 651 S. 1, 433 II BGB (-).

C. Anspruch aus §§ 651 S. 3, 649 S. 2 BGB
Wegen Kündigung des A Vergütungsanspruch des S gem. §§ 651 S. 3, 649 S. 2 BGB; jedoch nur halb vollendetes Werk; er kann seine Arbeitskraft anderweitig einsetzen; anzunehmen, dass genug Aufträge; daher nur verminderter Anspruch.

III. Lösung

Vergütungsanspruch des S

A. Anspruch aus § 631 I BGB

S könnte gegen A einen Anspruch auf Werklohnzahlung gem. § 631 I BGB haben. Dann müsste auf die Vereinbarung zwischen A und S Werkvertragsrecht anwendbar sein.

1. A und S einigten sich darüber, dass das Nähen des Anzuges gegen eine Vergütung von 500 € geschuldet sein sollte.

S verpflichtete sich folglich zur Herstellung eines Werkes und damit zu einem Erfolg. Der Vertrag enthält somit ein werkvertragliches Element.

2. Allerdings könnte über § 651 BGB Kaufrecht Anwendung finden. Dann müsste der Vertrag die Lieferung herzustellender oder zu erzeugender beweglicher Sachen zum Gegenstand haben (§ 651 S. 1 BGB). Der Anzug ist eine bewegliche Sache (§ 90 BGB). S schuldet nicht nur die Herstellung (s.o.), sondern auch die Lieferung des Anzuges, da er dem A erst noch das Eigentum an ihm verschaffen muss (kaufrechtliches Element). Somit ist Kaufrecht an Stelle von Werkvertragsrecht anzuwenden.

3. Ergebnis: S hat keinen Vergütungsanspruch aus § 631 BGB.

B. Anspruch aus §§ 651 S. 1, 433 II BGB

1. Der Vergütungsanspruch des S ist entstanden und richtet sich gem. § 651 S. 1 BGB nach den §§ 433 ff. BGB (s.o.).
2. Der Anspruch könnte aber durch die Kündigung des A erloschen sein. Das setzt das Bestehen eines Kündigungsrechts voraus. Die §§ 433 ff. BGB sehen kein Recht des Käufers zur Kündigung vor. Allerdings kommt über § 651 S. 3 BGB eine Kündigung nach § 649 S. 1 BGB in Betracht.

a) § 649 BGB ist nur dann ergänzend zum Kaufrecht heranziehbar, wenn eine nicht vertretbare Sache geschuldet ist (§ 651 S. 3 BGB). Eine Sache ist vertretbar, wenn sie verkehrsüblicherweise nach Zahl, Maß oder Gewicht bestimmt wird (§ 91 BGB). Das ist dann der Fall, wenn die Sache nicht von speziellen Wünschen des Bestellers abhängig ist und auch an Dritte weiterverkauft werden könnte. Nicht vertretbare Sachen sind dagegen solche, die an die individuellen Bedürfnisse des Auftraggebers angepasst und daher nicht anderweitig absetzbar sind. Der Maßanzug kann nur von A getragen werden.

Er sollte speziell auf ihn zugeschnitten werden und ist demnach eine nicht vertretbare Sache.

b) Daher ist § 649 BGB neben den §§ 433 ff. BGB anwendbar (§ 651 S. 3 BGB). Gem. § 649 S. 1 BGB kann der Besteller bis zur Vollendung des Werkes jederzeit kündigen.

Zur Zeit der Kündigung des A war der Anzug nicht fertig gestellt. Die Kündigung ist wirksam.

Der Anspruch aus §§ 651 S. 1, 433 II BGB ist deshalb erloschen.

3. Ergebnis: S hat auch keinen Vergütungsanspruch aus §§ 651 S. 1, 433 II BGB.

C. Anspruch aus §§ 651 S. 3, 649 S. 2 BGB

Kündigt der Besteller nach § 649 S. 1 BGB, so steht dem Werkunternehmer aber ein Vergütungsanspruch gem. § 649 S. 2 BGB zu. Der Unternehmer kann die vereinbarte Vergütung verlangen. Er muss sich jedoch dasjenige mindernd anrechnen lassen, was er durch anderweitige Verwendung seiner Arbeitskraft erwirbt.

Der Anzug wurde nur zur Hälfte hergestellt. Da anzunehmen ist, dass S genug Aufträge hat, kann er seine Arbeitskraft anderweitig als zur Vollendung des Werks einsetzen. Er hat also keinen Anspruch auf die volle Vergütung.

S steht ein Vergütungsanspruch aus §§ 651 S. 3, 649 S. 2 BGB zu. Er beläuft sich jedoch nicht auf die volle Höhe.

IV. Zusammenfassung

Sound: Bei Verträgen über die Lieferung herzustellender oder zu erzeugender beweglicher Sachen findet gem. § 651 S. 1 BGB Kaufrecht Anwendung. Den Unternehmer trifft die Pflicht, dem Besteller das Eigentum am Werk zu verschaffen. Ist eine nicht vertretbare Sache geschuldet, so gelten über § 651 S. 3 BGB ergänzend einige Vorschriften aus dem Werkvertragsrecht.

hemmer-Methode: § 651 BGB wurde durch die Schuldrechtsreform wesentlich vereinfacht. Nach neuem Recht sind die §§ 433 ff. BGB bei jedem Vertrag über die Lieferung beweglicher Sachen heranzuziehen. Die Vertretbarkeit der Sache ist nur für die ergänzende Anwendung einiger werkvertraglicher Regelungen von Bedeutung (§ 651 S. 3 BGB). § 651 BGB findet sogar dann Anwendung, wenn die herzustellenden beweglichen Sachen dazu bestimmt sind, später in ein Bauwerk eingefügt zu werden, vgl. BGH, Life&Law 2009, 726 ff. Diese Vereinfachung wurde durch die Angleichung der Gewährleistungssystematik möglich. Nach § 651 BGB a.F. hing die Anwendbarkeit des Kaufrechts hingegen davon ab, ob eine vertretbare oder eine nicht vertretbare Sache Gegenstand des Vertrages war. Außerdem war danach zu differenzieren, ob der Unternehmer den Stoff zu beschaffen hatte und ob es sich bei dem Stoff nur um Zutaten oder sonstige Nebensachen handelte.

V. Zur Vertiefung

- Hemmer/Wüst, SchuldR II, Rn. 593 ff.
- Hemmer/Wüst, SchuldR BT I, Karteikarte 96.
- BGH, Life&Law 2009, 726 ff.

Kapitel XII: Die Sicherung der Ansprüche des Werkunternehmers

Fall 47: Das Werkunternehmerpfandrecht, § 647 BGB

Sachverhalt:

Bauunternehmer B kauft von Händler H einen Radlader. Da B nicht besonders liquide ist, wird Ratenzahlung vereinbart. H behält sich das Eigentum bis zur vollständigen Kaufpreiszahlung vor. Außerdem verabreden die beiden, dass B eventuell anfallende Reparaturen selbst und auf eigene Rechnung durchführen lässt. Als bei der Maschine eine Hydraulikpumpe ausfällt, bringt er sie zur Reparatur in die Fachwerkstatt des W. Kurze Zeit später verschlechtert sich die finanzielle Lage des B weiterhin. Da er die Raten für den Radlader nicht mehr aufbringen kann, tritt H nach Ablauf einer angemessenen Zahlungsfrist wirksam vom Kaufvertrag mit B zurück. Nun verlangt er von W den Radlader heraus. Dieser meint, nur gegen Bezahlung der ausgeführten Werkarbeiten zur Herausgabe der Maschine verpflichtet zu sein.

Herausgabeanspruch des H gegen W?

I. Einordnung

§ 647 BGB gewährt dem Werkunternehmer zur Sicherung seiner Forderungen aus dem Werkvertrag ein **gesetzliches Pfandrecht** an den von ihm hergestellten oder ausgebesserten beweglichen Sachen des Bestellers, wenn sie bei der Herstellung oder zum Zwecke der Ausbesserung in seinen Besitz gelangt sind. Die Norm trägt dem Umstand Rechnung, dass der **Werkunternehmer vorzuleisten** hat, weil sein Vergütungsanspruch erst mit Abnahme bzw. mit Vollendung des Werks fällig wird (§§ 641 I, 646 BGB). Der Unternehmer kann die Rechte geltend machen, die ihm auch im Falle eines vertraglichen Pfandrechts zustünden (§ 1257 BGB). Er kann das Pfand gem. §§ 1257, 1228 ff. BGB verwerten und sich aus dem Erlös befriedigen, wenn die Pfandreife eingetreten ist (§ 1228 II BGB). Hinsichtlich der Entstehung des Pfandrechts ergeben sich dann Probleme, wenn der Besteller nicht - wie von § 647 BGB vorausgesetzt - Eigentümer der Sache ist. Dann stellt sich u.a. die Frage, ob ein gutgläubiger Erwerb des Werkunternehmerpfandrechts in Betracht kommt.

II. Gliederung

> **Herausgabeanspruch des H gegen W aus § 985 BGB**
>
> 1. H Eigentümer des Radladers; Eigentum nicht an B verloren, da Übereignung unter aufschiebender Bedingung der vollständigen Kaufpreiszahlung (§ 449 I BGB); Bedingung nicht eingetreten.
> W unmittelbarer Besitzer.
> 2. **Recht zum Besitz des W gegenüber H** (§ 986 BGB)?

a) **Von B abgeleitetes Besitzrecht** (§ 986 I 1 Alt. 2 BGB)?
Setzt Besitzrecht des B gegenüber H voraus.

aa) Besitzrecht des B aus Kaufvertrag? (-), durch wirksamen Rücktritt des H erloschen.

bb) Besitzrecht des B aus Anwartschaftsrecht (AR)?
Fraglich, ob AR Recht zum Besitz darstellt; jedenfalls aber AR ebenfalls durch Rücktritt des H untergegangen.

Daher: kein abgeleitetes Besitzrecht des W.

b) **Eigenes Besitzrecht des W** (§ 986 I 1 Alt. 1 BGB)

aa) Besitzrecht aus **Werkvertrag**?
Verträge nur relativ; H Vertragspartner des W?
(+), wenn Verpflichtungsermächtigung des B (§ 185 I BGB analog). Konstruktion abzulehnen, da sonst Umgehung des Offenkundigkeitsprinzips der §§ 164 ff. BGB; Aushöhlung der Stellvertretungsregeln; zudem nicht Wille des H.

bb) Besitzrecht aus Werkunternehmerpfandrecht (§ 647 BGB)?
Entstehung des Pfandrechts?

(1) Sache des Bestellers (-), B nicht Eigentümer des Radladers.

(2) Verfügungsermächtigung durch H (§ 185 I BGB analog) (-), da ges. und nicht rechtsgeschäftl. Erwerb des Pfandrechts; außerdem nicht Wille des H.

(3) Pfandrecht am Anwartschaftsrecht (-), da AR durch Rücktritt erloschen.

(4) **Gutgläubiger Erwerb des Werkunternehmerpfandrechts** (§§ 1257, 1207 BGB)? (-); Verweis aus § 1257 BGB setzt bereits entstandenes Pfandrecht voraus; gilt nicht für Entstehung;

außerdem gutgläubiger Erwerb eines gesetzlichen Pfandrechts nach der Sondervorschrift des § 366 III HGB nur im Handelsverkehr möglich.

Somit: Kein Pfandrecht gem. § 647 BGB; kein Recht zum Besitz.

3. **Zurückbehaltungsrecht** (ZBR) des W nach §§ 1000, 994 BGB

a) Vindikationslage (§§ 985 f. BGB) zur Zeit der Verwendungshandlung (Reparatur) (-).
Vertrag noch bestehend.
Aber: Auf Zeitpunkt des Herausgabeverlangens abzustellen, da nicht mehr berechtigter Besitzer nicht schlechter stehen darf als von Anfang an unberechtigter Besitzer (BGH).

b) Notwendige Verwendungen des W auf Radlader (§ 994 I 1 BGB) nach BGH (+); Werkunternehmer neben Besteller auch Verwender, da ebenso schutzwürdig (str.).

4. **Ergebnis**
ZBR des W aus §§ 1000 S. 1, 994 I 1 BGB (+).

III. Lösung

Herausgabeanspruch des H gegen W aus § 985 BGB

H könnte gegen W einen Anspruch auf Herausgabe des Radladers gem. § 985 BGB haben. Dazu müsste H Eigentümer und W Besitzer ohne Recht zum Besitz i.S.d. § 986 BGB sein, es müsste also eine Vindikationslage vorliegen.

1. Ursprünglich war H Eigentümer des Radladers. Möglicherweise hat er sein Eigentum jedoch durch Übereignung nach § 929 S. 1 BGB an B verloren haben.

Allerdings wurde die dingliche Einigung über den Eigentumsübergang unter die aufschiebende Bedingung der vollständigen Zahlung des Kaufpreises gestellt, §§ 929 S. 1, 158 I BGB. Mangels Eintritts der Bedingung ist das Eigentum jedoch noch nicht übergegangen. Damit ist H Eigentümer geblieben, W ist als Inhaber der tatsächlichen Sachherrschaft unmittelbarer Besitzer, § 854 I BGB.

2. Außerdem dürfte W kein Recht zum Besitz gegenüber H zustehen (§ 986 BGB).

a) W könnte ein von B abgeleitetes Besitzrecht innehaben (§ 986 I 1 Alt. 2 BGB). Das erfordert zunächst, dass B als mittelbarer Besitzer dem Eigentümer H gegenüber zum Besitz berechtigt ist.

aa) Das Besitzrecht des B an der Maschine könnte sich aus dem Kaufvertrag zwischen B und H ergeben. Dieser Kaufvertrag hat sich aber durch den wirksamen Rücktritt des H in ein Rückgewährschuldverhältnis umgewandelt und besteht daher nicht mehr. B hat danach kein Recht zum Besitz gegenüber dem Eigentümer H.

bb) Weiterhin steht dem Eigentumsvorbehaltskäufer B ein Anwartschaftsrecht an dem Kaufgegenstand zu, das ein Besitzrecht i.S.d. § 986 BGB darstellen könnte.

Das Anwartschaftsrecht ist aber ebenfalls durch den Rücktritt untergegangen, weil die Bedingung der vollständigen Kaufpreiszahlung nicht mehr eintreten kann. Auf die Frage, ob das Anwartschaftsrecht als Recht zum Besitz anzusehen ist, kommt es daher nicht an.

Da B kein Recht zum Besitz innehatte, steht W kein abgeleitetes Recht zum Besitz zu.

b) Allerdings ist ein eigenes Recht des W gegenüber H, den Radlader zu besitzen, in Erwägung zu ziehen (§ 986 I 1 Alt. 1 BGB).

aa) Das Besitzrecht könnte aus dem Werkvertrag, § 631 BGB, resultieren. Verträge wirken jedoch immer nur relativ zwischen den Vertragsparteien, so dass der Vertrag zwischen W und H und nicht zwischen W und B bestehen müsste. Dies könnte über eine Verpflichtungsermächtigung des B konstruiert werden (§ 185 I BGB analog). Dann wäre H und nicht B Besteller. Diese Konstruktion ist aber abzulehnen. Zum einen entspricht sie nicht dem Willen des H. Denn es wurde vertraglich vereinbart, dass B Reparaturen der Maschine eigenverantwortlich und auf eigene Kosten vornehmen lassen sollte. Zum anderen würde sonst das Offenkundigkeitsprinzip der §§ 164 ff. BGB umgangen. Das Stellvertretungsrecht würde ausgehöhlt. Die Verpflichtungsermächtigung ist also generell nicht zu befürworten. Folglich kam der Werkvertrag zwischen B und W zu Stande und begründet daher kein Besitzrecht des W gegenüber H.

bb) Schließlich könnte sich ein Recht zum Besitz aus einem Werkunternehmerpfandrecht an dem Radlader ergeben (§ 647 BGB). Dann müsste das Pfandrecht gem. § 647 BGB entstanden sein.

(1) Das Werkunternehmerpfandrecht setzt voraus, dass es sich bei der auszubessernden Sache um eine solche des Bestellers handelt. Besteller ist B (s.o.). Dieser war aber nie Eigentümer des Radladers. H hatte ihm das Eigentum nur gem. §§ 929 S. 1, 158 I BGB aufschiebend bedingt übertragen und die Bedingung war nicht eingetreten (s.o.).

(2) Eine Verfügungsermächtigung durch den Eigentümer H (§ 185 I BGB analog) ist nicht anzunehmen. § 185 BGB erfordert eine rechtsgeschäftliche Verfügung.

Das Werkunternehmerpfandrecht entsteht dagegen kraft Gesetzes. Außerdem steht auch hier der Wille des H entgegen (vgl. o.).

(3) Allerdings könnte zwischen B und W ein vertragliches Pfandrecht nach §§ 1273 ff., 1204 ff. BGB am Anwartschaftsrecht des B entstanden sein. Das Anwartschaftsrecht des B ist durch den Rücktritt des H vom Kaufvertrag jedoch erloschen (s.o.), so dass kein pfändbares Recht existiert.

(4) Fraglich ist deshalb, ob W das Werkunternehmerpfandrecht am Radlader gutgläubig erworben haben könnte (§§ 1257, 1207 BGB). Der Verweis aus § 1257 BGB erfasst jedoch ausweislich des Wortlauts nur bereits entstandene Pfandrechte und gilt somit nicht, wenn ein noch nicht existierendes Pfandrecht erst entstehen soll. Außerdem ergibt sich aus der handelsrechtlichen Sondervorschrift des § 366 III HGB, dass der gutgläubige Erwerb eines gesetzlichen Pfandrechts gerade nur im Handelsverkehr möglich sein soll. Schließlich setzt der gutgläubige Erwerb einen Rechtsscheinsträger voraus. Der gesetzliche Erwerb knüpft aber nicht an einen solchen an, so dass auch dieser Aspekt gegen die Möglichkeit eines gutgläubigen Erwerbs spricht. W hat daher kein Recht zum Besitz i.S.d. § 986 BGB.

3. W könnte aber die Herausgabe der Maschine verweigern, wenn er einen Verwendungsersatzanspruch gegen H hätte (Zurückbehaltungsrecht (ZBR), §§ 1000, 994 BGB).

a) Der Anwendungsbereich des § 994 BGB ist grds. nur dann eröffnet, wenn zur Zeit der Verwendungshandlung (Reparatur) eine Vindikationslage bestand (§§ 985 f. BGB). Zum Zeitpunkt der Reparatur war aber der Kaufvertrag zwischen B und H noch wirksam. W war Inhaber eines abgeleiteten Besitzrechts (§ 986 I 1 Alt. 2 BGB). Nach dem BGH ist hier jedoch ausnahmsweise auf den Zeitpunkt des Herausgabeverlangens abzustellen, weil der nicht mehr berechtigte Besitzer nicht schlechter stehen darf als der von Anfang an unberechtigte. § 994 BGB ist also anwendbar.

b) Fraglich ist weiterhin, ob die Reparatur durch W eine notwendige Verwendung des W auf den Radlader darstellt (§ 994 I 1 BGB).

Verwendungen sind willentliche Vermögensopfer, die der Sache zu Gute kommen sollen. Notwendig ist die Verwendung dann, wenn sie zur Erhaltung der Sache erforderlich ist. Die Reparatur, die regelmäßig mit Vermögensopfern einhergeht, war zur Erhaltung des Radladers infolge der defekten Hydraulikpumpe erforderlich. Demnach stellt die Reparatur eine notwendige Verwendung dar. Man könnte sich jedoch auf den Standpunkt stellen, nur der Besteller B sei Verwender. Schließlich will W in erster Linie seine Vertragspflicht gegenüber B erfüllen. Die Kosten der Reparatur hat B zu tragen. Der BGH sieht jedoch den Werkunternehmer zumindest auch als Verwender an. Dies wird damit begründet, dass der Unternehmer genauso schutzwürdig ist wie der Besteller (sehr str.).

4. Ergebnis: W kann die Herausgabe der Maschine gem. §§ 1000 S. 1, 994 I 1 BGB vom Ersatz der getätigten Verwendungen abhängig machen.

IV. Zusammenfassung

Sound: Ist der Besteller nicht Eigentümer der Sache, die in den Besitz des Werkunternehmers gelangt ist, so entsteht kein Werkunternehmerpfandrecht an der Sache (§ 647 BGB). Insbesondere kommt ein gutgläubiger Erwerb des gesetzlichen Pfandrechts nicht in Betracht. Der Unternehmer kann dem Herausgabeanspruch des Eigentümers aus §§ 985 f. BGB aber grds. das Zurückbehaltungsrecht aus §§ 1000, 994 BGB entgegenhalten.

hemmer-Methode: Um doch einen gutgläubigen Erwerb eines Pfandrechts zu ermöglichen (§ 1207 BGB), befindet sich teilweise in den AGB des Werkunternehmers eine Klausel, nach der bei Reparaturaufträgen an allen Sachen, die in den Besitz des Unternehmers gelangen, ein vertragliches Pfandrecht entstehen soll. Solche Klauseln sind nach der Rechtsprechung des BGH im Hinblick auf das Sicherungsinteresse des Werkunternehmers mit § 307 I, II BGB vereinbar. Das ist nicht unproblematisch, da die Vereinbarung wegen § 647 BGB immer nur dann von Bedeutung ist, wenn die Sache nicht dem Besteller gehört. Jedenfalls ist auch die Gutgläubigkeit des Unternehmers (§§ 1207, 932 ff. BGB) nicht ohne weiteres zu bejahen.

V. Zur Vertiefung

- Hemmer/Wüst, SchuldR II, Rn. 586 ff.
- Hemmer/Wüst, SchuldR BT I, Karteikarten 99 f.

Kapitel XIII: Die Konkurrenzen beim Werkvertrag

Fall 48: Keine Umgehung der §§ 633 ff. BGB durch die allgemeinen Vorschriften

Sachverhalt:

A lässt sich auf seinem Grundstück von Bauunternehmer B ein Haus errichten. Nach drei Jahren entstehen an den Wänden große Risse. Diese sind darauf zurückzuführen, dass die Wände noch arbeiten, weil die einzelnen Bauphasen durch B zu schnell hintereinander ausgeführt wurden. A ist von den Rissen nicht sonderlich begeistert. Allerdings hat er momentan keine Zeit, sich mit dem Problem zu befassen. Erst zweieinhalb Jahre später verlangt er von B, die Wände in einen ordnungsgemäßen Zustand zu versetzen. B beruft sich auf Verjährung. A meint, dann fechte er eben den Vertrag an und verlange sein Geld zurück.

Rechte des A?

I. Einordnung

Wie beim Kaufvertrag stellt sich auch im Werkvertragsrecht die Frage, in welchem Verhältnis die allgemeinen Vorschriften zu den §§ 633 ff. BGB stehen. Das Gewährleistungsrecht enthält Sonderregelungen, die nicht durch die Heranziehung des allgemeinen Rechts umgangen werden dürfen. Insbesondere ist in diesem Zusammenhang die Verjährungsregel des § 634a BGB zu erwähnen. Die allgemeinen Vorschriften verjähren grds. in drei Jahren ab Schluss des Jahres der Kenntniserlangung oder der grob fahrlässigen Unkenntnis der anspruchsbegründenden Umstände (§§ 195, 199 I BGB). Die für die Rechte aus § 634 BGB geltende Verjährungsfrist beträgt dagegen in der Regel bei beweglichen Sachen zwei und bei Bauwerken fünf Jahre ab der Abnahme (§ 634a I Nr. 1, 2, II BGB). Da § 199 I BGB den Beginn der Verjährung von subjektiven Merkmalen abhängig macht und somit flexibel gestaltet, kann die Verjährung im Einzelfall ganz erheblich divergieren.

Würden die allgemeinen Ansprüche immer neben den Gewährleistungsrechten zugelassen, so würde § 634a BGB ausgehöhlt. Darüber hinaus können die Rechte aus § 634 BGB u.U. vertraglich oder gesetzlich (z.B. § 640 II BGB) ausgeschlossen sein.

Auch dann wäre es nicht sachgerecht, konkurrierende allgemeine Regeln anzuwenden. Zudem können Konflikte mit dem Vorrang der Nacherfüllung auftreten.

II. Gliederung

Rechte des A

1. Anspruch auf Nacherfüllung (§§ 634 Nr. 1, 635 BGB)

a) Werkvertrag (§ 631 BGB) (+)
b) **Sachmangel bei Gefahrübergang** (Abnahme) gem. § 633 II 2 Nr. 2 BGB (+), A durfte erwarten, dass Ablauf der Bauphasen fachgerecht eingehalten wird und später keine Risse entstehen.

c) **Keine Verjährung?**
§ 634a I Nr. 2 BGB fünf Jahre; Fristbeginn mit Abnahme (§ 634a II BGB); bereits fünfeinhalb Jahre ab Abnahme vergangen; Anspruch verjährt.

2. Erfüllungsanspruch aus § 631 I BGB

a) Werkvertrag (§ 631 BGB) (+) (s.o.); Anspruch entstanden.

b) Anspruch nicht durch Erfüllung erloschen (§ 362 I BGB); Werk frei von Sach- und Rechtsmängeln geschuldet (§ 633 I BGB); jedoch sachmangelhaft (s.o.).

c) Keine Verjährung, da Frist gem. §§ 195, 199 BGB drei Jahre ab Schluss des Jahres der Kenntniserlangung; höchstens zweieinhalb Jahre vergangen.

d) Aber: Anspruch wird ab der Abnahme durch modifizierten Erfüllungsanspruch ersetzt (§§ 634 Nr. 1, 635 BGB); sonst Umgehung des § 634a BGB.

3. Anspruch aus § 812 I 1 Alt. 1 BGB auf Rückzahlung des Werklohnes

a) Etwas erlangt (+); Eigentum und Besitz am Geld.

b) Bewusste und zweckgerichtete Vermögensmehrung (Leistung) durch A (+).

c) Ohne Rechtsgrund?
Rechtsgrund Werkvertrag; evtl. wegen Anfechtung ex tunc nichtig (§ 142 I BGB)?

aa) Anfechtungserklärung des A gegenüber B (§ 143 I, II BGB) (+).

bb) Anfechtungsgrund?
Nur Anfechtung nach § 119 II BGB wegen Irrtums über Mangelfreiheit des Hauses denkbar; Mangelfreiheit könnte verkehrswesentliche Eigenschaft darstellen.

Aber: Anfechtung nach § 119 II BGB ausgeschlossen, wenn mangelbezogener Irrtum; sonst Umgehung des § 634a BGB; außerdem würde Werkunternehmer Möglichkeit genommen, Mangel durch Nacherfüllung zu beseitigen (§§ 634 Nr. 1, 635 BGB).

cc) Außerdem: Anfechtung hat gem. § 121 I 1 BGB unverzüglich ab Kenntniserlangung zu erfolgen; bei zweieinhalb Jahren ist hier von schuldhaftem Zögern auszugehen.

4. Ergebnis
Keine Rechte des A gegen B.

III. Lösung

Rechte des A

1. Anspruch auf Nacherfüllung (§§ 634 Nr. 1, 635 BGB)

a) Zwischen A und B kam ein wirksamer Werkvertrag über die Errichtung des Hauses zu Stande (§ 631 BGB). Nach dem Willen der Parteien sollte ein Werkerfolg geschuldet sein. § 651 BGB ist schon deshalb nicht einschlägig, weil es sich bei dem Haus nicht um eine bewegliche Sache handelt.

b) Weiterhin müsste das Werk mangelhaft sein. In Betracht kommt ein Sachmangel nach § 633 II 2 Nr. 2 BGB. Mit den großen Rissen weist das Haus nicht die Beschaffenheit auf, die bei Häusern üblich ist. A durfte auch erwarten, dass B den Bau fachgerecht vornimmt und so später keine Risse entstehen. Dem Haus haftete folglich ein Sachmangel i.S.d. § 633 II 2 Nr. 2 BGB an.

Der Nacherfüllungsanspruch ist damit entstanden.

c) B könnte die Nacherfüllung aber verweigern, wenn der Anspruch aus §§ 634 Nr. 1, 635 BGB verjährt wäre (§ 214 I BGB). Der Anspruch verjährt gem. § 634a I Nr. 2, II BGB in fünf Jahren ab der Abnahme. Die Abnahme liegt schon fünfeinhalb Jahre zurück. Der Anspruch ist also verjährt. B hat die Einrede der Verjährung auch erhoben, so dass der Anspruch des A nicht durchsetzbar ist.

2. Erfüllungsanspruch aus § 631 I BGB

a) Der Anspruch ist durch den wirksamen Abschluss des Werkvertrages entstanden (s.o.).

b) Der Anspruch könnte jedoch durch Erfüllung erloschen sein (§ 362 I BGB). Dazu müsste die geschuldete Leistung an den Gläubiger bewirkt worden sein. Geschuldete Leistung des Werkunternehmer ist, dem Besteller das Werk frei von Sach- und Rechtsmängeln zu verschaffen (§ 633 I BGB). Das Werk ist aber sachmangelhaft (s.o.).

Die geschuldete Leistung wurde also nicht bewirkt, daher ist der Anspruch auch nicht durch Erfüllung gem. § 362 I BGB erloschen.

c) Der Anspruch könnte aber ebenfalls verjährt sein. Die Verjährung des Erfüllungsanspruches richtet sich nach §§ 195, 199 I BGB. Die Frist beträgt drei Jahre ab Schluss des Jahres der Kenntniserlangung. Seit diesem Zeitpunkt sind aber höchstens zweieinhalb Jahre vergangen. Verjährung ist deshalb noch nicht eingetreten.

d) Der ursprüngliche Erfüllungsanspruch wird aber ab der Abnahme durch den Nacherfüllungsanspruch (§§ 634 Nr. 1, 635 BGB) verdrängt (vgl. Fall 43). Ansonsten würde die Verjährungsregel des § 634a BGB umgangen. Wird ein mangelhaftes Werk abgenommen, so richten sich die Rechte des Bestellers allein nach den §§ 633 ff. BGB.

3. Anspruch aus § 812 I 1 Alt. 1 BGB auf Rückzahlung des Werklohns

a) B hat Eigentum und Besitz am Geld erlangt.

b) Dies geschah durch bewusste und zweckgerichtete Vermögensmehrung (= Leistung) seitens des A.

c) Weiterhin dürfte kein Rechtsgrund für die Leistung bestehen. Rechtsgrund ist der Werkvertrag. Dieser wäre aber ex tunc nichtig, wenn A ihn wirksam angefochten hätte (§ 142 I BGB).

aa) A erklärte die Anfechtung gegenüber B (§ 143 I, II BGB).

bb) Eine wirksame Anfechtung setzt zudem einen Anfechtungsgrund voraus. Hier kommt nur der Anfechtungsgrund des § 119 II BGB wegen eines Irrtums über die Mangelfreiheit des Werks in Betracht. Die Mangelfreiheit könnte grundsätzlich eine verkehrswesentliche Eigenschaft des Hauses darstellen.

Möglicherweise ist die Anfechtung gem. § 119 II BGB wegen eines mangelbezogenen Irrtums aber ausgeschlossen. Wäre § 119 II BGB hier anwendbar, würde die Verjährungsvorschrift des § 634a BGB ausgehebelt werden. Außerdem würde dem Werkunternehmer das Recht zur Nacherfüllung genommen. Der Besteller könnte einfach anfechten und den Werklohn kondizieren, anstatt nach den §§ 633 ff. BGB vorzugehen. Das wäre systemwidrig. Damit ist die Anfechtung gem. § 119 II BGB ausgeschlossen.

cc) Darüber hinaus hätte eine Anfechtung unverzüglich, also ohne schuldhaftes Zögern, nach Kenntniserlangung, zu erfolgen (§ 121 I 1 BGB).

Hier ist kein Grund ersichtlich, der ein zweieinhalbjähriges Abwarten des A rechtfertigen würde. Damit wäre eine Anfechtung auch dann ausgeschlossen, wenn sie möglich wäre.

Mangels Fehlens eines rechtlichen Grundes besteht der Anspruch aus § 812 I 1 Alt. 1 BGB daher nicht.

4. Ergebnis

A kann keine Rechte gegenüber B geltend machen.

IV. Zusammenfassung

Sound:
(1) Der ursprüngliche Erfüllungsanspruch des Bestellers wird ab der Abnahme des Werks durch den Nacherfüllungsanspruch (§§ 634 Nr. 1, 635 BGB) ersetzt. Die Verjährung richtet sich nach § 634a BGB.
(2) Eine Anfechtung des Bestellers gem. § 119 II BGB wegen eines Irrtums über die Mangelfreiheit des Werkes würde zu einer Umgehung der §§ 633 ff. BGB führen und ist daher unzulässig.

hemmer-Methode: Eine Anfechtung nach § 119 I BGB tritt dagegen nicht mit den §§ 633 ff. BGB in Konkurrenz, weil ein Inhalts- oder Erklärungsirrtum nichts mit der Mangelhaftigkeit des Werks zu tun hat. Ebenso ist eine Anfechtung nach § 119 II BGB möglich, wenn sich der Besteller über nicht mangelbezogene verkehrswesentliche Eigenschaften irrt. Generell ergeben sich bei den werkvertraglichen Konkurrenzen gegenüber dem Kaufrecht keine Besonderheiten. Wiederholen Sie noch einmal die Fälle 31 bis 34.

V. Zur Vertiefung

- Hemmer/Wüst, SchuldR BT I, Karteikarten 101 f.

Kapitel XIV: Die Grundlagen des Reisevertragsrechts

Fall 49: Abgrenzung zu anderen Vertragstypen und einzelne Vertragsbeziehungen

Sachverhalt:

M möchte mit seiner Ehefrau F verreisen. Er bucht im Reisebüro des R eine zehntägige Irland-Rundreise des Anbieters S-Reisen. In dem Paket sind Flug, Unterbringung in diversen Hotels, Bustransfers sowie eine deutschsprachige Reiseleitung zu einem Gesamtpreis von 1350 € pro Person enthalten. Vierzehn Tage vor dem geplanten Reisebeginn teilt R dem M mit, die Reise finde nun doch nicht statt, da sich weniger Teilnehmer als erwartet gefunden hätten. Eine Mindestteilnehmerzahl wurde jedoch nicht vertraglich vereinbart. M fragt sich, ob und von wem er und seine Frau die Durchführung der Reise verlangen können.

Ansprüche des M und der F auf Durchführung der Reise?

I. Einordnung

Beim Reisevertrag verpflichtet sich der Reiseveranstalter, eine Gesamtheit von Reiseleistungen (Leistungsbündel) in eigener Verantwortung zu erbringen (§ 651a I BGB). Der Reisevertrag wurde aus dem Werkvertrag entwickelt und ist ebenfalls erfolgsbezogen. Es handelt sich um einen Vertrag eigener Art (sui generis) und nicht um einen besonderen Werkvertrag. Das Werkvertragsrecht ist allenfalls unter den Voraussetzungen einer Analogie heranziehbar. Grund für die Entwicklung des Reisevertragsrechts ist, dass das abstrakte Werkvertragsrecht die besonderen Probleme der Reiseverträge nicht hinreichend regelt. Die §§ 651a ff. BGB normieren diesbezüglich interessengerechte Lösungen. § 651m BGB zeigt, dass hauptsächlich die Rechte des Reisenden gestärkt werden sollen. Allerdings wirken sich einige Vorschriften auch zugunsten des Veranstalters aus (§§ 651d II, 651g I, 651h BGB).

Dadurch wird berücksichtigt, dass der Reiseveranstalter meist für das Verschulden der Leistungsträger vor Ort und nicht für eigenes Verschulden haftet (§ 278 BGB).

Hinsichtlich der typischen Vertragskonstellationen sind die Beziehungen zwischen dem Reisenden und dem Reisebüro, dem Reiseveranstalter sowie den Leistungsträgern (Fluggesellschaft, Mietwagenunternehmen, Hotel) zu unterscheiden.

Das Reisebüro ist grundsätzlich nicht selbst Reiseveranstalter i.S.d. § 651a BGB, sondern vermittelt nur zwischen dem Reisenden und dem Veranstalter oder den Leistungsträgern. Dieser „Reisevermittlungsvertrag" ist nach h.M. als Geschäftsbesorgungsvertrag mit werkvertraglichem Charakter zu qualifizieren (§ 675 I BGB). Im Verhältnis Reisender - Leistungsträger kommt dagegen typischerweise kein Vertrag zustande.

Der Vertrag zwischen Reiseveranstalter und den Leistungsträgern ist jedoch regelmäßig als echter Vertrag zugunsten des Reisenden (§ 328 BGB) zu bewerten.

Darüber hinaus stellt sich oft die Frage, wie Mitreisende in die Verträge einbezogen sind.

II. Gliederung

A. Ansprüche des M auf Durchführung der Reise

I. Anspruch aus § 651a I 1 BGB gegen R

Reisevertrag zwischen M und R?

1. Vertrag über Gesamtheit von Reiseleistungen (+); Flug, Unterbringung etc. geschuldet.
2. Ist R Reiseveranstalter und damit zur eigenverantwortlichen Erbringung der Leistungen verpflichtet? § 651a BGB
(-), nur Vermittlung der Reise mit Reiseveranstalter S.

II. Anspruch aus § 651a I 1 BGB gegen S-Reisen

(+); S Reiseveranstalter, da eigenverantwortliche Leistungsbringung; M als Vertragspartner Reisender; kein Kündigungsrecht des Veranstalters S; insbes. keine vertragliche Vereinbarung (vgl. § 651a V 1 BGB).

III. Anspruch gegen einzelne Leistungserbringer

1. Verträge zwischen M und Leistungserbringern (L)?
(-); nur S verpflichtete sich gegenüber M; keine Vermittlung der Leistungen der L, sondern Eigenverantwortlichkeit (vgl. § 651a II BGB; s.o.).

2. Verträge zwischen S und L echte Verträge zugunsten Dritter (§ 328 I BGB)?
a) Verträge zwischen S und L (+); jew. Werk-, Dienst- o. Mietverträge.
b) Eigenes Forderungsrecht des M (§ 328 I BGB) (+), aus Zweck des Vertrages folgt erkennbar, dass M berechtigt sein soll, Leistung zu fordern (§ 328 II BGB).

<u>Daher:</u> Ansprüche aus jew. Vertrag (§§ 631 I, 611 I, 535 I BGB) i.V.m. § 328 I BGB gegen jeweiligen Leistungserbringer.

B. Ansprüche der F auf Durchführung der Reise

I. Anspruch gegen S-Reisen aus § 651a I 1 BGB

1. F Partei des Reisevertrages?
a) Vertretung durch M (§ 164 I BGB)? (-); keine Erklärung im Namen der F.
b) Verpflichtung über § 1357 I 2 BGB? (-); kein Geschäft zur angemessenen Deckung des Lebensbedarfs, da eine Absprache der Ehegatten vor Buchung der Reise zu erwarten ist.
2. Eigenes Forderungsrecht aus echtem Vertrag zwischen M und S zugunsten Dritter (§ 328 I BGB)?
(+); Wille des M anzunehmen, Ehefrau F starke Rechtsstellung zu gewähren; Erkennbarkeit für S-Reisen (+), da er sie als Mitreisende angab.
⇨ Anspruch (+)

II. Anspruch gegen einzelne Leistungserbringer

Verträge zwischen S-Reisen und Leistungserbringer auch echte Verträge zugunsten der F (§ 328 I BGB)?

Fraglich, nur M Vertragspartner von S-Reisen; F steht diesem Vertrag nicht so nahe; Leistung wurde aber für sie vorgesehen;

S-Reisen wollte ihr wohl – entsprechend dem Willen des M – ein eigenes Forderungsrecht zubilligen; für L auch erkennbar (+).

<u>Daher:</u> Anspruch gegen Leistungserbringer gem. §§ 631 I, 611 I bzw. 535 I BGB i.V.m. 328 I BGB (+).

III. Lösung

A. Ansprüche des M auf Durchführung der Reise

I. Anspruch aus § 651a I 1 BGB gegen R

M hätte einen Anspruch auf Durchführung der Reise gegen R aus § 651a I 1 BGB, wenn zwischen den Parteien ein wirksamer Reisevertrag bestehen würde.

1. Gegenstand des Vertrages müsste zunächst eine Gesamtheit von Reiseleistungen, also ein Leistungsbündel von mindestens zwei erheblichen Teilen der Reise und nicht eine bloße Einzelleistung sein.

Die gebuchte Reise umfasst den Flug, die Unterbringung in Hotels, Bustransfers sowie eine Reiseleitung. Es handelt sich hier um eine vollständige Pauschalreise, also um eine Gesamtheit von Reiseleistungen.

Anmerkung: Ist nur eine Einzelleistung geschuldet, so liegt kein Reisevertrag, sondern je nach Art der Leistung ein Werk-, Dienst- oder Mietvertrag vor. Das gilt auch dann, wenn neben der Hauptleistung nur untergeordnete Nebenleistungen zu erbringen sind (z.B. Brötchenservice in der Ferienwohnung).

2. Weiterhin müsste R der Reiseveranstalter sein. Er müsste sich zur eigenverantwortlichen Erbringung der Leistungen verpflichtet haben. R vermittelt hier aber nur die Reise mit dem Anbieter S-Reisen. Es sind keine Umstände erkennbar, die dafür sprechen, dass R für die Durchführung der Reise einstehen will (vgl. § 651a II BGB). R ist damit nicht Reiseveranstalter i.S.d. § 651a BGB. M hat folglich auch keinen Anspruch gegen R auf Veranstaltung der Reise.

Anmerkung: Ob überhaupt ein Schuldverhältnis zum Reisebüro besteht, ist umstritten. Die Frage stellt sich nur in Fällen, wie dem vorliegenden. Unterhält der Reiseveranstalter eigene Reisebüros, liegt schon gar keine „Dreierbeziehung" vor.
Nach einer Ansicht schließt der Reisende mit dem Reisebüro einen Geschäftsbesorgungsvertrag hinsichtlich der Vermittlung einer Reise ab, § 675 BGB. Der BGH hat diese Frage bislang nicht entschieden. Er geht aber davon aus, dass ein Schuldverhältnis jedenfalls mit Beendigung der Auswahlentscheidung des Reisenden, welche Reise es sein soll, endet. Ab diesem Zeitpunkt handelt das Reisebüro ersichtlich nur noch als Erfüllungsgehilfe des Reiseveranstalters bei der Vorbereitung der konkret ausgewählten Reise. Daher können ab diesem Zeitpunkt jedenfalls keine vertraglichen Ansprüche auf Schadensersatz gegen das Reisebüro mehr in Betracht kommen, BGH Life&Law 2006, 746 f.

II. Anspruch aus § 651a I 1 BGB gegen S-Reisen

M könnte aber einen Anspruch auf Durchführung der Reise gegen S haben.

Dann müsste S-Reisen Reiseveranstalter und M Reisender sein (§ 651a I BGB).

S-Reisen ist Reiseveranstalter, wenn das Unternehmen das Leistungsbündel in eigener Verantwortung erbringt, was hier der Fall ist. S tritt nicht nur als Vermittler der Einzelleistungen auf, sondern bietet diese als Pauschalreise in eigener Regie an. M ist als Vertragspartner von S-Reisen Reisender i.S.d. § 651a BGB. Der Anspruch auf Durchführung der Reise ist also entstanden.

Er ist auch nicht durch Kündigung durch S-Reisen erloschen, weil kein Kündigungsrecht des Unternehmens besteht. Insbesondere wurde keine Mindestteilnehmerzahl vereinbart, bei deren Nichterreichen eine Absage der Reise zulässig wäre (vgl. § 651a V 1 BGB). Der Anspruch des M besteht.

III. Anspruch gegen einzelne Leistungserbringer

1. Zwischen M und den einzelnen Leistungsträgern (L) könnten Verträge bestehen, aus denen M die jeweilige Leistung fordern könnte. M selbst hat aber keinen Vertrag mit den L geschlossen. Auch S-Reisen vermittelte nicht die Verträge zwischen M und L, sondern verpflichtete sich vielmehr gegenüber M zur eigenverantwortlichen Erbringung der Reise (vgl. § 651a II BGB; s.o.). Es kamen somit keine Verträge zwischen M und den Leistungsträgern zustande.

2. Allerdings könnten Verträge zwischen S-Reisen und den L geschlossen worden sein, die echte Verträge zugunsten des M darstellen könnten (§ 328 I BGB). Dann würde M ein eigenes Forderungsrecht zustehen.

a) Zwischen S-Reisen und den L kamen jeweils Verträge über die Erbringung der einzelnen Leistungen zustande. Sie sind als Werk-, Dienst- bzw. Mietverträge zu qualifizieren. Es wird im Folgenden davon ausgegangen, dass diese Verträge wirksam sind.

b) Diese Verträge müssten zudem echte Verträge zugunsten des M sein (§ 328 I BGB). Das ist durch Auslegung zu ermitteln (vgl. § 328 II BGB). Zweck der Vereinbarungen ist, dem M die Reise zu ermöglichen. Sie wurden im Interesse des M abgeschlossen. Daher ist davon auszugehen, dass S-Reisen dem M ein eigenes Forderungsrecht einräumen wollte. Dies ist für die L auch erkennbar.

Daher stellen die Verträge zwischen S-Reisen und den L echte Verträge zugunsten des M dar. M hat also Ansprüche gegen die Leistungsträger aus den jeweiligen Verträgen (§§ 631 I, 611 I, 535 I BGB) i.V.m. § 328 I BGB.

B. Ansprüche der F auf Durchführung der Reise

I. Anspruch gegen S-Reisen aus § 651a I 1 BGB

1. F hätte einen Anspruch gegen S-Reisen auf Durchführung der Reise aus § 651a I 1 BGB, wenn sie Partei des Reisevertrags geworden wäre.

a) Sie könnte zunächst durch M vertreten worden sein (§ 164 I BGB). Allerdings gab M keine Willenserklärung im Namen der F ab. Er handelte im eigenen Namen und ist daher allein berechtigt und verpflichtet.

b) Etwas anderes könnte sich aber aus § 1357 I 2 BGB ergeben.

Schließt ein Ehegatte ein Geschäft zur angemessenen Deckung des Lebensbedarfs der Familie ab, so werden grds. beide Ehegatten Vertragspartner. Solche Geschäfte sind nach der h.M. gegeben, wenn es üblicherweise keiner vorherigen Absprache zwischen den Ehegatten bedarf. Die hier vorliegende Irland-Rundreise von zehn Tagen ist einerseits finanziell aufwendig und erfordert zudem im Vorfeld Dispositionen, so dass Absprachen notwendig sind. F wurde folglich nicht Partei des Reisevertrags.

2. Die F hätte aber ein eigenes Forderungsrecht aus dem Reisevertrag zwischen M und S-Reisen, wenn ein echter Vertrag zugunsten der F vorläge (§ 328 I BGB). Es ist von dem Willen des M auszugehen, seiner Ehefrau F eine möglichst starke Rechtsstellung einzuräumen. Sie soll die Hauptleistung fordern können. Dies ist für den Veranstalter S-Reisen auch erkennbar, da M die F als Mitreisende angab. Daher hat F einen Anspruch aus §§ 651a I 1, 328 I BGB.

II. Anspruch gegen die einzelnen Leistungsträger

Ansprüche der F gegen die einzelnen Leistungsträger (L) sind nur dann zu bejahen, wenn die Verträge zwischen S-Reisen und den L auch echte Verträge zugunsten der F sind (§ 328 I BGB). Die Umstände und insbesondere der Zweck der Vereinbarungen müsste ergeben, dass die F ein eigenes Forderungsrecht innehaben soll.

Gegen ein eigenes Forderungsrecht der F spricht, dass sie im Gegensatz zu M nicht Vertragspartnerin des Veranstalters S-Reisen ist und daher den Verträgen nicht so nahe steht wie M. Allerdings war sie als Mitreisende vorgesehen. S-Reisen wollte wohl dem Willen des M, die F in die Verträge mit einzubeziehen, gerecht werden. Dieses Interesse war für die L auch erkennbar. Der F stehen damit Ansprüche aus den einzelnen Verträgen i.V.m. § 328 I BGB gegen die Leistungsträger zu.

IV. Zusammenfassung

Sound: Das Reisebüro ist grundsätzlich nicht Reiseveranstalter i.S.d. § 651a BGB, sondern vermittelt nur Verträge zwischen dem Reisenden und dem Veranstalter oder den einzelnen Leistungsträgern. Im Verhältnis Reisender - Leistungsträger kommt regelmäßig kein Vertrag zustande. Der Vertrag zwischen Reiseveranstalter und Leistungserbringer ist aber in der Regel als Vertrag zugunsten des Reisenden zu qualifizieren (§ 328 I BGB). Der Reisende hat einen Anspruch auf die Hauptleistung. Auch Mitreisende sind u.U. über § 328 I BGB in die Verträge einbezogen.

Ist ein echter Vertrag zugunsten Dritter (§ 328 I BGB) zu verneinen, so ist – je nach Fall – ein Vertrag mit Schutzwirkung zugunsten Dritter anzudenken.

hemmer-Methode: Bei den dargestellten Vertragsbeziehungen handelt es sich nur um eine typische Konstellation. Es kann auch durchaus sein, dass das Reisebüro selbst Reiseveranstalter ist, weil es eigenverantwortlich ein Leistungsbündel anbietet (§ 651a I BGB). Außerdem kann es auch direkt zwischen dem Reisenden und einzelnen Leistungsträgern vermitteln, so dass in diesem Verhältnis Verträge (wohl meist Werk-, Dienst- oder Werkverträge, bzw. typengemischte Verträge) zustande kommen. Diesbezüglich hatte der BGH das Angebot der sog. „Rail & Fly-Tickets" dahingehend zu beurteilen, ob der Reiseveranstalter auch die Bahnfahrt zum Flughafen als eigene Reiseleistung zu verantworten hat. Mit überzeugender Begründung wurde dies bejaht, BGH, Life & Law 2011, 145 ff.
Weiterhin können selbstverständlich auch Mitreisende Vertragspartei werden. Lernen Sie also nicht einfach auswendig, sondern prüfen Sie im konkreten Fall, welche vertraglichen Relationen gegeben sind.

V. Zur Vertiefung

- Hemmer/Wüst, SchuldR III, Rn. 255 ff.
- Hemmer/Wüst, SchuldR BT I, Karteikarte 103.
- BGH, Life & Law 2011, 145 ff. zur Frage der Abgrenzung „eigene Reiseleistung" zu „Vermittlung fremder Reiseleistung"

Fall 50: Die Haftung für Reisemängel

Sachverhalt:

A bucht bei Veranstalter N-Reisen eine vierzehntägige Badereise nach Ibiza. Die Reise beinhaltet den Flug sowie vierzehn Übernachtungen mit Vollpension im 4 Sterne Hotel Ibiza-Palace zu einem Preis von 1400 €. Als A am Anreisetag sein Hotelzimmer in Empfang nimmt, stellt sich heraus, dass das Zimmer nicht nur ihm, sondern auch einer größeren Anzahl Kakerlaken als Wohnraum dient. A fühlt sich dadurch stark in seinem Urlaubsgenuss beeinträchtigt. Er begibt sich vor Ort zur Reiseleiterin R der Firma N-Reisen und verlangt von ihr, etwas zu unternehmen. Diese meint, sie könne dem A kein anderes Zimmer verschaffen, da das Hotel ausgebucht sei. Auf den Vorschlag des A, einen Kammerjäger zu rufen, geht sie nicht weiter ein. Sie ist der Ansicht, A werde sich schon mit der Situation abfinden.

Rechte des A gegen N?

I. Einordnung

Der Reiseveranstalter ist gem. § 651c I BGB verpflichtet, die Reise frei von Mängeln zu erbringen. Ein Mangel ist zum einen ein Fehler und zum anderen die Abwesenheit einer zugesicherten Eigenschaft. Die zugesicherte Eigenschaft besteht hier also – anders als im Kauf- oder Werkvertragsrecht – i.R.d. Mangelbegriffs fort. Ist die Reise mangelhaft, so kann der Reisende die Rechte aus den §§ 651c ff. BGB geltend machen. Diese Normen stellen grundsätzlich abschließende Sonderregeln dar. Sie gelten schon ab Vertragsschluss und verdrängen von diesem Zeitpunkt an das allgemeine Leistungsstörungsrecht. Der Reisende kann zunächst Abhilfe verlangen (§ 651c II BGB). Dieser Anspruch entspricht dem Nacherfüllungsanspruch beim Werkbzw. Kaufvertrag. Wird innerhalb einer regelmäßig zu setzenden angemessenen Frist trotz bestehenden Anspruchs keine Abhilfe geschaffen, so kann der Reisende selbst für Abhilfe sorgen und Aufwendungsersatz verlangen (§ 651c III BGB).

Außerdem mindert sich der Reisepreis gemäß § 651d BGB für die Dauer des Mangels kraft Gesetzes, soweit nicht der Reisende die Anzeige des Mangels schuldhaft unterlässt. Weiterhin ist unter den Voraussetzungen des § 651e BGB bei einer erheblichen Beeinträchtigung der Reise eine Kündigung möglich.

§ 651f BGB gewährt einen verschuldensabhängigen Schadensersatzanspruch, der Mangel- und Mangelfolgeschäden erfasst.

Nach der Regelung des § 651f II BGB sind in Ausnahme zu § 253 I BGB auch immaterielle Schäden mitzuersetzen („vertane Urlaubszeit").

II. Gliederung

> **Rechte des A gegen N aus den §§ 651c ff. BGB**
>
> I. Reisevertrag zwischen A und N (§ 651a BGB)?
> (+); N gegenüber A verpflichtet, Flug und Unterkunft mit Vollpension, also ein Leistungsbündel, eigenverantwortlich als Pauschalreise für 1400 € zu erbringen.

II. Reisemangel (§ 651c I BGB)?
Fehler der Reise wegen Kakerlaken in Hotelzimmer?
Subjektiver Fehlerbegriff; Anknüpfungspunkt Reise, nicht Einzelleistung;
Hotelzimmer nur eingeschränkt bewohnbar.
Negative Auswirkung auf gesamte Reise, Erholungswert stark beeinträchtigt;
von 4 Sterne Hotel darf erwartet werden, dass kein Ungeziefer vorhanden ist.

III. Kein Ausschluss der Rechte
(§ 651g I BGB) und keine Verjährung (§ 651g II BGB).

IV. Die einzelnen Rechte aus den §§ 651c ff. BGB

1. **Recht auf Abhilfe** (§ 651c II BGB) (+); kein unverhältnismäßiger Aufwand, Kammerjäger zu beauftragen.
2. **Selbstabhilfe und Aufwendungsersatz** (§ 651c III BGB)
   a) Angemessene Frist zur Abhilfe ggü. Veranstalter nicht gesetzt (§ 651c III 1 BGB).
   b) Entbehrlichkeit (§ 651c III 2 BGB)? (+); Leistungsverweigerung der Reiseleiterin des Veranstalters N-Reisen.
   c) Somit Recht des A, selbst Kammerjäger zu rufen und Aufwendungen ersetzt zu verlangen (§ 651c III BGB).
3. **Minderung** (§ 651d BGB)
   a) Ausschluss der Minderung (§ 651d II BGB) (-); Anzeige des Mangels ggü. Veranstalter erfolgte sofort.
   b) Daher Minderung kraft Gesetzes für Dauer des Mangels; es gelten die §§ 638 III, IV BGB; Rückforderung des zu viel bezahlten Reisepreises gem. §§ 638 IV, 346 I, 347 I BGB möglich.

4. **Kündigung** (§ 651e BGB)
   a) Erhebliche Beeinträchtigung der Reise?
   Gesamtwürdigung nach objektiven Maßstäben; große Anzahl Kakerlaken mindern Wohnkomfort stark; Erholung in weit geringerem Maße möglich, daher (+).
   b) Fristsetzung gem. § 651e II 2 BGB entbehrlich (s.o.).
   c) Kündigungsrecht (+); Reisepreis zurückzuerstatten; Anspruch folgt aus §§ 346 I, 347 I BGB (einheitliche Systematik); Entschädigungsanspruch des Veranstalters für erbrachte und noch zu erbringende Reiseleistungen, soweit für Reisenden von Interesse (§§ 651e III 2, 3, 638 III BGB). Veranstalter hat auf seine Kosten Reisenden zurückzubefördern (§ 651e IV BGB).

5. **Schadensersatz** (§ 651f BGB)
   a) Mangelanzeige oder Abhilfeverlangen (+) (s.o.).
   b) Vertretenmüssen des Veranstalters (§ 276 BGB) vermutet, § 651f I 2. Hs. BGB; kein Entlastungsbeweis.
   c) Schaden
   aa) Minderwert der Reise (+); Schaden entfällt nicht durch gesetzliche Minderung (§ 651d BGB); Herausgabe- und Schadensersatzanspruch stehen bis zur tatsächlichen Rückzahlung nebeneinander (h.M.).
   bb) Angemessene Entschädigung wegen nutzlos aufgewendeter Urlaubszeit (immaterieller Schaden) gem. § 651f II BGB (+).

III. Lösung

Rechte des A gegen N aus den §§ 651c ff. BGB

Sämtliche Rechte aus den §§ 651c bis 651f BGB setzen das Bestehen eines Reisevertrags sowie das Vorliegen eines Reisemangels voraus.

I. Wirksamer Reisevertrag

Zwischen A und N könnte ein wirksamer Reisevertrag zu Stande gekommen sein (§ 651a BGB). N verpflichtete sich gegenüber A, Flug und Unterkunft mit Vollpension, also eine Gesamtheit von Reiseleistungen, in eigener Verantwortung als Pauschalreise zu erbringen. A schuldet im Gegenzug den Gesamtpreis von 1400 €. Folglich liegt zwischen A und N ein Reisevertrag nach § 651a I BGB vor.

II. Reisemangel

Weiterhin müsste die Reise mangelhaft sein (§ 651c I BGB). In Betracht kommt ein Fehler der Reise wegen der Kakerlaken im Hotelzimmer. Ein Fehler ist gegeben, wenn die Ist-Beschaffenheit von der Soll-Beschaffenheit negativ abweicht.

Anmerkung: In diesem Zusammenhang kann einmal problematisch sein, zunächst den geschuldeten Leistungsinhalt zu ermitteln. Gegenstand des Vertrages sind jedenfalls alle Leistungen, die der Veranstalter nach einem vorher festgelegten und ausgeschriebenen Reiseprogramm anbietet. Aber auch solche Leistungen, die sich am Urlaubsort für den Reisenden als zum Leistungsumfang gehörend darstellen, können zum Leistungsumfang gehören. Lesen Sie zu dieser sehr relevanten Frage den Wasserrutschenfall des BGH, Life&Law 2006, 739 ff.; Ist eine solche Leistung mangelhaft, stellt sich neben der Frage der Haftung aus dem Mängelrecht auch die Frage nach einer konkurrierenden deliktischen Haftung des Reiseveranstalters; denn diesen treffen hinsichtlich des Leistungsspektrums auch Verkehrssicherungspflichten!

Dabei gilt der subjektive Fehlerbegriff. Bei der Beurteilung ist an die gesamte Reise und nicht an eine Einzelleistung anzuknüpfen. Eine Störung muss den Nutzen der Reise insgesamt beeinträchtigen und darf nicht eine bloße, allgemein hinzunehmende Unannehmlichkeit darstellen. Das Hotelzimmer ist wegen der sich darin befindlichen größeren Anzahl an Kakerlaken nur eingeschränkt bewohnbar. Dieser Umstand wirkt sich negativ auf die gesamte Reise aus, da eine Erholung so kaum möglich ist. Es ist auch nicht von einer bloßen Unannehmlichkeit auszugehen, weil von einem 4 Sterne Hotel – auch wenn es sich auf Ibiza befindet – erwartet werden darf, dass die Zimmer nicht von Ungeziefer befallen sind. Die Reise ist mithin mangelhaft.

Anmerkung: Ein Reisemangel wird auch durch das Nichtvorhandensein einer zugesicherten Eigenschaft begründet (§ 651c I BGB). Fraglich ist, welche Anforderungen hier an eine Zusicherung zu stellen sind. Denn sie führt nicht zwingend – wie etwa im Kauf- oder Werkvertragsrecht – zu einer verschuldensunabhängigen Haftung. Im Zweifel dürfte daher eine Zusicherung i.S.d. § 651c I BGB bereits dann vorliegen, wenn ein Punkt vertraglich vereinbart wurde.

III. Die Rechte des A aus den §§ 651c ff. BGB sind weder gem. § 651g I BGB ausgeschlossen noch verjährt (§ 651g II BGB).

IV. Somit kann A die Rechte aus den §§ 651c ff. BGB unter den jeweiligen besonderen Voraussetzungen geltend machen.

1. A kann zunächst Abhilfe verlangen (§ 651c II BGB). Die Beauftragung eines Kammerjägers erfordert sicherlich keinen unverhältnismäßig hohen Aufwand.

2. Zudem könnte A ein Selbstabhilferecht und ein damit verbundener Aufwendungsersatzanspruch zustehen (§ 651c III BGB).

a) Die Rechte erfordern grundsätzlich den erfolglosen Ablauf einer angemessenen Frist zur Abhilfe (§ 651c III 1 BGB). Die Abhilfe ist also vorrangig. A setzte dem Reiseveranstalter N jedoch keine Frist.

b) Die Fristsetzung ist hier aber entbehrlich, weil die Reiseleiterin der N-Reisen durch ihre Haltung unmissverständlich zum Ausdruck brachte, dass sie die Abhilfe verweigert (§ 651c III 2 Alt. 1 BGB).

c) A hat daher das Recht, selbst einen Kammerjäger zu rufen und die erforderlichen Aufwendungen von N ersetzt zu verlangen (§ 651c III BGB).

3. Außerdem könnte A ein Anspruch auf Rückzahlung des zu viel bezahlten Reisepreises gem. §§ 651d I 2, 638 III, 346 BGB zustehen. Dazu müsste der Reisepreis gem. § 651d BGB gemindert sein.

a) A teilte den Mangel sofort der Reiseleiterin des Veranstalters N-Reisen mit. Daher ist die Minderung nicht nach § 651d II BGB ganz oder teilweise ausgeschlossen.

b) Der Reisepreis ist folglich kraft Gesetzes für die Dauer des Mangels nach Maßgabe des § 638 III BGB gemindert.

A kann den zu viel bezahlten Reisepreis gem. §§ 638 IV, 346 I BGB herausverlangen.

4. Darüber hinaus könnte A ein Recht zur Kündigung haben (§ 651e BGB).

a) Dann müsste die Reise durch den Mangel erheblich beeinträchtigt (§ 651e I 1 BGB) oder für den Reisenden unzumutbar (§ 651e I 2 BGB) sein. Hier könnte eine erhebliche Beeinträchtigung zu bejahen sein. Dies ist anhand einer Gesamtwürdigung der Umstände nach objektiven Maßstäben festzustellen.

Auf Grund der großen Menge an Kakerlaken in dem Zimmer ist der Wohnkomfort stark gemindert. A kann seine Reise nicht mehr richtig genießen. Der Erholungswert leidet in hohem Maße.

So ist von einer erheblichen Beeinträchtigung der Reise auszugehen.

Anmerkung: Die Unzumutbarkeit ist dagegen nicht nach objektiven, sondern nach subjektiven Kriterien zu bewerten. Es kommt auf die in der Person des Reisenden liegenden Gründe an.

b) Einer angemessenen Frist zur Abhilfe (§ 651e II 1 BGB) bedarf es wegen der Abhilfeverweigerung nicht (§ 651e II 2 BGB).

c) Somit besteht das Kündigungsrecht des A. Kündigt er, so kann er den bezahlten Reisepreis zurückverlangen. Der Anspruch folgt trotz des fehlenden Verweises des § 651e III BGB auf § 638 IV BGB aus den §§ 346 I, 347 I BGB. Eine andere Anspruchsgrundlage würde der neuen Systematik nicht gerecht (s. § 651d I 2 BGB).

Der Reiseveranstalter kann für die erbrachten oder noch zu erbringenden Reiseleistungen eine nach § 638 III BGB festzusetzende Entschädigung verlangen, soweit sie für den Reisenden von Interesse sind (§ 651e III 2, 3 BGB).

Das Interesse des A ist wohl zu verneinen, wenn er sofort kündigt und alsbald abreist. Der Veranstalter N-Reisen hat auf seine Kosten den A zurückzubefördern (§ 651e IV BGB).

5. Schließlich könnte ein Schadensersatzanspruch des A bestehen (§ 651f BGB).

a) Der Anspruch setzt nach h.M. eine Mangelanzeige oder ein Abhilfeverlangen voraus. Die Formulierung „unbeschadet der Minderung oder der Kündigung" bezieht sich nur auf den Umfang des Anspruchs.

Denn es wäre wenig einleuchtend, wenn der Reisende Schadensersatz verlangen könnte, obwohl die anderen Rechte nicht greifen. Ein Abhilfeverlangen durch A liegt vor (s.o.).

b) Das Vertretenmüssen des Veranstalters (§ 276 BGB) wird gem. § 651f I 2. Hs. BGB vermutet. Ein Entlastungsbeweis wurde bislang nicht geführt.

c) Weiterhin müsste ein Schaden entstanden sein.

aa) Zunächst könnte der Minderwert der Reise wegen des Mangels eine Schadensposition sein (Mangelschaden). Dies wäre dann zu verneinen, wenn der Schaden wegen der gesetzlichen Minderung (§ 651d BGB) entfiele.

Der Schaden besteht aber so lange fort, bis der überschüssig bezahlte Reisepreis tatsächlich zurückerstattet wird. Bis dahin stehen die Ansprüche auf Rückerstattung und Schadensersatz nebeneinander. A kann den Minderwert verlangen.

bb) Außerdem kann A gem. § 651f II BGB eine angemessene Entschädigung wegen nutzlos aufgewendeter Urlaubszeit fordern (immaterieller Schaden, § 253 I BGB).

IV. Zusammenfassung

Sound: Ist die Reise mangelhaft (§ 651c I BGB), so haftet der Reiseveranstalter nach den §§ 651c ff. BGB. Die Rechte gelten bereits ab Vertragsschluss und verdrängen das allgemeine Leistungsstörungsrecht. Der Reisende kann gem. § 651c II BGB Abhilfe verlangen. § 651c III BGB sieht ein Recht zur Selbstabhilfe sowie einen Aufwendungsersatzanspruch vor. Die Minderung gem. § 651d BGB tritt kraft Gesetzes ein, soweit nicht der Reisende die Anzeige des Mangels schuldhaft unterlässt. Die §§ 651e und 651f BGB regeln die Kündigung bzw. den Schadensersatzanspruch des Reisenden.

---

hemmer-Methode: Dieser Fall ist nur dazu geeignet, Ihnen einen groben Überblick über die Gewährleistung beim Reisevertrag zu verschaffen. Sie sollte diese Materie in ihrer Bedeutung nicht unterschätzen und den Fall unbedingt vertiefen. Versuchen Sie außerdem, die Parallelen zum kauf- bzw. werkvertraglichen Gewährleistungsrecht herauszuarbeiten. Das hilft Ihnen, einzelne Regelungen besser zu verstehen. Die Systematiken des Kauf- bzw. Werkvertragsrechts auf der einen und des Reisevertragsrechts auf der anderen Seite erscheinen auf den ersten Blick zwar recht verschieden. Dennoch liegen ihnen oft die gleichen Überlegungen zu Grunde.

V. Zur Vertiefung

- Hemmer/Wüst, SchuldR III, Rn. 260 ff.
- Hemmer/Wüst, SchuldR BT I, Karteikarten 105 f.

Fall 51: Die Kündigung wegen höherer Gewalt, § 651j BGB

Sachverhalt:

A bucht bei Veranstalter V einen Pauschalurlaub in Griechenland. Als V am Zielflughafen in Athen ankommt, wird ihm wegen eines Streiks der Passbehörde die Einreise verweigert. Ein Ende des Streiks ist nicht in Sicht. A verlangt daraufhin von V die sofortige Rückbeförderung. Wieder in Deutschland angekommen, fordert A die Rückerstattung des bezahlten Reisepreises. V meint, er habe einen fälligen Gegenanspruch auf eine Entschädigung aus § 651e III 2 BGB. A ist dagegen der Ansicht, der Entschädigungsanspruch bestehe nicht, da die Reise für ihn völlig sinnlos gewesen sei.

Wie ist die Rechtslage?

I. Einordnung

Die §§ 651c ff. BGB sehen mehrere Möglichkeiten vor, sich vom Vertrag zu lösen. Vor Reisebeginn kann der Reisende jederzeit zurücktreten (§ 651i BGB). Danach kann er gemäß §§ 651e oder 651j BGB kündigen. Das Kündigungsrecht wegen höherer Gewalt aus § 651j BGB steht auch dem Veranstalter zu. Bei der Norm handelt es sich um eine **abschließende Sonderregelung**, die das Risiko der höheren Gewalt gerecht zwischen Reisenden und Veranstalter aufteilt. Wird die Reise durch höhere Gewalt gestört, so ist eine Kündigung wegen dieser Störung nach anderen Vorschriften, insbesondere gemäß § 651e BGB, ausgeschlossen. Das bringt § 651j I a.E. BGB seit seiner Neufassung deutlich zum Ausdruck. Somit hat sich der alte Streit des Verhältnisses von § 651e und § 651j BGB erledigt.

II. Gliederung

Anspruch des A gegen V auf Rückzahlung des Reisepreises aus §§ 651j II 1, 651e III 1, 346 I BGB

I. Entstehung des Anspruchs

1. Reisevertrag (§ 651a BGB) zwischen A und V (+); Pauschalreise umfasst Vielzahl von Reiseleistungen, die V eigenverantwortlich zu erbringen hat.

2. Kündigung gem. § 651j BGB

a) Erklärung (+); Aufforderung zur Rückbeförderung.

b) Kündigungsvoraussetzungen (§ 651j I BGB)

aa) Höhere Gewalt?
   Von außen kommendes, unabwendbares, von beiden Parteien unverschuldetes Ereignis. Bei Streik danach zu differenzieren, ob er Sphäre des Veranstalters zuzurechnen ist oder nicht. Veranstalter hat für Streik der Leistungsträger einzustehen, nicht jedoch für Behörden des Reiselandes. Streik der Passbehörde fällt nicht in Risikobereich des V; höhere Gewalt (+).

bb) Nicht voraussehbar (+).

cc) Erhebliche Auswirkungen auf Reise (+); Reise wegen Streik nicht durchführbar.

3. Folglich: Wirksame Kündigung (+); Rückerstattungsanspruch entstanden.

II. Durchsetzbarkeit des Anspruchs?

Zurückbehaltungsrecht des V (§ 273 I BGB)?

1. Fälliger Gegenanspruch aus §§ 651j II 1, 651e III 2, 638 III BGB (+); Entschädigung für erbrachte Reiseleistungen (Flug); kein Ausschluss gem. § 651e III 3 BGB, da § 651j II 1 BGB nicht auf § 651e III 3 BGB verweist.

2. Konnexität (+); einheitliches Lebensverhältnis.

3. Ergebnis: A kann Rückerstattung des Reisepreises nur Zug um Zug gegen Bezahlung der Entschädigung verlangen (§§ 273 I, 274 I BGB). Er kann aber auch aufrechnen (§§ 387, 389 BGB) und Differenzbetrag fordern.

III. Lösung

Anspruch des A gegen V auf Rückzahlung des Reisepreises aus §§ 651j II 1, 651e III 1, 346 I BGB

I. Entstehung des Anspruchs

A hat einen Anspruch gegen V auf Rückzahlung des Reisepreises aus §§ 651j II 1, 651e III 1, 346 I BGB, wenn zwischen den Parteien ein Reisevertrag zu Stande kam, der gemäß § 651j BGB wirksam gekündigt wurde.

§ 651e III 1 BGB verweist zwar nicht auf die §§ 346 ff. BGB. Allerdings erfolgt auch bei der Minderung die Rückabwicklung über § 638 IV BGB nach den §§ 346 I, 347 I BGB (§ 651d I 2 BGB). Es ist nicht ersichtlich, warum bei der Kündigung andere Maßstäbe gelten sollten.

1. Zunächst müssten A und V einen Reisevertrag geschlossen haben (§ 651a I BGB). V verpflichtete sich gegenüber A, eigenverantwortlich eine Pauschalreise zu veranstalten. Eine solche Pauschalreise umfasst eine Vielzahl von Reiseleistungen (Flug, Hotel). A schuldet im Gegenzug einen Reisegesamtpreis. Es kam also ein Reisevertrag zu Stande.

2. Weiterhin müsste der Vertrag gemäß § 651j BGB gekündigt worden sein.

a) Die Kündigung wurde nicht ausdrücklich erklärt. Allerdings geht aus dem Verlangen des A gegenüber V, sofort nach Deutschland zurückbefördert zu werden, eindeutig hervor, dass A nicht mehr am Vertrag festhalten will. Es ist daher eine konkludente Kündigungserklärung durch A gegeben.

b) A müsste aber auch nach § 651j BGB zur Kündigung berechtigt gewesen sein.

Das Kündigungsrecht aus § 651j BGB setzt voraus, dass die Reise bei Vertragsschluss infolge nicht voraussehbarer höherer Gewalt erheblich erschwert, gefährdet oder beeinträchtigt wird. Eine Kündigung ist dann ausschließlich nach § 651j BGB möglich.

aa) Höhere Gewalt ist ein von außen kommendes, unabwendbares, von beiden Parteien unverschuldetes Ereignis. Im Falle eines Streiks ist danach zu unterscheiden, ob er der Sphäre des Reiseveranstalters zuzurechnen ist oder nicht.

Für einen Streik seiner Leistungsträger hat der Veranstalter einzustehen. Legen hingegen Behörden des Reiselandes die Arbeit nieder, so ist dies dem Einflussbereich des Veranstalters vollständig entzogen und fällt nicht in seine Risikosphäre. Der Streik der Passbehörde ist daher nicht dem Risikobereich des V zuzuordnen. Höhere Gewalt liegt demnach vor.

bb) Es bestehen keine Hinweise darauf, dass der Streik zum Zeitpunkt des Vertragsschlusses vorhersehbar war.

cc) Außerdem müsste die Reise durch den Streik erheblich erschwert, gefährdet oder beeinträchtigt worden sein. Eine erhebliche Störung in diesem Sinne ist dann anzunehmen, wenn der vertraglich vorgesehene Nutzen der Reise insgesamt in Frage gestellt ist. Einer genauen Abgrenzung zwischen den einzelnen Kriterien bedarf es nicht. A konnte wegen des Streiks nicht einreisen. Die Reise wurde also undurchführbar. Eine erhebliche Störung ist deshalb zu bejahen.

3. Folglich hat A den Reisevertrag wirksam gem. § 651j BGB gekündigt. Der Anspruch auf Rückzahlung des entrichteten Reisepreises aus §§ 651j II 1, 651e III 1, 346 I BGB ist entstanden.

Anmerkung: Wäre § 651j BGB nicht einschlägig, so käme eine Kündigung des A nach § 651e BGB wegen eines Reisemangels in Betracht. Die Voraussetzungen des § 651e BGB wären zwar auch im vorliegenden Fall erfüllt. Allerdings wird § 651e BGB durch die Sonderregelung des § 651j BGB verdrängt (§ 651j I a. E. BGB).

II. Durchsetzbarkeit des Anspruchs

V machte gegenüber A deutlich, nur gegen Befriedigung seiner Forderung aus § 651e III 2 BGB leisten zu wollen. Der Anspruch des A wäre daher nicht durchsetzbar, wenn dem V ein Zurückbehaltungsrecht nach § 273 I BGB zustünde.

1. Zunächst erfordert das Zurückbehaltungsrecht aus § 273 I BGB einen fälligen Anspruch gegen den Gläubiger. V könnte gegen A einen Entschädigungsanspruch für erbrachte oder noch zu erbringende Reiseleistungen (Flug) aus §§ 651j II 1, 651e III 2, 638 III BGB haben. Der Reisevertrag wurde wirksam nach § 651j BGB gekündigt (s.o.). Der Anspruch ist auch nicht gemäß § 651e III 3 BGB ausgeschlossen. Die Reiseleistungen sind zwar für den A kaum von Interesse, da er nicht einmal nach Griechenland einreisen konnte. Jedoch ist § 651e III 3 BGB i.R.d. Kündigung nach § 651j BGB unanwendbar. Dies ergibt sich daraus, dass die detaillierte Verweisung des § 651j II 1 BGB den § 651e III 3 BGB nicht erfasst. Weiterhin verweist § 651j II 1 BGB nicht auf § 651e IV 2 BGB. Die Mehrkosten für die Rückbeförderung sind vielmehr zur Hälfte von A zu tragen. Der Reiseveranstalter ist hier also besser gestellt als bei einer mangelbedingten Kündigung nach § 651e BGB. Der Anspruch des V besteht. Er ist auch fällig.

2. Zudem müssten der Anspruch des A und der des V auf demselben rechtlichen Verhältnis beruhen (Konnexität). Dabei genügt ein einheitlicher Lebenssachverhalt. Vorliegend sind beide Ansprüche auf die Kündigung des Reisevertrages zurückzuführen, so dass Konnexität gegeben ist.

3. Ergebnis:

A kann demnach die Rückerstattung des Reisepreises nur Zug um Zug gegen Bezahlung der Entschädigung gem. §§ 651j II 1, 651e III 2, 638 III BGB und § 651j II 2 BGB verlangen (§§ 273 I, 274 I BGB). Er kann aber auch die Aufrechnung erklären (§ 387 BGB). Das führt dazu, dass die Forderung des V erlischt, § 389 BGB. A kann daher nur den Betrag verlangen, um den seine ursprüngliche Forderung die des V übersteigt. Die restliche Forderung des A erlischt ebenfalls (§ 389 BGB).

IV. Zusammenfassung

Sound: Wird eine Reise infolge nicht vorhersehbarer höherer Gewalt erheblich gestört, so können beide Parteien den Vertrag gemäß § 651j BGB kündigen. Eine Kündigung nach anderen Vorschriften, insbesondere durch den Reisenden nach § 651e BGB, ist ausgeschlossen (§ 651j I a.E. BGB). Ansonsten würde die interessengerechte Rechtsfolgenregelung des § 651j BGB umgangen.

hemmer-Methode: Stürzen Sie sich also nicht voreilig auf die mangelbedingte Kündigung gemäß § 651e BGB, sondern denken Sie immer auch § 651j BGB an. Ist § 651j BGB einschlägig, so scheidet § 651e BGB aus. Der Reisende kann sich gegenüber dem Anspruch des Reiseveranstalters aus § 651e III 2 BGB nicht auf mangelndes Interesse berufen (§ 651e III 3 BGB), weil diese Norm nicht gilt (§ 651j II 1 BGB). Ein weiterer Unterschied zwischen § 651e und § 651j BGB ist, dass bei § 651e BGB der Veranstalter die Mehrkosten für die Rückbeförderung allein zu tragen hat (§ 651e IV 2 BGB), während diese i.R.d. § 651j BGB beiden Parteien hälftig zur Last fallen (§ 651j II 2 BGB). Der Reisende ist daher schlechter gestellt als bei einer Kündigung nach § 651e BGB.

V. Zur Vertiefung

- Hemmer/Wüst, SchuldR III, Rn. 281 f.
- Hemmer/Wüst, SchuldR BT I, Karteikarte 108.

Die Zahlen beziehen sich auf die Nummern der Fälle.

A

Abnahme der Werkleistung	40
Absorptionstheorie	2
Abstraktionsprinzip	3
Aliud	13
Allgemeine Geschäfts-bedingungen	27
Änderungsvertrag	5
Anfechtung	
Arglistige Täuschung	32
Irrtum über verkehrsw. Eigenschaft	31
Annahme an Erfüllungs statt	24
Anwartschaftsrecht	5, 15
Äquivalenzinteresse	32
Arglistige Täuschung	32
Atypischer Vertrag	1
Aufwendungsersatz	44, 50
Ausschluss der Gewähr-leistung	27 ff.
Allgemeine Geschäfts-bedingungen	28
Gesetzlich	29
Individualvertraglich	27
Untersuchungs- und Rügeobliegenheit	30

B

Bedingung, aufschiebende	5
Beschaffenheitsvereinbarung	11 f.
Betriebsausfallschaden	22
Beurkundung, notarielle	6
Beweislastumkehr	35

C

Culpa in contrahendo	32

D

Doppelkauf mit Aufrechnungs-abrede	24
Doppelverkauf	3
Drittschadensliquidation	27

E

Eigentumsvorbehalt	5
Einrede des nichterfüllten Vertrages	25
Einstands- und Garantiewille	23
Entbehrlichkeit der Mahnung	22
Erfüllungstheorie	9
Erheblichkeit des Mangels	18, 20
Ersatz	
des Verzögerungsschadens	22
frustrierter Aufwendungen	21
von Aufwendungen bei Selbstvornahme	44
Ersetzungsbefugnis des Käufers	24
Ertrag eines Unternehmens	12

F

Fälligkeit des Vergütungsanspruchs des Werkunternehmers	40
Falschlieferung	13
Forderungskauf	16
Formerfordernis	6
Fremdgeschäftsführungswille	39

G

Garantie	23
Gebrauchsüberlassungsvertrag	1
Gefahrübergang	
Bei Annahmeverzug	7

Beim Versendungskauf 8
Beim Werkvertrag 41
Gegenleistungsgefahr 7, 41
Genehmigungsfiktion 30
Geschäftsanteile, Kauf 4
Geschäftsführung ohne Auftrag 39
Gesetzliches Pfandrecht 47
Gewährleistungsausschluss 27 ff.
Großer Schadensersatz 21, 45
Grundstückskauf 6
Gutgläubiger Erwerb des Werkunternehmerpfandrechts 47

H

Haftung für Reisemängel 50
Handelskauf, beiderseitiger 30
Heilung des Formmangels 6
Höhere Gewalt 51

I

Identitätsaliud 13
Individualsoftware 1
Integritätsinteresse 32
Inzahlunggabe eines gebrauchten Kfz 24
Irrtum über verkehrswesentliche Eigenschaften 31

K

Kauf
  Unter Eigentumsvorbehalt 5
  von Geschäftsanteilen 4
  von Grundstücken 6
  von Rechten 15 f.
Kaufvertrag
  Allgemeine Leistungsstörungen 7 f.
  Mängelgewährleistungsrecht 9 ff.
  Verbrauchsgüterkauf 35 ff.

Kleiner Schadensersatz 21, 45
Kombinationstheorie 2
Konkurrenzen Kaufmängelgewährleistungsrecht, §§ 434 ff. BGB 31 ff.
  und c.i.c. 32
  und Störung der Geschäftsgrundlage 34
  und § 119 BGB 31
  und § 123 BGB 32
  und § 823 BGB 33
Konkurrenzen Werkmängelgewährleistungsrecht, §§ 633 ff. BGB und § 119 BGB 48
Kündigung wegen höherer Gewalt 51

L

Leistungsträger beim Reisevertrag 49
Leistungsgefahr 7, 41

M

Mahnung 22
Mangel 11 ff., 43 ff., 50
Mängeleinrede 25
Mangelfolgeschaden 21
Mangelschaden 21
Mengenabweichung, negative 14
Minderung
  Kaufvertrag 20
  Werkvertrag 45

N

Nacherfüllungsanspruch
  Kaufvertrag 17 ff.
  Werkvertrag 43 ff.
Nachlieferung bei Stückkauf 13
Negative Mengenabweichung 14

Notarielle Beurkundung	6

O

Objektiver Mangelbegriff	11, 15

P

Peius	13
Pfandrecht	47
Preisgefahr	7, 41

Q

Qualitätsaliud	13

R

Rechtskauf	15 f.
Rechtsmangel	15 f.
Regress des Unternehmers	37
Reisemangel	50
Reisevertragsrecht	49 ff.
Rückgewährschuldverhältnis	18
Rücktritt beim Kaufvertrag	
Erheblichkeit	18, 20
Verschulden des Zurücktretenden	19
Rücktritt beim Werkvertrag	45
Rügeobliegenheit	30

S

Sachmangel	11 ff.
Schadensersatz neben der Leistung	21
Schadensersatz statt der Leistung	
Kaufvertrag	17, 21
Werkvertrag	45
Scheingeschäft	6
Schwarzarbeiterfall	39
Schwarzkauf eines Grundstücks	6

Selbstabhilfe beim Reisevertrag	50
Selbstvornahme beim Werkvertrag	44 f.
Selbstvornahme beim Kauf	44
Softwarevertrag	1
Sperrminorität	4
Sphärentheorie	42
Standardsoftware	1
Stoffgleichheit	32
Störung der Geschäftsgrundlage	34
Streckengeschäft	30
Subjektiver Mangelbegriff	11

T

Teilvergütung	42
Theorie der analogen Rechtsanwendung	2
Transportperson	8
Trennungsprinzip	3
Typengemischter Vertrag	2
Typenzwang	1

U

Übergabe an Transportperson	8
Übernahme einer Garantie	23
Unbehebbarer Mangel	9
Unmöglichkeit	7
Unternehmensertrag	12
Unternehmenskauf	4
Unternehmerregress	37
Untersuchungsobliegenheit	30

V

Veräußerungsvertrag	1
Verbotsgesetz	39
Verbrauchsgüterkauf	35
Verdecktes Geschäft	6

Verjährung der
  Gewährleistungsrechte   26
Verschulden des
  Zurücktretenden   19
Verschuldensunabhängige
  Haftung   23
Versendungskauf   8
Vertrag
  Typengemischter   2
  Zusammengesetzter   2
Vertraglicher
  Gewährleistungsausschluss   27
Verwendung
  gewöhnliche   11
  vertraglich vorausgesetzte   11
Verzögerungsschaden   22
Verzug   22
Vorrang des
  Nacherfüllungsanspruchs   17

W

Weiterfressender Mangel   33
Werbeaussage   11
Werklieferungsvertrag   46
Werkunternehmerpfandrecht   47
Werkvertrag   38 ff.
  Allgemeine Leistungs-
    störungen   40 ff.
  Mängelgewährleistungsrecht   43 ff.

Z

Zu-wenig-Lieferung   14

hemmer/wüst
Verlagsgesellschaft mbH
Der hemmer Tipp!

Artikel-Nr.: 115.24

Die wichtigsten 42 Fälle GoA/BereicherungsR

Geschäftsführung ohne Auftrag und Bereicherungsrecht sind neben Deliktsrecht und EBV die wichtigsten gesetzlichen Schuldverhältnisse. Examens- und Prüfungsklausuren streifen diese Gebiete häufig aufgrund der Nähe zum Vertragsrecht. Hier bedarf es solider Grundkenntnisse für die immer wiederkehrenden Problemkonstellationen. Erarbeiten Sie sich diese Probleme examenstypisch anhand der vorliegenden Fälle. Verschaffen Sie sich so einen Überblick über die Gesamtsystematik des Schuldrechts. Dies ist im Zivilrecht eine unabdingbare Voraussetzung für eine erfolgreiche Ausbildung.

hemmer/wüst Verlag

VERLAGSPRODUKTE
ÜBERBLICK 2012

Die Studentenskripten

■ Das Grundwissen (A5)

Die Grundwissenskripten sind für den Studenten in den ersten Semester gedacht. In den Theoriebänden Grundwissen werden leicht verständlic und kurz die wichtigsten Rechtsinstitute vorgestellt und das notwendig Grundwissen vermittelt. Die Skripten werden durch den jeweiligen Ban unserer Reihe „Die wichtigsten Fälle" ergänzt.

■ Die Basics (16,5 x 24 cm)

Das Grundwerk für Studium und Examen. Es schafft schnell Einordnungs wissen und mittels der hemmer-Methode richtiges Problembewusstsei für Klausur und Hausarbeit. Wichtig ist, wann und wie Wissen in der Klau sur angewendet wird. Umfangreicher als die Grundwissenreihe und knap per als die Hauptskriptenreihe.

■ Die Hauptskripten (A4)
Das Prüfungswissen:

In den Hauptskripten werden die für die Prüfung nötigen Zusammen hänge umfassend aufgezeigt und wiederkehrende Argumentationsket ten eingeübt. Die Hauptskripten sind die Bibliothek der Studenten - vom 1. Semester bis zum 2. Staatsexamen das ideale Nachschlagewerk. Die Hauptskripten ersetzen das Lehrbuch. Sie sind - anders als das typische Lehrbuch - klausurorientiert, Beispielsfälle erleichtern das Verständnis. So wird Prüfungswissen auf anspruchsvollem Niveau vermittelt. Die studen tenfreundliche Preisgestaltung ermöglicht den Erwerb als Gesamtwerk.

■ Die wichtigsten Fälle (A5)
Vom Fall zum Wissen:

An Grundfällen werden die prüfungstypischen Probleme übersichtlich i Musterlösungen dargestellt. Eine Kurzgliederung erleichtert den Einstieg in die Lösung. Der jeweilige Fallschwerpunkt wird grafisch hervorgehoben. Die Reihe „Die wichtigsten Fälle" ist ideal geeignet, schnell in ein Themen gebiet einzusteigen. So werden Zwischenprüfung und Scheine leicht. Die Fallsammlungen werden gerne auch von höheren Semestern zum Training für das Examen genutzt. Daneben sind „Die wichtigsten Fälle - Muster klausuren" zu nennen, in welchen Examensklausuren mit Sachverhalt und Lösung umfangreich dargestellt werden.

www.hemmer-shop.de

hemmer/wüst Verlag
ÜBERBLICK 2012

DIE KARTENSÄTZE

■ DIE BASICS KARTEIKARTEN (A6)

DAS PENDANT ZU DEN BASICS SKRIPTEN:

Mit dem Frage- und Antwortsystem zum notwendigen Wissen. Die Vorderseite der Karteikarte ist unterteilt in Einordnung und Frage. Der Einordnungstext erklärt den Problemkreis und führt zur Frage hin. Die Frage trifft dann den Kern der prüfungsrelevanten Thematik. Auf der Rückseite schafft der Antworttext Wissen. Die anschließende hemmer-Methode schärft das Problembewusstsein für die Klausur.

■ DIE ÜBERBLICKSKARTEIKARTEN (A6)

DIE PRÜFUNGSSCHEMATA ZUM WISSEN:

Ihr Begleiter vom 1. Semester bis zum 2. Staatsexamen! In den Überblickskarteikarten sind die wichtigsten Problemfelder im Zivil-, Straf- und Öffentlichen Recht knapp, präzise und übersichtlich dargestellt. Sie erfassen effektiv auf einen Blick das Wesentliche. Die grafische Aufbereitung der Prüfungsschemata auf der Vorderseite schafft Überblick über den Prüfungsaufbau. So lernen Sie Anspruchsgrundlagen, Straftatbestände und Klageschemata abzuhaken und Probleme zu verorten. Die Prüfungsschemata müssen sitzen! Der Inhalt der Karteikartenvorderseite gibt die nötige Sicherheit. Lernen mit dem Schema allein reicht aber für den Prüfungserfolg nicht aus! Die Kommentierung mit der hemmer-Methode auf der Rückseite schafft deshalb das nötige Einordnungswissen für die Klausur und erwähnt die wichtigsten Definitionen. Nutzen Sie die Überblickskarteikarten auch als Checkliste zur Kontrolle Ihres Wissens.

■ DIE HAUPTKARTEIKARTEN (A6)

DAS PENDANT ZU DEN HAUPTSKRIPTEN:

Das Prüfungswissen in Karteikartenform für den, der es bevorzugt, mit Karteikarten zu lernen. In Frage- und Antwortsystem zum Wissen. Auf der Vorderseite der Karteikarte führt ein Einordnungsteil zur Frage hin. Die Frage trifft die Kernproblematik des zu Erlernenden. Auf der Rückseite schafft der Antworttext Wissen. Die anschließende hemmer-Methode schärft Ihr Problembewusstsein für die Klausur.

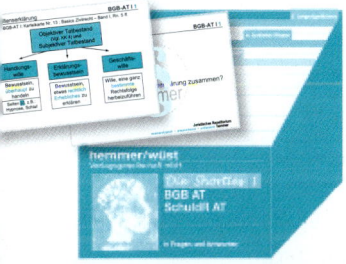

■ DIE SHORTIES - IN 20 STUNDEN ZUM ERFOLG IN DER HEMMER-BOX (A7)

Die kleinen Karteikarten in der hemmer Lernbox enthalten auf der Vorderseite jeweils eine Frage, welche auf der Rückseite grafisch aufbereitet beantwortet wird. Die bildhafte Darstellung ist lernpädagogisch sinnvoll. Die wichtigsten Begriffe und Themenkreise werden anwendungsspezifisch erklärt. Knapper geht es nicht - die Sounds der Juristerei! In Kürze verhelfen die Shorties so zum Erfolg. Sie dienen als Checkliste zum Erfassen des jeweiligen Rechtsgebiets und zum Rekapitulieren. Mit den besonderen Gedächtnistrainingtipps in Form von Reitern gelangt Ihr Wissen durch häufige Wiederholung ins Langzeitgedächtnis.

www.hemmer-shop.de

Produktliste 2011
Seite 1

Reihe intelligentes Lernen

hemmer/wüst Verlagsgesellschaft mbH
Mergentheimer Str. 44 / 97082 Würzburg
Tel.: 09 31 /7 97 82 38 / Fax: 09 31/7 97 82
Internet: www.hemmer-shop.de

Grundwissen für Anfangssemester

Anzahl			Auflage/Jahr/Euro
GW10 (111.10)	____	BGB-AT Theorieband zu den wicht. Fällen	4.A/11 · 6,90
GW11 (111.11)	____	SchuldR-AT Theorieband zu den wicht. Fällen	4.A/10 · 6,90
GW12 (111.12)	____	SchuldR-BT I Theorieband zu den wicht. Fällen	4.A/11 · 6,90
GW13 (111.13)	____	SchuldR-BT II Theoriebd. zu den wicht. Fällen	4.A/11 · 6,90
GW14 (111.14)	____	MobiliarsachenR Theoriebd. zu den wicht. Fällen	4.A/11 · 6,90
GW15 (111.15)	____	ImmobiliarsachenR Theoriebd. zu den wicht. Fällen	3.A/11 · 6,90
GW20 (112.20)	____	Strafrecht AT Theorieband zu den wicht. Fällen	4.A/11 · 6,90
GW21 (112.21)	____	Strafrecht BT Theorieband zu den wicht. Fällen	4.A/11 · 6,90
GW30 (113.30)	____	StaatsR Theorieband zu den wicht. Fällen	4.A/11 · 6,90
GW31 (113.31)	____	VerwaltungsR Theorieband zu den wicht. Fällen	4.A/11 · 6,90

Die wichtigsten Fälle

DF0 (115.20)	____	**Sonderband:** Der Streit- und Meinungsstand im neuen Schuldrecht	4.A/09 · 14,80
DF1 (115.21)	____	76 Fälle - BGB AT	6.A/11 · 12,80
DF2 (115.22)	____	55 Fälle - Schuldrecht AT	4.A/10 · 12,80
DF3 (115.23)	____	51 Fälle - Schuldrecht BT - Kauf/WerkV	6.A/10 · 12,80
DF4 (115.24)	____	42 Fälle - GoA/Bereicherungsrecht	6.A/11 · 12,80
DF5 (115.25)	____	45 Fälle - Deliktsrecht	5.A/11 · 12,80
DF6 (115.26)	____	44 Fälle - Verwaltungsrecht	6.A/11 · 12,80
DF25 (115.45)	____	30 Fälle - Verwaltungsrecht BT Bayern	2.A/11 · 12,80
DF7 (115.27)	____	32 Fälle - Staatsrecht	7.A/10 · 12,80
DF8 (115.28)	____	34 Fälle - Strafrecht AT	7.A/11 · 12,80
DF9 (115.29)	____	44 Fälle Strafrecht BT I - Vermögensd.	7.A/10 · 12,80
DF10 (115.30)	____	44 Fälle Strafrecht BT II - Nicht-Vermögensd.	6.A/11 · 12,80
DF11 (115.31)	____	50 Fälle - Sachenrecht I	5.A/11 · 12,80
DF12 (115.32)	____	43 Fälle - Sachenrecht II - ImmobiliarSR	6.A/11 · 12,80
DF13 (115.33)	____	40 Fälle - ZPO I - Erkenntnisverfahren	5.A/11 · 12,80
DF14 (115.34)	____	25 Fälle - ZPO II - Zwangsvollstreckungsverf.	4.A/10 · 12,80
DF15 (115.35)	____	35 Fälle - Handelsrecht	5.A/11 · 12,80
DF16 (115.36)	____	36 Fälle - Erbrecht	4.A/11 · 12,80
DF17 (115.37)	____	26 Fälle - Familienrecht	5.A/11 · 12,80
DF18 (115.38)	____	32 Fälle - Gesellschaftsrecht	4.A/11 · 12,80
DF19 (115.39)	____	39 Fälle - Arbeitsrecht	4.A/10 · 12,80
DF20 (115.40)	____	35 Fälle - Strafprozessrecht	3.A/11 · 12,80
DF21 (115.41)	____	23 Fälle - Europarecht	3.A/11 · 12,80
DF22 (115.42)	____	10 Fälle - Musterkl. Examen ZivilR	5.A/11 · 14,80
DF23 (115.43)	____	10 Fälle - Musterkl. Examen StrafR	5.A/11 · 14,80
DF24 (115.44)	____	8 Fälle - Musterkl. Examen SteuerR	6.A/11 · 14,80

Skripten Basics (110)

BI/1 (0011)	____	Zivilrecht I - BGB AT u.vertragl. SchuldV	8.A/09 · 14,80
BI/2 (0012)	____	Zivilrecht II - Sachenrecht/gesetzl. SV	6.A/10 · 14,80
BI/3 (0013)	____	Zivilrecht III - FamilienR/ErbR	5.A/10 · 14,80
BI/4 (0014)	____	Zivilrecht IV - ZivilprozessR	6.A/11 · 14,80
BI/5 (0015)	____	Zivilrecht V - Handels-/GesellschR	5.A/10 · 14,80
BI/6 (0016)	____	Zivilrecht VI - ArbeitsR	4.A/11 · 14,80
BII (0032)	____	Strafrecht	5.A/08 · 14,80
BIII/1 (0035)	____	Öffentliches Recht I -VerfassR/StaatsR	4.A/11 · 14,80
BIII/2 (0036)	____	Öffentliches Recht II - VerwaltungsR	5.A/09 · 14,80
BIV (0004)	____	Steuerrecht - EstG & AO	7.A/09 · 14,80
BV (0005)	____	Europarecht	6.A/11 · 14,80

Skripten Zivilrecht (120)

Anzahl			Auflage/Jahr
1 (0001)	____	BGB-AT I, Ensteh.d.Primäranspruchs	11.A/10 · 1
2 (0002)	____	BGB-AT II, Scheitern des Primäranspr.	11.A/10 · 1
3 (0003)	____	BGB-AT III, Erlösch.d. Primäranspruchs	11.A/10 · 1
4 (0004)	____	Schadensersatzrecht I	7.A/10 · 1
5 (0005)	____	Schadensersatzrecht II	5.A/08 · 1
6 (0006)	____	Schadensersatzrecht III (§§ 249 ff.)	9.A/09 · 1
7 (0007)	____	Verbraucherschutzrecht	2.A/09 · 1
51 (0051)	____	Schuldrecht I	7.A/10 · 1
52 (0052)	____	Schuldrecht II	7.A/10 · 1
53 (0053)	____	Schuldrecht III	6.A/10 · 1
8 (0008)	____	Bereicherungsrecht	12.A/10 · 1
9 (0009)	____	Deliktsrecht I	11.A/11 · 1
10 (0010)	____	Deliktsrecht II	8.A/09 · 1
11 (0011)	____	Sachenrecht I	10.A/10 · 1
12 (0012)	____	Sachenrecht II	9.A/11 · 1
12A (0012A)	____	Sachenrecht III	10.A/11 · 1
13 (0013)	____	Kreditsicherungsrecht	9.A/10 · 1
14 (0014)	____	Familienrecht	11.A/11 · 1
15 (0015)	____	Erbrecht	10.A/10 · 1
16 (0016)	____	Zivilprozessrecht I	11.A/11 · 1
17 (0017)	____	Zivilprozessrecht II	10.A/11 · 1
18 (0018)	____	Arbeitsrecht	13.A/11 · 1
19A (0019A)	____	Handelsrecht	9.A/10 · 1
19B (0019B)	____	Gesellschaftsrecht	11.A/11 · 1
31 (0031)	____	Herausgabeansprüche	5.A/08 · 1
32 (0032)	____	Rückgriffsansprüche	6.A/09 · 1

Skripten Strafrecht (120)

20 (0020)	____	Strafrecht AT I	10.A/10 · 1
21 (0021)	____	Strafrecht AT II	10.A/10 · 1
22 (0022)	____	Strafrecht BT I	10.A/10 · 1
23 (0023)	____	Strafrecht BT II	10.A/11 · 1
30 (0030)	____	Strafprozessordnung	9.A/10 · 1

Skripten Öffentliches Recht (120/130)

24 (0024)	____	Verwaltungsrecht I	10.A/10 · 14
25 (0025)	____	Verwaltungsrecht II	10.A/11 · 14
26 (0026)	____	Verwaltungsrecht III	10.A/11 · 14
27 (0027)	____	Staatsrecht I	10.A/11 · 14
28 (0028)	____	Staatsrecht II	8.A/10 · 14
29 (0029)	____	Europarecht	10.A/11 · 16
40 (0040)	____	Staatshaftungsrecht	3.A/11 · 14
33 (01.0033)	____	Baurecht/Bayern	9.A/10 · 14
33 (02.0033)	____	Baurecht/Nordrhein-Westfalen	8.A/11 · 14
33 (03.0033)	____	Baurecht/Baden-Württembg.	2.A/09 · 14
33 (04.0033)	____	Baurecht/Hessen	1.A/10 · 14
33 (06.0033)	____	Baurecht/Saarland	1.A/08 · 14
34 (01.0034)	____	Polizei- u. Sicherheitsrecht/Bayern	9.A/11 · 14
34 (02.0034)	____	Polizei- u. Ordnungsrecht/NRW	4.A/07 · 14
34 (03.0034)	____	Polizeirecht/Baden-Württemberg	3.A/11 · 14
34 (04.0034)	____	Polizei- u. Ordnungsrecht/Hessen	1.A/10 · 14
34 (05.0034)	____	Polizei- u. Ordnungsrecht/Rheinl.-Pfalz	1.A/11 · 14
34 (06.0034)	____	Polizei- u. Sicherheitsrecht/Saarland	1.A/09 · 14
35 (01.0035)	____	Kommunalrecht/Bayern	9.A/11 · 14
35 (02.0035)	____	Kommunalrecht/NRW	8.A/11 · 14
35 (03.0035)	____	Kommunalrecht/Baden-Württembg.	3.A/11 · 14

Lieferung erfolgt in aktueller Auflage

Produktliste

ihre intelligentes Lernen — Seite 2

hemmer/wüst Verlagsgesellschaft mbH
Mergentheimer Str. 44 / 97082 Würzburg
Tel.: 09 31 /7 97 82 38 / Fax: 09 31/7 97 82 40
Internet: www.hemmer-shop.de

Anzahl			Auflage/Jahr/Euro
	Lexikon/Definitionen		
(0044)	_____	Definitionen Strafrecht - schnell gemerkt	3.A/11 · 14,80
(4002)	_____	Legal terms für Juristen - Fachwörterbuch Englisch - Deutsch	1.A/11 · 19,80
	Skripten Schwerpunkt (120)		
(0039)	_____	Kriminologie	5.A/10 · 16,80
(0036)	_____	Völkerrecht	7.A/08 · 16,80
(0037)	_____	Internationales Privatrecht	5.A/05 · 16,80
(0055)	_____	Kapitalgesellschaftsrecht	4.A/09 · 16,80
(0058)	_____	Rechtsgeschichte I	2.A/07 · 16,80
(0059)	_____	Rechtsgeschichte II	1.A/04 · 16,80
(0062)	_____	Rechts- und Staatsphilosophie sowie Rechtssoziologie	2.A/11 · 16,80
(0063)	_____	Insolvenzrecht	2.A/09 · 16,80
(0064)	_____	Wasser- und ImmissionsschutzR	1.A/08 · 16,80
	Skripten Steuerrecht (120)		
(0038)	_____	Steuererklärung leicht gemacht	4.A/04 · 14,80
(0042)	_____	Abgabenordnung	7.A/09 · 16,80
(0043)	_____	Einkommensteuerrecht	7.A/11 · 21,80
	Skripten für BWL´er, WiWi & Steuerberater		
(18.01)	_____	PrivatR f. BWL'er, WiWi & Steuerberat	7.A/11 · 14,80
(18.02)	_____	Ö-Recht f. BWL'er, WiWi & Steuerberat	3.A.05 · 14,80
(18.03)	_____	Musterklausuren für's Vordiplom PrivatR	2.A.04 · 14,80
(18.04)	_____	Musterklausuren für's Vordiplom Ö-R	1.A/00 · 14,80
1 (118.01)	_____	Die 74 wicht. Fälle (BGB AT, SchuldR AT/BT)	3.A/11 · 14,80
2 (118.02)	_____	Die 44 wicht. Fälle (GoA, BerR, GesR, ...)	1.A/06 · 14,80
	Basics Karteikarten		
1 (2001)	_____	Basics - Zivilrecht	5.A/10 · 12,80
2 (2002)	_____	Basics - Strafrecht	3.A/09 · 12,80
3 (2003)	_____	Basics - Öffentliches Recht	3.A/07 · 12,80
	Karteikarten Zivilrecht		
1 (2201)	_____	BGB-AT I	7.A/11 · 14,80
2 (2202)	_____	BGB-AT II	6.A/11 · 14,80
3 (22031)	_____	Schuldrecht AT I	7.A/10 · 14,80
4 (22032)	_____	Schuldrecht AT II	6.A/11 · 14,80
5 (2240)	_____	Schuldrecht BT I (Kauf-u.WerkVR)	6.A/11 · 14,80
6 (2241)	_____	Schuldrecht BT II	5.A/11 · 14,80
7 (2218)	_____	Arbeitsrecht	3.A/11 · 14,80
8 (2208)	_____	Bereicherungsrecht	5.A/09 · 14,80
9 (2209)	_____	Deliktsrecht	5.A/11 · 14,80
11 (2211)	_____	Sachenrecht I	6.A/11 · 14,80
12 (2212)	_____	Sachenrecht II	6.A/11 · 14,80
13 (2213)	_____	Kreditsicherungsrecht	3.A/10 · 14,80
14 (2214)	_____	Familienrecht	3.A/08 · 14,80
15 (2215)	_____	Erbrecht	3.A/07 · 14,80
16 (2216)	_____	ZPO I	5.A/10 · 14,80
17 (2217)	_____	ZPO II	1.A/00 14,00
18 (22191)	_____	Handelsrecht	4.A/11 · 14,80
19 (22192)	_____	Gesellschaftsrecht	5.A/11 · 14,80

Anzahl			Auflage/Jahr/Euro
	Die Shorties (Minikarteikarten) inkl. Box		
SH1 (50.10)	_____	**Box 1:** BGB AT, Schuldrecht AT	6.A/11 · 21,80
SH2/I (50.21)	_____	**Box 2/1:** vertragliches Schuldrecht	4.A/11 · 21,80
SH2/II (50.22)	_____	**Box 2/2:** gesetzliches Schuldrecht	4.A/11 · 21,80
SH3 (50.30)	_____	**Box 3:** Sachenrecht, ErbR, FamR	5.A/11 · 21,80
SH4 (50.40)	_____	**Box 4:** ZPO I/II, GesellschaftsR, HGB	4.A/11 · 21,80
SH5 (50.50)	_____	**Box 5:** Strafrecht	6.A/11 · 21,80
SH6 (50.60)	_____	**Box 6:** Grundrecht, StaatsOrgR, BauR, ...	5.A/11 · 21,80
	Karteikarten Strafrecht		
KK20 (2220)	_____	Strafrecht AT I	6.A/10 · 14,80
KK21 (2221)	_____	Strafrecht-AT II	6.A/10 · 14,80
KK22 (2222)	_____	Strafrecht-BT I	6.A/09 · 14,80
KK23 (2223)	_____	Strafrecht-BT II	6.A/10 · 14,80
KK24 (2230)	_____	StPO	4.A/10 · 14,80
	Karteikarten Öffentliches Recht		
KK25 (2224)	_____	Verwaltungsrecht I	6.A/10 · 14,80
KK26 (2225)	_____	Verwaltungsrecht II	4.A/09 · 14,80
KK27 (2226)	_____	Verwaltungsrecht III	5.A/11 · 14,80
KK28 (2227)	_____	Staats- u. Verfassungsrecht	7.A/10 · 14,80
KK29 (2229)	_____	Europarecht	2.A/09 · 14,80
	Überblickskarteikarten		
ÜK I (2501)	_____	BGB im Überblick I	9.A/11 · 30,00
ÜK II (25011)	_____	BGB im Überblick II (Nebengebiete)	6.A/11 · 30,00
ÜK III (2502)	_____	StrafR im Überblick	6.A/10 · 30,00
ÜK IV (2503)	_____	Öffentl.-R im Überblick	7.A/11 · 16,80
ÜK V (25031)	_____	Öffentl.-R im Überblick II Bayern	0.A/11 · 10,80
ÜK VI (25032)	_____	Öffentl.-R im Überblick II NRW	2.A/08 · 16,80
ÜK VII (2504)	_____	Europarecht/Völkerrecht	3.A/10 · 16,80
	Assessor-Basics/Theoriebände (410)		
A IV (0004)	_____	Die zivilrechtl. Anwaltsklausur/Teil 1	9.A/11 · 18,60
A VII (0007)	_____	Das Zivilurteil	8.A/10 · 18,60
A VIII (0008)	_____	Die Strafrechtskl. im Assessorexamen	6.A/11 · 18,60
A IX (0009)	_____	Die Assessorklausur Öffentl. Recht	4.A/09 · 18,60
	Assessor-Basics/Klausurentraining		
A I (0001)	_____	Zivilurteile	14.A/10 · 18,60
A II (0003)	_____	Arbeitsrecht	12.A/10 · 18,60
A III (0002)	_____	Strafrecht	10.A/11 · 18,60
A V (0005)	_____	Zivilrechtl. Anwaltsklausuren/Teil 2	9.A/11 · 18,60
A VI (0006)	_____	Öff.rechtl. u. strafrechtl.Anwaltskl.	5.A/10 · 18,60
	Assessorkarteikarten		
AK I (41.10)	_____	Zivilprozessrecht im Überblick	4.A/10 · 19,80
AK II (41.20)	_____	Strafprozessrecht im Überblick	5.A/11 · 19,80
AK III (41.30)	_____	Öffentliches Recht im Überblick	3.A/09 · 19,80
AK IV (41.40)	_____	Familien- und Erbrecht im Überblick	1.A/06 · 19,80

Lieferung erfolgt in aktueller Auflage

Produktliste 2011

Seite 3

Reihe intelligentes Lernen

hemmer/wüst
Verlagsgesellschaft mbH

Mergentheimer Str. 44 / 97082 Würzburg
Tel.: 09 31 /7 97 82 38 / Fax: 09 31/7 97 82

Internet: www.hemmer-shop.de

Sonderprodukte

Euro

LB	_____	**Lernkarteikartenbox (28.01)** Die praktische Lernbox für die Karteikarten	1,99
GB	_____	**Die Gesetzesbox (28.05)** Stabile Box mit Magnetverschluss für Schönfelder, Sartorius (Kunstleder)	24,80
KL 1	_____	**Orig. Klausurenblock** Din A4, 100 Blatt einzeln	1,79
S 810	_____	Din A4, 80 Blatt 10er Pack	15,00
S1	_____	**Der Referendar (70.01)** 1. Aufl. 2003 Meine größten Rein-) Fälle (Format A6)	12,80
S2	_____	**Der Rechtsanwalt (70.02)** 1. Aufl. 2006 24 Monate zwischen Genie und Wahnsinn (Format A6)	12,80
S3	_____	**Der Jurist (70.03)** 1. Aufl. November 2009 Ein Lehrbuch für Leader (Format A6)	12,80
S5	_____	**Coach dich! (70.05)** Psychologischer Ratgeber, 1. Auflage, 2004	19,80
S6	_____	**Lebendiges Reden (70.06)** Psychologischer Ratgeber inkl. Audio-CD, 2. Auflage, 2009	21,80
S7	_____	**NLP für Einsteiger (71.01)** Psychologischer Ratgeber, 12. neugestaltete Auflage, 2008	12,80
S8	_____	**Prüfungen als Herausforderung (70.08)** Psychologischer Ratgeber, 1. Auflage 2011	14,80
_____	_____	**Wiederholungsmappe (75.01)** Intelligentes Lernen inkl. Übungsbuch, Mind Mapps und Kurzskript	9,90
_____	_____	**Ordner hemmer.group (88.20)** Ringbuchmappe für Einlagen, DIN A4	2,00
		JURApolis (40.01) Spiel zu den Karteikarten	30,00
JuPol	_____	inkl. Karteikartensatz nach Wahl (keine Übersichts-KK, keine Shorties, keine Assessor-KK) (bitte KK-Satz angeben) + Versandpauschale 5,00 €	
(100.01)	_____	**AudioCards auf CD:** BGB AT I - III Das Frage-Antwort-System der hemmer-Skripten zum Hören	59,95

Life & Law

			Euro
AboLL	_____	**Abonnement der Life&LAW** Life&Law 3 Monate kostenfrei, danach erhalten Sie die Life&LAW zum Preis von	5
LLJ	_____	**Life&LAW Jahrgangsband 1999 - 2009** bitte Jahrgang eintragen	je 50
LLJ10	_____	**Life&LAW Jahrgangsband 2010**	80
LLE	_____	**Einband für Life&LAW** Jahrgang	je 6

Wir berechnen pro Lieferung einen Versandkostenanteil von 3,30 EURO. Ab 30 EURO ist die Lieferung versandkostenfrei.

Endsumme:

Lieferung erfolgt in aktueller Auflage

Kundennummer | D | | | | | |

Prüfen Sie in Ruhe zuhause!
Alle Produkte dürfen innerhalb von 14 Tagen an den Verlag (Originalzustand) zurückgeschickt werden. Es wird ein uneingeschränktes gesetzliches Rückgaberecht gewährt. Hinweis: Der Besteller trägt bei einem Bestellwert bis 40 Euro die Kosten der Rücksendung. Über 40 Euro Bestellwert trägt er ebenfalls die Kosten, wenn zum Zeitpunkt der Rückgabe noch keine (An-) Zahlung geleistet wurde.
Ich weiß, dass meine Bestellung nur erledigt wird, wenn ich in Höhe meiner Bestellungs-Gesamtsumme zzgl. des Versandkostenanteils zum Einzug ermächtige. Bestellungen auf Rechnung können leider nicht erledigt werden. Bei fehlerhaften Angaben oder einer Rücklastschrift wird eine Unkostenpauschale in Höhe von 8 Euro fällig. Die Lieferung erfolgt unter Eigentumsvorbehalt.

Name: _____

Vorname: _____

Straße, Nr.: _____

PLZ/Ort: _____

Telefon: _____

e-mail Adresse: _____

Buchen Sie die Endsumme von meinem Konto ab:

Kreditinstitut: _____

BLZ: _____

Konto-Nr.: _____

Ort, Datum: _____

Unterschrift: _____

Neuerscheinungen

D1 (4002) _____ **Legal terms für Juristen -**
Fachwörterbuch Englisch - Deutsch 1.A/11 · 19,80

Autor: Oliver Michaelis
Umfang: 387 Seiten

Das vorliegende Fachwörterbuch „legal terms für Juristen" enthält sowohl für die juristische Ausbildung (gerade auch nach dem UniCert-System) als auch für die Berufspraxis einen reichhaltigen Wortschatz - ideal als Ihr ständiger Begleiter.

Den Wortschatz hat der Autor über Jahre zusammengetragen. Im Zuge der Veröffentlichung wurden die Begriffe durch die Vielzahl ihrer unterschiedlichen Bedeutungen und Wendungen ergänzt und mit nützlichen Fachbegriffen aus dem Bereich des Wirtschaftsrechts auf ca. **12.500 termini** in der Sprachrichtung Englisch - Deutsch vervollständigt.

the english terms
... from Oliver Michaelis